权威·前沿·原创

皮书系列为
"十二五""十三五"国家重点图书出版规划项目

中国社会科学院创新工程学术出版资助项目

反腐倡廉蓝皮书
BLUE BOOK OF
COMBATING CORRUPTION AND UPHOLDING INTEGRITY

中国反腐倡廉建设报告
No.6

REPORT ON COMBATING CORRUPTION AND UPHOLDING
INTEGRITY IN CHINA No.6

中国社会科学院中国廉政研究中心 / 编
主　编 / 张英伟
副主编 / 孙壮志　蒋来用

社会科学文献出版社
SOCIAL SCIENCES ACADEMIC PRESS (CHINA)

图书在版编目(CIP)数据

中国反腐倡廉建设报告. No. 6 / 张英伟主编. -- 北京:社会科学文献出版社,2016.12
（反腐倡廉蓝皮书）
ISBN 978 - 7 - 5201 - 0206 - 3

Ⅰ.①中… Ⅱ.①张… Ⅲ.①反腐倡廉 - 研究报告 - 中国 Ⅳ.①D630.9

中国版本图书馆 CIP 数据核字（2016）第 307526 号

反腐倡廉蓝皮书
中国反腐倡廉建设报告 No. 6

编　　者 /	中国社会科学院中国廉政研究中心
主　编 /	张英伟
副 主 编 /	孙壮志　蒋来用
出 版 人 /	谢寿光
项目统筹 /	邓泳红
责任编辑 /	陈晴钰
出　　版 /	社会科学文献出版社·皮书出版分社（010）59367127
	地址：北京市北三环中路甲 29 号院华龙大厦　邮编：100029
	网址：www.ssap.com.cn
发　　行 /	市场营销中心（010）59367081　59367018
印　　装 /	北京季蜂印刷有限公司
规　　格 /	开　本：787mm×1092mm　1/16
	印　张：20　字　数：263 千字
版　　次 /	2016 年 12 月第 1 版　2016 年 12 月第 1 次印刷
书　　号 /	ISBN 978 - 7 - 5201 - 0206 - 3
定　　价 /	79.00 元
皮书序列号 /	B - 2012 - 232

本书如有印装质量问题，请与读者服务中心（010 - 59367028）联系

▲ 版权所有 翻印必究

编委会

主　编　张英伟

副主编　孙壮志　蒋来用

成　员（按姓氏笔画排列）

王田田　王红艳　王继锋　贠　杰　张国岚
陈井安　陈　静　陈建波　庞丽峰　柳华文
战继发　赵　巍　徐法寅　焦　利　廖冲绪

主要编撰者简介

张英伟 中央纪委驻中国社会科学院纪检组组长、中国社科院党组成员。主要研究领域：党风廉洁建设与反腐败、党史党建、马克思主义理论。

孙壮志 中国社会科学院中国廉政研究中心副理事长兼秘书长，研究员、博士生导师。主要研究领域：国际政治、上海合作组织、党风廉洁建设与反腐败。

蒋来用 中国社会科学院中国廉政研究中心副秘书长，副研究员。主要研究领域：刑法学、财政学、党风廉洁建设与反腐败。

摘　要

《中国反腐倡廉建设报告 NO.6》聚焦"建设"主题，从学术视角研究和分析党的十八大以来特别是 2016 年我国党风廉洁建设和反腐败工作的新部署、新进展和新成效。全书由总报告、地区报告、分项报告和专题报告四个部分组成。

总报告从"惩治腐败、完善监督格局、约束公共权力、监管公共资金资源资产、党员干部作风建设与道德诚信管理、廉洁文化建设"等六个方面，分析了 2016 年度党风廉政建设与反腐败工作的实践与成效。基于对东、中、西部 8 个省（自治区、直辖市）的实地调研以及全国范围内的问卷调查和舆情分析，分析当前社会公众对党风廉政建设的认同与期待，并从"强化反腐败立法、构建'不需腐'的制度体系、统一'四种形态'执行标准、重塑社会和群众对党员干部的信任感"等方面提出课题组的一些思考和建议。

地区报告概述了"河北完善巡视责任体系""山西治理系统性、塌方式腐败""甘肃强化扶贫领域监督执纪""贵州探索监督执纪四种形态""浙江改革公款存放制度"5 个省（自治区）在落实全面从严治党、推进党风廉政建设和反腐败工作方面的有益探索。分项报告研究了"黄海勇引渡案中的国际人权法问题"，分析了社会组织领域中的腐败特点及其治理，梳理了高校党风廉洁建设的实践进展及未来发展。专题报告研究了"扩权背景下四川乡镇干部预防腐败""佳木斯市基层腐败治理""广元市'三同'监督机制建设""永州市基层党的建设""巴东县精准扶贫中的廉政建设"等地方基层实践。

目 录

Ⅰ 总报告

B.1 2016年正风反腐向纵深发展 …………………………… 001
  一 惩处腐败力度不减、节奏不变 ………………………… 002
  二 监督力量得到进一步发挥 ……………………………… 008
  三 深化改革强化对公共权力的约束 ……………………… 020
  四 规范公共资金资产资源的管理 ………………………… 030
  五 深化党员干部作风建设与道德诚信管理 ……………… 039
  六 廉洁文化的传承与传播百花竞放 ……………………… 047
  七 社会认同和期待 ………………………………………… 052
  八 思考与建议 ……………………………………………… 061

Ⅱ 地区报告

B.2 河北建立完善巡视责任体系的实践与创新 ………………… 066
B.3 山西治理系统性、塌方式腐败的实践与启示 ……………… 080
B.4 甘肃突出问题导向 强化扶贫领域监督执纪问责 ………… 095
B.5 贵州探索监督执纪"四种形态"的实现路径及
  理论思考 ……………………………………………………… 117

B.6 浙江改革公款存放制度　遏止领导干部
　　 "以权揽储"问题 ……………………………………… 137

Ⅲ 分项报告

B.7 黄海勇引渡案中的国际人权法问题
　　 ——美洲人权法院引渡第一案评析 ………………… 148
B.8 社会组织的腐败问题及其治理 …………………………… 169
B.9 高校党风廉洁建设与反腐败工作的现状、进展及对策 …… 191

Ⅳ 专题报告

B.10 扩权背景下四川乡镇干部预防腐败的实践探索 ………… 206
B.11 黑龙江佳木斯市推进全面从严治党向基层延伸的
　　 实践与启示 ……………………………………………… 223
B.12 四川广元市构建"三同"监督机制的探索与实践 ……… 240
B.13 湖南永州市坚持以党的建设引领营造良好政治生态 …… 253
B.14 湖北巴东县精准扶贫中的廉政建设 …………………… 265

Ⅴ 附录

B.15 附录1：2016年党风廉政建设十件大事 ………………… 280
B.16 附录2：创新集萃 ………………………………………… 286

Abstract ……………………………………………………………… 293
Contents …………………………………………………………… 295

总 报 告
General Report

B.1
2016年正风反腐向纵深发展

中国社会科学院中国廉政研究中心课题组*

摘　要： 本文从"惩治腐败、完善监督格局、约束公共权力、监管公共资金资源资产、党员干部作风建设与道德诚信管理、廉洁文化建设"六个方面，综述了2016年度党风廉洁建设与反腐败工作的实践与成效。根据实地调研、问卷调查和舆情分析，反映社会公众对党风廉洁建设的认同与期待，并提出课题组的一些思考和建议。

---

* 课题组组长：孙壮志，中国社会科学院中国廉政研究中心副理事长兼秘书长、研究员；主要执笔人：蒋来用，中国社会科学院中国廉政研究中心副秘书长、副研究员；王田田，中国社会科学院中国廉政研究中心助理研究员；王继锋，中国社会科学院中国廉政研究中心助理研究员；徐法寅，中国社会科学院中国廉政研究中心助理研究员。
感谢中央纪委驻国务院港澳事务办公室纪检组组长李秋芳、中央纪委研究室原主任李雪勤等同志对本文提出的宝贵意见。

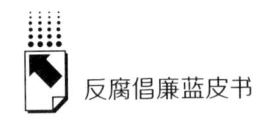

关键词： 2016 中国 党风廉洁建设 反腐败

2016年，全面从严治党深入推进，正风反腐的力度丝毫不减，制度"笼子"越扎越紧，党内政治生活不断规范，执纪监督进一步加强，廉洁政治建设的法规基础得到夯实。中国社会科学院中国廉政研究中心课题组对东、中、西部8个省区实施了重点调研，组织了反腐倡廉成效问卷调查，对当前党风廉洁建设和反腐败成效综述如下。

一 惩处腐败力度不减、节奏不变

习近平总书记在十八届中央纪委六次全会上指出："惩治腐败这一手必须紧抓不放、利剑高悬，坚持无禁区、全覆盖、零容忍。"[1] 中央纪委监察部和各级纪检监察机关按照党中央的决策部署，继续保持反腐败高压态势，"打虎、拍蝇、猎狐"，在"减存量、遏增量"上取得新成效。2016年前三个季度，全国纪检监察机关共立案29万件，处分26万人（见图1），全年立案数或将超过2015年，连续四年增长。[2]

（一）"打虎"步伐依然铿锵有力

中共十八大以来，中央纪委立案审查中管干部222人，给予纪律处分的中管干部212人。[3] 2016年中央纪委"打虎"力度不减，1到

---

[1] 习近平：《在第十八届中央纪律检查委员会第六次全体会议上的讲话》，《中国纪检监察杂志》2016年第10期。
[2] 2013~2015年数据来自王岐山同志在历次中央纪委全会上的讲话，2016年1至9月数据来自中央纪委监察部网站，参见 http://www.ccdi.gov.cn/xwtt/201610/t20161020_88271.html。
[3] 《王岐山：中共十八大以来给予党纪政纪处分100余万人》，中国新闻网，http://www.china.com.cn/top/2016-12/02/content_39835376.htm，2016年12月2日。

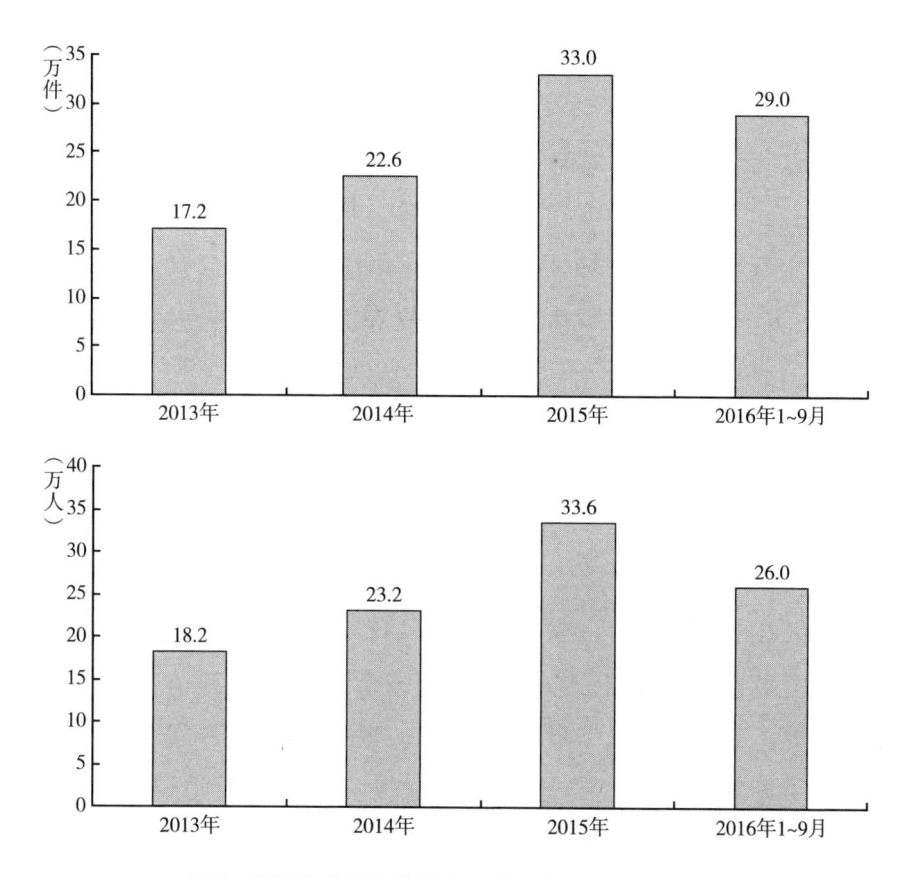

图1 近四年全国纪检监察机关立案数量及处分人数

9月，处分省部级干部共67人。一批"新虎"浮出水面：天津市委原代理书记、原市长黄兴国，河南省委原常委、洛阳市委原书记陈雪枫，中央台办、国务院台办原副主任龚清概，天津市原副市长尹海林，湖南省委原常委、宣传部原部长张文雄，安徽省原副省长陈树隆等先后接受组织调查。一批之前接受组织调查的中管干部被移送司法机关审查或被判刑：山西省委原常委、统战部部长白云被以受贿罪判处有期徒刑12年；山西省委原常委、秘书长聂春玉被以受贿罪判处有期徒刑15年；海南省原副省长谭力被以受贿罪判处无期徒刑；全国人大环境与资源保护委员会原副主任委员白恩培被以受贿罪判处死刑，缓期2年执行，剥夺政治权利终身，在其死刑缓期执行2年期满依法减为无期徒刑后，终身监禁，不得减刑、假释；山东省委原常委、济南市委原书记王敏被以受贿罪判处有期徒刑12年；广东省委原常委、广州市委原书记万庆良被以受贿罪判处无期徒刑，剥夺政治权利终身……所有被判刑的"老虎"均被判罚金或没收个人全部财产等财产刑，受贿等违法所得财物予以追缴，上缴国库。截至目前，全国31个省区市均有"老虎"落马，司法、环保、安监、国企等多个领域均有中管干部被查处，反腐败不做"选择题"，充分显示了中央有腐必惩、有贪必肃的坚定决心。

（二）涤荡"四风"寸土不让

中央八项规定出台以来，全国党风政风民风焕然一新，崇廉重俭的政治生态和生活方式正在形成。2016年，各级纪检监察机关明确监督职责，把落实中央八项规定精神、狠抓"四风"问题作为监督执纪问责的重点，把"作风建设"这张"名片"打造得更加靓丽。从全国来看，中央八项规定实施以来，截至2016年8月31日，全国已累计查处违反中央八项规定精神问题139622起、处理187409人，给予党纪政纪处分91913人。[①] 其中，2016年1至8月，处分26609人，占四年总数的30%，已超过2013年、2014年全年总数。十八大以来（2012年12月至2016年8月），全国纪检监察机关共处分违规操办婚丧喜庆事宜人员9959人，处分人数逐年攀升：2013年处分971人，2014年处分2537人，2015年处分4035人，2016年1至8月处分2368人。[②] 2016年1~8月全国共查处违规公款吃喝问题3210

[①] 《咬住落实八项规定精神不放　近四年来查处问题13.9万起》，中央纪委监察部网站，http://www.ccdi.gov.cn/xwtt/201610/t20161016_87995.html。

[②] 钟纪安：《大操大办歪风须狠刹——关于违规操办婚丧喜庆事宜问题的情况分析》，《中国纪检监察杂志》2016年第18期。

起,在查处的违反中央八项规定精神问题中位列第四,查处数比2015年同期增加了36%。① 这组数字一方面体现了全国纪检监察机关在落实中央八项规定精神方面的执纪力度,另一方面也表明"四风"惯性较大,容易反弹,丝毫不能放松,必须持之以恒地抓下去。从地方来看,各地纪检监察机关扭住作风建设不放松,根据"越往后越严"的执纪要求,对违反中央八项规定精神的问题,发现一起查处一起。例如,2016年1至9月,贵州共查处违反中央八项规定精神问题1405起,处理1833人,给予党纪政纪处分1359人;② 1~8月,福建共查处违反中央八项规定精神问题1497起,处理2524人,给予党纪政纪处分1122人。③ 2016年,各级纪检监察机关坚持抓春节、端午、国庆、中秋等重要节点,加大通报曝光力度,拓宽信访举报渠道,持续纠正"四风"问题。注重利用新修订的《中国共产党纪律处分条例》和新制定的《中国共产党问责条例》,严肃查处违反中央八项规定精神和不履行或者不正确履行职责的党组织和领导干部。同时,各级纪检监察机关密切关注不正之风的新动向、新形式,查找隐形、变异的"四风"问题,不定期地通报有关案例,通过召开警示教育大会等形式传导正风肃纪高压,防范"四风"反弹回潮。

(三)严肃查处"基层贪腐"

群众身边的"苍蝇式腐败""基层腐败"和"小官巨腐"直接啃食群众获得感、损害群众对反腐败斗争的认同感。2016年初,中央纪委做出部署,要求"坚决整治和查处侵害群众利益的不正之风

---

① 李志勇:《查处公款吃喝近万起 彰显决心与信心——落实中央八项规定精神、纠"四风"系列观察之一》,《中国纪检监察报》2016年10月9日。
② 《全省1~9月查处违反中央八项规定精神问题1405起处理1833人》,贵州省纪委监察厅网站,http://www.gzdis.gov.cn/rdgz/201610/t20161012_1382475.html。
③ 《福建:前8月查处违反八项规定问题1497起处分1122人》,中央纪委监察部网站,http://www.ccdi.gov.cn/yw/201609/t20160914_86761.html。

和腐败问题,切实加强基层党风廉政建设"。① 过去一年里,中央给省市压担子,省市向县乡基层传压力,查处侵害群众利益的不正之风和腐败问题成为各级纪委的主要工作任务。1月,中央纪委对涉及基层腐败的5000多件信访举报进行了梳理,对问题线索比较集中的一些县(市)进行重点督办,其中一半是国家扶贫开发工作重点县。目前,中央纪委已进行两轮重点督办,初步收到传导压力、示范引导及督办一县、带动一片的效果——有9个省区参照中央纪委的做法,对119个县市区进行了重点督办。各级纪检监察机关严肃查处扶贫领域虚报冒领、截留私分、挥霍浪费问题,据不完全统计,2016年上半年,全国纪检监察机关共查处扶贫领域不正之风和腐败问题5292个,给予党纪政纪处分5737人,以严明的纪律为打赢脱贫攻坚战提供保障。海南、江西等地陆续通报利用职务之便在扶贫项目中从事营利性活动、在农村危房改造工作中收受好处、不认真履行责任造成低保金损失、骗取扶持补贴和补助资金、收受扶贫对象礼金、为亲属谋取扶贫补贴等扶贫领域侵害群众利益的腐败问题。2016年前9个月,海南共查处扶贫领域不正之风和腐败问题71件,处理113人,其中给予党纪政纪处分85人,诫勉谈话28人,移送司法机关2人。湖南省在"雁过拔毛"式腐败问题专项整治中,共受理截留挪用、虚报冒领、侵占贪污、优亲厚友等各类举报1121件,党纪政纪处分378人,移送司法机关64人,追缴各类资金8592万元。全国各级纪检监察机关还重点查处和纠正超标准超范围向群众摊派费用、筹资筹劳、克扣群众财物、拖欠群众钱款、违规收缴群众款物或处罚群众等突出问题;惠农、土地征收、集体"三资"管理等领域强占掠夺、贪污挪用的问题。天津市纪委组织开展了"整治和查处农村基层'微腐

---

① 《王岐山在第十八届中央纪律检查委员会第六次全体会议上的工作报告》,《中国纪检监察杂志》2016年第10期。

败'专项行动",2016 年 1 至 8 月,专项行动共查处"微腐败"问题 207 件,其中党纪处分 141 人、移送司法机关 31 人,分别比上年同期增长 196%、88%、288%。①

（四）"第二战场"战果卓著

如果说在国内进行的"打虎拍蝇"是反腐败的"第一战场",那么在境外的追逃追赃则可被视为"第二战场"。2016 年,中央和地方反腐败协调小组加强组织与协调,有力发挥中央追逃办成员单位、省级追逃办的职能与作用,"第二战场"捷报频传。为了全面掌握外逃贪官的信息,中央反腐败协调小组编织了内外两张信息收集网。对内,通过建立党员和国家工作人员外逃信息管理系统,中央国家机关、各省区市可以通过这个系统第一时间报告外逃人员信息;对外,在中央纪委等门户网站的显著位置开设反腐败国际追逃追赃网上举报窗口,接受海内外的举报。② 2016 年 4 月 21 日,中央反腐败协调小组、国际追逃追赃工作办公室部署"天网 2016"行动,继续向逃往境外的腐败分子发出强烈震慑信号。7 月 17 日,我国首次从拉美国家成功引渡潜逃 18 年的走私嫌犯黄海勇,成为"猎狐行动"和境外追逃追赃的重要战果。11 月 16 日,随着在海外潜逃 13 年之久的"百名红通人员"头号嫌犯杨秀珠回国投案自首,"百名红通人员"归案人数已达 37 人。③ 据统计,2014 年 1 月~2016 年 11 月,我国从 70 余个国家和地区追回外逃人员 2442 人,追回赃款 85.4 亿元人民币。④ 我国还在《联合国反腐败公约》框架内积极开展国际合作,探

---

① 《专项整治"微腐败"增强群众获得感》,《中国纪检监察报》2016 年 10 月 6 日。
② 《天网追逃》,中央纪委监察部网站,http://v.ccdi.gov.cn/2016/10/24/VIDEyv5wKfGc4A6rPSOwkilQ161024.shtml。
③ 《"百名红通人员"头号嫌犯杨秀珠从美国回国投案自首》,中央纪委监察部网站,http://www.ccdi.gov.cn/yw/201611/t20161117_89727.html。
④ 《推动反腐败国际合作和追逃追赃向纵深发展》,《人民日报》2016 年 12 月 9 日。

索综合运用引渡、遣返、异地追诉、劝返等方式追回外逃贪官。9月，在杭州举行的G20峰会上，相关成员国领导人一致通过《二十国集团反腐败追逃追赃高级原则》（以下简称《高级原则》）、《二十国集团2017~2018年反腐败行动计划》等重要反腐败文件，并决定设立G20反腐败追逃追赃研究中心。这些成果的推出与落实，将成为国际反腐败新秩序的重要内容，增强中国在这一重要领域的话语权和影响力。《高级原则》创造性地提出了"零容忍、零漏洞、零障碍"的合作概念，即对外逃腐败人员和外流腐败资产零容忍，国际反腐败追逃追赃体系和机制零漏洞，各国在开展反腐败追逃追赃合作时零障碍。[①] 此外，我国还强化双边交流合作机制建设，加强与美、加、澳、欧等国家和地区的反腐败执法合作，推动引渡、司法协助条约谈判工作有序进行。

二 监督力量得到进一步发挥

2016年，在深入贯彻全面从严治党和全面依法治国战略的背景下，党内监督、法律监督、审计监督与群众监督等形成合力，责任更趋明确，综合监督展现新气象、新成效。

（一）巡视利器彰显反腐韧性

巡视是党内监督的战略性制度安排，是国之利器、党之利器。2016年是实现巡视"全覆盖"的决胜之年。中央巡视组已完成了十八届中央第十一轮巡视，共巡视240个单位党组织，在实现对31个省区市和新疆生产建设兵团、中管国有重要骨干企业、中管金融单位

---

① 《勠力构建国际反腐新秩序——二十国集团杭州峰会达成重要反腐成果》，中央纪委监察部网站，http://www.ccdi.gov.cn/xwtt/201609/t20160906_86299.html。

巡视全覆盖的基础上，2016年重点完成了中央和国家机关的巡视全覆盖。在中央巡视的带动下，省一级巡视工作也有序推进。截至2016年6月，30个省区市实现了对市县巡视全覆盖，21个省区市和新疆生产建设兵团实现了对直属国有企业巡视全覆盖，15个省区市实现了对直属高校巡视全覆盖。54家中央单位开展了巡视工作，31个省区市全部探索开展了市县巡察工作。①

1. 实现中央部门和国家机关巡视全覆盖

中央和国家机关作为党和国家治理体系的中枢，权力相对集中、职责重要，在落实中央精神、坚持党的领导方面发挥着关键作用。2016年，巡视监督"触角"覆盖党的中央工作机构和国务院组成部门、办事机构、直属单位，并首次涉及全国人大机关、全国政协机关。此外，自7月中央第十轮巡视开始，巡视范围进一步扩大，将"纪检组""纪委"这些"自己人"列为被检查对象，着重检查其监督责任履行得怎么样、纪律检查"探头"作用发挥得如何，中央一级党和国家机关派驻监督全覆盖后，意味着中央纪委将自己纳入了巡视监督的范围。这有助于推动巡视监督和派驻监督的衔接配合，进一步提高巡视效率。为巩固中央巡视成果，2016年5~7月，中央国家机关工委组织巡视力量，对水利部、中国社会科学院等10个中央国家机关落实中央八项规定精神情况进行专项巡视。通过巡视立案3件，给予党纪政纪处分6人，初核问题线索13件，移交问题线索83件。②

2. 突出巡视监督的政治定位

定位越清晰，发现问题就越聚焦，伴随着巡视实践发展和认识深

---

① 《中央一级巡视全覆盖完成近八成 今年将重点完成中央部门全覆盖》，《人民日报》2016年8月19日。
② 《中央国家机关十部门落实八项规定精神 专项巡视反馈情况公布》，《人民日报》2016年9月29日。

化，中央对巡视的政治定位逐步明确。针对各地各部门存在的党的领导弱化、党的建设缺失、全面从严治党不力的共性问题，王岐山同志在2016年2月第九轮巡视工作动员部署会上明确要求深化政治巡视，强调巡视是政治巡视不是业务巡视，要用政治的标准去衡量被巡视单位党组织和党员干部的行为。中央巡视组结合被巡视地方和部门特点，对党的领导核心作用的发挥、党的路线方针政策的贯彻、全面从严治党主体责任的落实、监督责任的落实、机关党建工作等方面进行重点检查，深挖问题毫不手软。103家被巡视单位党组织全部在规定期限内公布了巡视整改情况，尤其详细列出了履行全面从严治党主体责任和加强党的领导方面的改进举措。此外，巡视组自身也严格执行政治标准，在准备、了解、报告、反馈、移交、整改等各个巡视环节，严格按照巡视工作条例和其他党内法规履职，确保巡视成果经得起历史与实践的检验。

3. 探索实施巡视整改"回头看"

为了防止巡视整改走过场，使巡视利器震慑常在，中央巡视组自第九轮巡视开始，对已巡视地区实施以整改问责为核心的"回头看"，这是巡视制度和方式的重要创新。这意味着即使实现了巡视全覆盖，也绝不会"鸣金收兵"，体现出更高更严的巡视监督要求。在2016年的三轮巡视中，中央巡视组先后对辽宁、山东、江西、湖北、北京等已经被巡视过的12个省市进行了"回头看"，着重对没有发现的问题"再发现"，尤其强调对政治纪律及政治规矩执行情况的"再巡视"。第一轮巡视"回头看"成效可观，截至2016年5月，四省共有5名省部级干部和近20名厅级干部"落马"，特别是严肃查处了辽宁人大代表贿选案。再次被巡视的地方对"回头看"中反映出的问题加大整改力度，安徽加强对领导干部违规经商办企业和私设"小金库"问题的专项整治，山东整治拉帮结派搞小圈子及违反"八项规定"精神等庸俗风气，湖南加大查处衡阳破坏选举案遗留问题及传媒系统腐败案件。此外，2016年5月，中央军委巡视组在对原四总部和大单位党委班子及其成员巡视全覆盖的基础上，首次组织回访式巡视，对海军、空军、火箭军、军事科学院、国防大学、国防科学技术大学和武警部队集中开展巡视"回头看"。除中央层面部署的巡视"回头看"外，截至2016年6月，吉林、海南、湖北、江西、云南等至少18个省份和交通运输部、农业部等5个部委部署了巡视"回头看"，一些"漏网"的违纪违法干部被调查、处分甚至移送司法机关，此举对"屡巡未改""顶风违纪"现象产生了有力的震慑。

（二）纪检监督践行"四种形态"

坚持"把纪律和规矩挺在前面"、"纪严于法"，是管党治党的理念创新，监督执纪"四种形态"为践行纪在法前提供了具体路径和机制保障。2016年，中央纪委监察部和各级纪检监察机关积极践行"四种形态"，保持执纪审查力度不减、节奏不变，同时坚持区分轻重不同的违纪行为，把更多的精力放到"第一种形态"上。

1. 执纪监督体现"越往后越严"

从全国纪检监察机关2016年上半年查处的违纪违规问题数量看，存量和增量依然不少，违纪行为发生在2013年的占38.8%，2015年以后的占45.2%。[①] 这说明纪检监察机关监督力度不减，在执纪审查中区分"三个时间节点"，即党的十八大后、中央八项规定出台后、群众路线教育实践活动后，越往后执纪越严。2016年，各地纪检监察机关配合中央重要部署，对扶贫开发、防汛救灾等领域加大执纪监督力度。贵州省以由县级派驻机构和乡镇纪委力量组建的民生监督组为"主力军"，通过现场核查、暗访调查、追踪资金流向等方式，围绕专项资金项目的廉政风险点开展精准走访监督，全省所有乡镇纪委

---

① 《今年上半年纠"四风"共查处问题19160起》，《人民日报》2016年8月18日。

都消除了"零办案",一年来主动查处违纪案件10238件,移送司法机关667人,涉及金额7.86亿元。①广西对扶贫领域以权谋私、虚报冒领、贪污侵占等违纪违法问题从先从严从快查处,在高压执纪的震慑下,11893名党员主动向纪检监察机关交代问题,退还违纪款1.14亿元。7月,湖北、江西、安徽、湖南、河南等地围绕抗洪救灾工作,严明纪律要求,对擅离职守、挪用物资、推诿扯皮等违反防汛工作纪律的行为,严肃问责处理了80余人。

2. 谈话函询的运用成为常态

坚持纪严于法,实践"四种形态",需要不断转变执纪思路,创新工作方法。2016年以来,中央纪委监察部把"谈话函询"作为把握和运用监督执纪"四种形态",特别是"第一种形态"的有力抓手,对反映党员干部思想、工作与生活作风等方面的苗头性、倾向性问题,有针对性地进行谈话提醒和函询诫勉,使问题止于萌芽。以前许多反映笼统的问题线索被搁置暂存,现通过及时约谈本人并了解情况,对反映不实的予以澄清,对如实说明且问题不严重的给予了结,对欺骗组织的给予严肃处理。这既增强了监督的严肃性,更体现了对干部的爱护。2016年1~6月,中央纪委监察部在处置反映中管干部问题线索时,运用谈话函询507件次,比2015年同期增长60.4%。全国纪检监察机关谈话函询42341件次,比2015年同期增长344.2%②,各地各部门积极探索"谈话函询"的有效方式方法。驻农业部纪检组探索推行"主体约谈",将部分谈话任务交由综合监督单位党组领导承担,督促党组发挥主体责任。贵州省委制定《推进干部约谈常态化的指导意见》,提出"精准约谈"的理念,指导各州市精准甄选对象、精准实施流程和精准运用成果,优化谈话函询实施效果。

---

① 《整治民生领域腐败 为脱贫攻坚保驾护航》,《中国纪检监察报》2016年4月17日。
② 《中央纪委上半年谈话函询中管干部五百零七件次》,《人民日报》2016年8月11日。

3. 注重纪律审查的质量和实效

各级纪检监察机关更加关注执纪监督的综合效果，从执纪审查的具体操作与细节入手，努力实现政治、法纪和社会效果的最优。中央纪委监察部进一步加强问题线索、涉案资料和涉案款物管理，规范线索接收和办理流程，向社会公开详解纪检监察机关如何处置涉案款物，增强涉案款物暂扣、移送、保管、处置工作的透明度。为做好执纪审查工作"后半篇"文章，天津市纪委探索实行"六书六报告"制度，由审查对象写忏悔书回顾成长经历、剖析思想演变轨迹、反思违纪行为，所在单位或行业撰写改革发展建议书提出相关对策建议。一年多来，已有22名接受立案审查的市管干部撰写了"六书"，93名党员干部主动向组织交代问题，涉案金额800余万元，有效发挥了执纪审查的治本效果。[①] 为帮助受党纪政纪处分的人员放下思想包袱，缓解消极情绪，青海、黑龙江、山西、陕西、湖北等地纪检监察机关开展对受党纪政纪处分人员的集中回访，将回访结果作为受处分人员恢复党员权利、解除行政处分、干部考核、民主评议的重要依据，保护其合法权益。广东、广西、山东、江西、四川等地纪委在纪律审查过程中，探索运用宽严相济和区别对待的政策，注重为受到诬告的党员干部消除影响，并严肃查处诬告行为。

（三）司法监督"护航"廉洁履职

最高人民法院和最高人民检察院通过深入推进司法公开、开展预防职务犯罪调查并提出司法建议、完善行贿犯罪档案查询制度，以及对涉腐案件依法进行评查和抗诉，对腐败现象和职务犯罪实施法律监督。

1. 深化司法公开拒绝"暗箱操作"

阳光是最好的"防腐剂"，增强透明度既有助于提高公信力，更

[①] 《做好执纪审查"后半篇"文章——天津市纪委探索实行"六书六报告"制度纪实》，《中国纪检监察》2016年第8期。

有助于遏制腐败。2016年7月,继裁判文书公开、审判流程公开、执行信息公开三大平台之后,中国法院网与新浪网共同合作建成第四大公开平台——中国法院庭审公开网,标志着最高人民法院庭审直播常态化工作正式启动。最高人民法院所有公开开庭的庭审活动原则上均通过互联网直播,截至2016年10月3日,平台已对148个庭审进行了网络视频直播,全国各级法院累计直播66036次。网上公开直播实现了案件庭审活动的"可视正义",使司法公开实现从静态到动态的质的飞跃。此外,截至2016年8月16日,作为法院四大公开平台之一的中国裁判文书网,已公开了超过2000万篇裁判文书,网站访问量突破20亿次,用户覆盖全球190多个国家和地区,来自海外的访问量超过5亿,成为全球最大的裁判文书公开平台。[①] 8月30日,最高人民法院公布了新修订的《关于人民法院在互联网公布裁判文书的规定》,进一步扩大了公开范围,改进了公布模式,强化了外部监督。这些举措推动了案件庭审、裁判文书、执行信息全方位和深层次的公开,有利于更好地回应社会关切,接受社会监督。

2. "把脉问诊"有效预防职务犯罪

2016年,为促进对职务犯罪的标本兼治,最高人民检察院在全国检察系统推行预防职务犯罪年度报告和专题报告制度,在惠农扶贫、非公企业发展等领域开展预防职务犯罪专项工作。通过深入基层和一线开展预防调查,在办案中深刻分析腐败犯罪发生的原因,向相关案发单位、行业部门、党委政府提出检察建议12621条。[②] 为了治理招投标和工程建设中的欺诈和腐败现象,健全对失信人和行贿者的联合惩戒机制,最高人民检察院、最高人民法院先后联合有关部委对有行贿犯罪记录的单位、个人和失信的投标、招标代理机构、评标专

---

① 《公开文书超过2000万篇 中国裁判文书网全球最大》,《人民日报》2016年8月31日。
② 《2016年最高人民检察院工作报告》,最高人民检察院网站,http://www.spp.gov.cn/gzbg/201603/t20160321_114723.shtm。

家在招标投标活动中采取限制措施。目前已对11000多个有行贿犯罪记录的单位和个人做出了处置,将308万名被执行人纳入失信名单①,这对破解公共采购中的灰色利益链条并防控贿赂犯罪,发挥了有力的作用。为防止领导干部干预司法审判活动,各级人民法院在案件信息管理系统中建立内外部人员过问案件信息录入专库,对相关情况全面、如实、及时进行记录。中央政法委先后公开通报了12起领导干部干预司法活动的典型案例。

3. 对涉腐案件审判强化法律监督

2016年,随着法治反腐理念和实践的深化,各级司法机关既注重及时纠正腐败犯罪背后的不公判决,也加强了对职务犯罪案件定罪量刑的监督。8月19日,郴州市中级人民法院以受贿罪、滥用职权罪判处湖南益阳市委原书记马勇有期徒刑12年,并处没收个人财产100万元,对重罪轻判案件予以纠正,对涉嫌职务犯罪的9名司法人员严肃追究了刑事责任。此外,依法对职务犯罪案件判决提起抗诉,成为2016年检察机关对涉腐案件实施法律监督的重要方式。2016年8月,海南省琼海市检察院连续对两起重大职务犯罪案件,以"适用缓刑不当"为由提出抗诉。该院认为两案被告一个属于情节严重、影响恶劣、社会反映强烈的系统性腐败案件,另一个受贿跨度时间长、行贿人员众多、受贿数额巨大,均不属于"犯罪情节较轻"的情形。② 除了对职务犯罪案件的量刑依法进行监督外,地方检察院也对事实认定及法律适用进行监督。浙江省温州市瓯海区检察院以"认定事实错误、适用法律不当"为由,对温州市公安消防局瓯海区分局原政委谌晓亮受贿、行贿、伪造国家机关印章案一审判决提起抗

---

① 《中国司法领域人权保障的新进展》白皮书,国务院新闻办公室网站,http://www.scio.gov.cn/zxbd/tt/zdgz/Document/1491042/1491042.htm。
② 《海南琼海检察院对两起受贿获缓刑案提出抗诉》,人民网,http://legal.people.com.cn/n1/2016/0818/c42510-28647161.html。

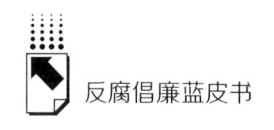

诉，2016年6月6日，温州市中级人民法院全部采纳该院提出的抗诉意见，对一审未予认定的124万元的贿赂事实予以认定，改判谌晓亮有期徒刑9年，并处罚金60万元。① 各级人民检察院依法合理行使抗诉权，对维护司法公正、有效防范和遏制职务犯罪发挥了积极作用。

（四）审计监督助力"精准"反腐

2016年，国家审计优化体制机制顶层设计，坚持重点督查与常态监督相结合，重点发现侵蚀国家集体权益、侵害群众切身利益的违纪违法问题，致力于实现对腐败问题的源头预防和精准打击。

1. 着力建构新型审计监督体制

为落实党的十八届四中全会关于完善审计制度的重大部署，中办国办下发《关于完善审计制度若干重大问题的框架意见》（以下简称《框架》），要求到2020年，建成与国家治理体系和治理能力现代化相适应的审计监督体制。《框架》首次明确"党政同责、同责同审、应审尽审"，全面推行党政"一把手"经济责任同步审计，把审计监督与党管干部、纪律检查、追责问责联系起来，对重点对象每年至少审计1次。2016年度已对36名省部级领导干部进行了经济责任审计，并首次对省委书记和省长实施了同步审计。此外，《框架》还对审计系统的垂直改革提出指导意见，要求强化上级审计机关对下级审计机关在业务管理、干部选用和激励考核方面的领导，如省级审计机关正职与副职领导干部任免须事先征得审计署党组同意，审计机关的重大事项和审计结果必须向上级审计机关报告等。针对基层审计机关独立性不强、经费保障不足、队伍素质不适应等问题，《框架》提出对省以下地方审计机关人、财、物管理进行改革，并在江苏、浙江、

---

① 《瓯海区检察院提出抗诉的两起重大职务犯罪案件》，《法制日报》2016年6月17日。

山东、广东、重庆、贵州、云南等7个省市进行试点,截至2016年8月30日,7省市已全部出台相关改革实施方案,从干部管理、机构编制、人员、经费及资产管理等方面对审计机关人财物改革进行部署。

2. 常态监督中央预算执行与整改

国家审计署例行审计了42个中央部门及其241个所属单位,共审计财政支出预算1891.62万元,占其支出预算总额的36%。① 各部门本级违法违规问题数量比往年显著减少,问题多发生在下属单位和个别部门。审计报告指出了个别部门存在的违规套取和使用资金、利用权力或影响力取得收入、超标准列支或转嫁"三公"经费等问题,相关中央部门纷纷进行整改,共上缴国库8496.84万元,追回或退还原渠道资金8916.92万元,调整会计账目23.13亿元。审计署还审计了中铝公司、中国石化、南航集团等10家中央企业,并抽查了其部分境外业务管理情况,发现了相关企业违规购建楼堂馆所、超标准办会购车、违反"三重一大"决策制度、在工程建设及采购投资中存在浪费、境外业务存在廉洁风险隐患等问题。经过整改,相关央企已追回资金27.43亿元,建立健全规章制度609项,处理453人次。为保证相关中央部门和企业对审计发现问题的整改效果,审计署强化审计结果公告和信息公开等长效机制,国务院督促责任单位将整改纳入"三严三实"专题教育,人大常委会对整改情况报告进行认真审议。审计工作报告指出,在各方配合下,2016年度审计整改效果为历年最好,共促进增收节支和挽回损失6083亿元,处理违纪违法人员5500余名,制定完善制度5947项,一些历史遗留问题得到妥善解决。②

---

① 《国务院关于2015年度中央预算执行和其他财政收支的审计工作报告》,审计署网站,http://www.audit.gov.cn/n5/n26/c84918/content.html。
② 《国务院关于2015年度中央预算执行和其他财政收支的审计工作报告》,审计署网站,http://www.audit.gov.cn/n5/n26/c84918/content.html。

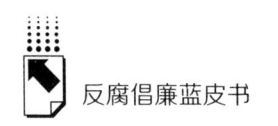

3. 重点督查民生专项资金合规使用

为贯彻落实中央关于推进供给侧结构性改革和实施精准扶贫方略的部署，发现国家重大决策部署落实及经费执行中的问题，审计机关对惠农扶贫、保障性安居工程、工伤保险基金、水污染防治及相关资金、矿产资源开发利用保护及相关资金进行审计，重点抽查了17个省40个县的50.13亿元扶贫资金，涉及364个乡镇、1794个行政村、3046个项目。通过审计，着力揭示了民生资金被套取骗取、虚报冒领、违规使用和民生工程绩效不高、推进缓慢等问题。通过督促整改，相关地方、部门追回或归还资金15.11亿元，加快资金拨付23.45亿元，退还多收税费1.06亿元，调整或取消保障对象资格1.5万户，清理收回和分配使用住房7231套，处理352人，[1] 有力地促进了相关惠民政策措施的落实。

（五）社会监督更加规范有效

1. 官方媒体齐力拓宽社会监督渠道

纪检监察机关和司法机关加快推进网站和新媒体建设，努力为普通群众参与监督提供更加便捷的方式。中央纪委除了通过网站、手机客户端接受群众举报外，还于2016年1月1日正式开通了"中央纪委监察部网站"微信公众号，与近20个地方纪委的微信号进行链接，形成了"一网一端一微"的立体监督形态，为公众参与监督提供了新的平台。广州市纪委在"廉洁广州"微信公众号上设置"信访一键通"，不仅能直拨全市纪检监察系统信访室电话，还能为需要前往信访室面谈的市民提供详细地址及导航服务。[2] 地方检察机关推

---

[1] 《适应新常态践行新理念 更好地发挥审计在推动改革发展中的作用》，审计署网站，http://www.audit.gov.cn/n5/n26/c84930/content.html。
[2] 《广州：推出微信"信访一键通"方便市民监督举报》，中央纪委监察部网站，http://www.ccdi.gov.cn/gzdt/xfjb/201512/t20151222_71456.html。

进新媒体建设，黑龙江、辽宁、河南、陕西等14个省区市三级检察院已实现了"两微一端"全覆盖，及时向社会公布职务犯罪案件侦查、审理进展。为确保地方领导班子换届工作有序健康平稳进行，中组部和省、市、县三级组织部门通过"12380"电话、网络、短信和信访"四位一体"平台，多渠道受理违反换届纪律问题的群众举报。[1] 国家信访局也先后开通了"手机信访"APP和官方微信公众号，方便群众在"网上信访"通道中查询信访事项办理情况、提交投诉请求，或进行满意度评价等。

2. 高科技手段使社会监督更加便捷直观

为破解群众知情难、监督难的问题，贵州省黔东南州研发"民生资金云"大数据平台，将上级下拨的所有民生资金信息录入平台并直接公示到村一级，还研发设计了"二代身份证扫描""手控触摸""语音播报"等服务方式，方便群众选择适合的方式进行查询和举报。截至2016年9月底，"民生资金云"大数据平台录入各类民生资金218种，涉及资金总额108亿元，累计接受群众查询62.5万余次，接受群众举报287次。[2] 4~8月，湖北利用数据间的关联性和逻辑性，运用"大数据"进行分析比对，共查出31.7万人不符合政策规定却领取各类补贴的问题，追缴退交违规资金1.22亿元，针对党员干部违纪违规问题组织处理1.35万人，对736个基层单位实施了问责。广东、贵州、浙江、广西等地利用全球卫星定位系统，对公车使用、项目资金、工程建设等进行实物化管理、全程监控并向社会公示，有效防治了滥用公共资源、侵占公共资金的问题。

---

[1] 《着力营造风清气正换届环境　确保换届工作有序健康平稳进行》，《中国组织人事报》2016年4月20日。

[2] 《黔东南：民生"大数据"引领"大监督"成效显著》，黔东南州纪委监察局网站，http://www.qdnzjw.gov.cn/content/4419。

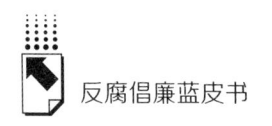

3. 群众参与监督的法律权利得以强化

人民群众依法参与和监督司法是社会监督的重要方式之一。最高人民法院、最高人民检察院分别选取了10个省区市开展人民陪审员制度、人民监督员制度改革试点。山东省东营市中级人民法院在审理倪发科受贿、巨额财产来源不明案时，吸收人民陪审员参与审理过程，这成为人民陪审员参与审理重大职务犯罪案件的首次尝试。全国50个试点法院新增选人民陪审员7800多人，各级检察机关已有人民监督员1.5万多人。2015年，全国人民陪审员共参审案件284.6万件。2012~2015年，人民监督员共监督检察机关查办职务犯罪案件中"拟撤销案件"和"拟不起诉"两类案件8161件，对216件提出不同意检察机关拟处理决定的意见，检察机关对此采纳109件，采纳率达50.5%。[1] 为了保障人民陪审员的广泛性和代表性，《人民陪审员制度改革试点工作实施办法》将人民陪审员的学历条件从大专以上降低为高中以上，使工人、农民、社区居民、退伍军人、进城务工人员等各行各业各阶层代表均有机会进入陪审员队伍。为了解决人民陪审员"陪而不审""审而不议"等问题，北京东城区人民法院制定了《人民陪审员参审办法》，规定陪审员与法官具有平等询问当事人的权力，杜绝形式附和。人民陪审员和人民监督员的广泛参与，有助于公众更加理性、有序地参与对职务犯罪及其他类型腐败案件的监督。

三 深化改革强化对公共权力的约束

中央继续推进对公共权力架构、运行和监督的深层改革，以上率下践行全面从严治党主体责任，向基层和纵深推进纪检监察体制改

---

[1] 《中国司法领域人权保障的新进展》白皮书，国务院新闻办公室网站，http：//www.scio.gov.cn/zxbd/tt/zdgz/Document/1491042/1491042.htm。

革，继续完善反腐败国家法律和党内法规建设，继续推进简政放权，扎紧防止权力"任性"的制度笼子。

（一）全面从严治党重在落实主体责任

有权力没责任是管党治党之大忌，全面从严治党主体责任是不可推卸的政治责任，是管党治党责任体系的重要组成部分。习近平总书记在中央纪委三次全会上指出，党委能否落实好主体责任，直接关系到党风廉政建设成效。2016年1月，习近平总书记在中央纪委六次全会上进一步指出，党委书记作为第一责任人，要担负起全面从严治党的政治责任。

1. 从"关键少数"向基层延伸，注重"全面从严"

2016年，全面从严治党主体责任从中央向地方、基层、国有企业层层传导压实。中央政治局多次召开会议，专题研究和部署党风廉政建设和反腐败工作，专门听取每轮中央巡视情况汇报，惩治腐败力度不减，作风建设长抓不懈，制度建设有序推进。党中央从部委和省一级抓起，把主体责任从省委书记传导给所有班子成员、市委书记、县委书记，传导到440多万个党组织和80多万名党员领导干部身上。截至2016年10月，全国所有的省区市均已制定落实主体责任的办法与细则，激活基层党组织管党治党责任。① 西藏自治区在5464个村（社区）党组织全覆盖的基础上，加强对全区27万余党员干部的日常教育监督，并通过定期开展大接访、大排查强化主体责任意识。四川省抓住县委这个地方中枢，利用信息系统、责任台账、纪实手册等方式，建立县（市、区）委领导班子成员履行主体责任全程纪实制度。② 为深化在国有企业改革中坚持党的领导，国资委对45家设有

---

① 《巩固深化牵牢主体责任这个"牛鼻子"》，《中国纪检监察杂志》2016年第16期。
② 《推动党风廉政建设主体责任向基层延伸》，《四川日报》2016年6月30日。

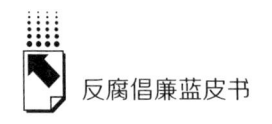

党组的中央企业开展督查调研，督促完善党的职务与业务职务"双向进入、交叉任职"的企业领导体制，并在64家中央企业配备专职抓党建的副书记。①广东、广西、安徽、贵州、福建等地陆续出台对省管国有企业深化改革、落实主体责任的实施意见。

2. 推动主体责任担当与落地，防止"虚化空转"

针对一些地方和部门存在的"口号喊在党委，工作还在纪委"、落实主体责任方法途径单一或虚化等问题，各级党组织也开展了积极的思考和探索。国务院驻港澳事务办公室在全系统召开从严治党工作会议，对党组及党组成员进行责任分解。山东、山西、河南、四川、广东、天津、浙江等地积极探索主体责任清单、约谈一把手、履责专题培训、开展述职述责等方式方法，督促基层党组织将主体责任压紧压实。四川广元探索建立监督与权力运行"同步同轨同向"机制，利用清单制将主要权力与主体责任进行关联，绘制权力运行流程图，明确如何履行主体责任，并通过科技平台使主体责任刚性"嵌入"权力运行全过程，推动主体责任落实的标准化和常态化。黑龙江佳木斯市设立"党员纪律日"，以学习党章党规党纪、警示教育、守纪承诺等为主要内容，各级党组织督促1.7万余名党员干部查找自身在遵规守纪方面存在的问题，推动全面从严治党主体责任层层延伸。河北遵化制定《落实主体责任常态化监管具体办法》，对乡科级党组织书记落实主体责任情况实行年终年底两次考核，倒逼基层主体责任的切实履行。

3. 对履责不力予以严肃问责，治理责任"缺位"

问责是全面从严治党的重要手段，强化问责是十八届党中央管党治党、治国理政的鲜明特色。2016年7月，《中国共产党问责条例》

---

① 《中共国资委委员会关于巡视整改情况的通报》，中央纪委监察部网站，http://www.ccdi.gov.cn/yw/201608/t20160823_85740.html。

正式出台，为开展问责提供了明确依据，失责必问、问责必严成为常态。2016年以来，中央纪委先后通报了14起因落实全面从严治党主体责任不力被问责的典型案例，被问责的主要原因是相关责任人存在对巡视发现的问题整改不力、姑息下属单位负责人违法问题、所在单位多人违纪违法、班子成员严重违纪且未如实报告有关情况等失职失责行为。2016年上半年，各部门各地区共对履行"两个责任"不力问题问责7600余人，同比增长59.8%。① 截至2016年5月底，全国共对4.5万余名党员领导干部进行责任追究。② 一些地方、部门结合贯彻落实《中国共产党问责条例》，探索实施对履责不力进行问责的具体举措。甘肃、福建、云南、中国邮政集团出台了问责条例实施办法，结合实际细化问责情形；湖北、安徽开展专项检查，确保问责条例落实到位。《中国共产党问责条例》出台后的3个月内，辽宁、江西、海南、广东、贵州、山西、湖南等地已通报了近百起落实主体责任和监督责任不力的问题。

（二）深化体制改革增强纪检监察专业性和权威性

2016年，中央巩固体制机制改革成果，开始部署国家监察体制改革试点工作，中央纪委推进中央一级党和国家机关派驻机构的全覆盖工作。省级纪检监察机关努力跟进派驻覆盖工作，基层纪检监督执纪力量不断优化整合，上级纪委对下级纪委的领导进一步增强。

1. 国家监察体制改革试点工作启动

为整合反腐败资源力量，实现对行使公权力的公职人员监察全面覆盖，建立集中统一、权威高效的监察体系，2016年11月，中共中央办公厅印发《关于在北京市、山西省、浙江省开展国家监察体制

---

① 《履行"两个责任"不力的责任追究典型案例观察》，《中国纪检监察报》2016年4月26日。
② 《让失责必问问责必严成为常态》，《中国纪检监察报》2016年9月13日。

改革试点方案》（以下简称《方案》），启动在3省市设立各级监察委员会工作，从体制机制、制度建设上先行先试、探索实践。《方案》规定，由省（市）人民代表大会产生省（市）监察委员会，作为行使国家监察职能的专责机关。党的纪律检查委员会、监察委员会合署办公，建立监察委员会与司法机关的协调衔接机制等。[①] 北京、山西、浙江三省市迅速部署改革工作，成立深化监察体制改革试点工作领导小组，结合实际设计试点工作总体方案，对监察委员会组织架构、职能职责以及监督制约机制做出明确规定，探索运行党统一领导下的国家反腐败工作机构，为全国范围的监察体制改革积累经验。

2. 中央纪委派驻机构首次实现全覆盖

为了使党内监督不留死角、没有空白，对问题做到早发现、早报告、早处置，中央全面落实向中央一级党和国家机关派驻纪检机构的改革部署。中央纪委向139家中央一级党和国家机关设置47家派驻机构，其中，综合派驻27家、单独派驻20家。与改革部署前相比，派驻监督覆盖单位增加80多家，派驻机构数量反而减少5家，体现了坚持内涵发展、创新高效的原则。2016年，各派驻纪检组在主要负责人均已到位的基础上，抓紧落实后续工作，会同有关部门完成纪检组组建工作，选好、配强派驻机构领导班子和干部队伍。一些派驻纪检组从单独派驻转为综合派驻后，承担对多家单位的监督工作，面对综合派驻新课题，派驻纪检组除了强化同综合监督单位党组的沟通外，也注重统筹把握不同单位的行业特点、历史文化、运行规律，做到"量体裁衣"。驻商务部纪检组自进驻后至2016年6月底，与党组书记个别交换意见12次，送党组审议或党组书记阅批材料和提出建议37件，畅通与商务部党组的沟通协商制度，与综合派驻的国家

[①] 《中共中央办公厅印发〈关于在北京市、山西省、浙江省开展国家监察体制改革试点方案〉》，《中国纪检监察报》2016年11月8日。

旅游局、贸促会党组联名印发相关制度，努力提升监督能力。

3. 省级及以下派驻机构跟进覆盖进度

各级派驻机构全覆盖是纪检监察体制改革的重要内容之一，有助于消除权力监督的盲区。随着中央纪委实现向中央一级党和国家机关派驻机构的全覆盖，2016年，各省区市纪委紧跟中央纪委步伐，结合本地实际推进派驻全覆盖，从派驻机构干部配备、后勤保障、规范分工、制度建设等方面着手配套改革。为了解和掌握派驻机构改革中的难点，广东省纪委约谈了41家派驻（出）机构的222名干部，研究解决了81个实际困难和问题，最终设立35家派驻机构和1家派出机构，实现对105家省一级党和国家机关派驻监督全覆盖。[①] 甘肃省纪委对整个派驻机构干部队伍进行改革重组，打破部门和系统限制，实行严格的分级负责考察责任制和考察期制度，从整体上确保人选质量。新组建的派驻纪检组处级及以下干部平均年龄比改革前下降近4岁，新选配的人员文化程度在全日制本科以上学历的逾90%。[②] 河北省将派驻机构干部的党组织关系、群团关系、工资关系及纪律审查费用交由省纪委直接管理，制定派驻机构干部管理、交流、退休、业务培训等方面的具体办法，消除了派驻机构与委厅机关、其他派驻机构之间干部交流的障碍。湖南衡阳市向市城市建设投资有限公司等九大市级融资公司（平台）派驻纪检组，不端投融资公司的"饭碗"、不领投融资公司的"薪酬"，直接由市纪委、市监察局领导。

4. 优化整合基层纪检执纪力量

县级及以下的地方更加直接地面对基层群众，但监督执纪人员紧缺且任务繁重，因此通过重组、整合执纪队伍优化监督力量是基层纪检监察机关需要积极开展的一项重要探索。其中，成立片区协助检查

[①]《广东省纪委要求年底前基本完成全省派驻机构改革》，《广州日报》2016年6月9日。
[②]《甘肃省强力推进派驻机构全覆盖》，《甘肃日报》2016年8月11日。

组、开展异地交叉监督执纪、配备专职纪检干部是实践中最主要的方式。贵州安顺市在每个乡镇配备至少1名专职纪检员的基础上，按照"地域相邻、习俗相近、便于协作"的原则，在相邻的3~5个乡镇纪委设立片区协作工作组，实行连片管理交叉监督，有力地整合和增强了基层监督力量。安徽省阜阳市、金寨县等地在保留乡镇（街道）纪（工）委、监察室的基础上，分类划片成立纪检监察工作室，所需编制从现有乡镇（街道）纪检监察机构编制中调剂解决，由县级纪检监察机关统一管理，实现了执纪力量的统一调配。① 为排除地方人际关系对纪检监察工作的干扰和牵制，减少工作阻力，黔东南州黄平县在全县所有乡镇推行纪委书记异地任职制度，镇宁县将乡镇纪委行政编制单列，将纪委书记考核与评优放在县纪委进行。安徽阜南、福建连江、湖南武陵源等地将县级纪委"下沉"一级，对乡镇党委政府监督"上提"一格，将乡镇（街道）纪（工）委书记、纪检监察工作室主任高配正科级；阜南还将乡镇纪委所需工作经费、办案经费全额列入财政预算单独列支，这些举措使其在执纪监督时更加"超脱"。

5. 强化上级纪委对下级纪委的领导

在纪律检查工作双重领导体制下，查办腐败案件和纪委书记提名考察权以上级纪委领导为主的"两为主"，是强化上级纪委对下级纪委领导的有力之举，有助于增加纪委特别是基层纪委的相对独立性和权威性，减少监督执纪中来自同级党委的阻力。2016年，中央纪委着手规范下级纪委向上级纪委报告线索的管理，研究起草省区市纪委向中央纪委报告线索处置和执纪审查情况的办法，拟对下级纪委向上级纪委报告线索的范围、形式和处置机制等内容做出统一规定，要求上级纪委对下级上报的情况进行综合分析和监督指导，防止"只报

---

① 《安徽试点县及县以下纪检体制改革》，《中国纪检监察报》2016年7月3日。

不管"。新疆维吾尔自治区制定并落实《地州市纪委向自治区纪委报告线索处置和执纪审查工作办法》，完善线索处置和案件查办"双报告"的报告时间、上报形式、处置回应、责任追究等工作机制，强化了上级纪委对下级纪委纪律审查工作的审核把关和监督指导。① 为了保障省纪委对派驻机构纪检组长的提名考察权，体现派驻机构"派"的属性，湖北省委常委会任命省纪委派驻省直单位纪检组组长后，由省纪委常委会决定具体派到哪个单位。

（三）强化问责增添制度约束权力的"刚性"元素

1. 党内问责与监督体系更加严密

问责与监督是维护党章、执行党纪的利器。为解决党内问责规定分散的问题，扎紧扎牢问责的制度笼子，2016年7月，党中央制定颁布《中国共产党问责条例》，以党内专门法规的形式，归纳提炼失职失责清单，明确了"问责主体与对象""责任划分""问责情形"，将现有问责方式区分为党组织和党员领导干部两类，规范了问责的具体执行程序。该条例确立了"终身问责"制度，规定"对失职失责性质恶劣、后果严重的，不论其责任人是否调离转岗、提拔或者退休，都应当严肃问责"，释放了全面从严治党的强烈政治信号。为积极探索强化党内监督的有效途径，加强同党内其他法规的衔接，2016年10月，中共第十八届六次全会审议通过《关于新形势下党内政治生活的若干准则》和《中国共产党党内监督条例》，以强烈的问题和危机意识为导向，着力解决党内政治生活庸俗化、随意化、平淡化和管党治党宽松软、主体责任缺失、监督责任缺位的问题，把党章关于党内政治生活和党内监督的要求具体化，将十

---

① 《中国共产党新疆维吾尔自治区第八届纪律检查委员会向自治区第九次党代会的工作报告》，《新疆日报》2016年10月29日。

八大以来党风廉政建设的有效经验和改革举措制度化,顺应新形势新任务下对严肃党内政治生活、加强党内监督的要求,进一步扎紧管党治党的制度"笼子"。

2. 惩治腐败刑事立法与司法更加科学

2016年4月18日,最高人民法院、最高人民检察院共同颁布的《关于办理贪污贿赂刑事案件适用法律若干问题的解释》(以下简称《解释》)正式施行,进一步细化了《刑法修正案(九)》中关于贪污贿赂犯罪"数额+情节"的入罪标准以及适用终身监禁等规定。为落实党纪严于国法、"把纪律挺在前面"的要求,做到刑事处罚与党纪政纪处分衔接有序,《解释》在实证研究的基础上重新确定了各种贪污贿赂犯罪的定罪处罚标准,根据经济社会发展水平,将两罪"数额较大"的一般标准由1997年刑法规定的五千元调整至三万元。为了使惩治贪污贿赂犯罪更具威慑性和针对性,《解释》强化了财产刑的适用,对贪污贿赂犯罪最高可处以犯罪数额二倍以下的罚金或者没收财产。为赋予终身监禁制度以刚性和可操作性,《解释》明确终身监禁的决定必须在裁判的同时就做出,一经做出将无条件执行,不受服刑表现的影响,不得减刑、假释。截至10月21日,国家能源局煤炭司原副司长魏鹏远,全国人大环境与资源保护委员会原副主任委员、云南省委原书记白恩培,黑龙江龙煤矿业集团物资供应分公司原副总经理于铁义3人先后被判处死刑缓期二年执行并处终身监禁。此外,《解释》还结合当前贿赂犯罪的新情况、新特点,对实践中长期存在的争议问题,如关于受贿犯罪中的"为他人谋取利益"要件、"特定关系人受贿罪"受贿故意的认定、受贿范围的"财产性利益"等内容予以界定,这些对司法实践中相关事实认定和法律适用均具有较强的指导意义。[①]

[①] 《"两高"发布办理贪污贿赂刑事案件司法解释》,最高人民法院网,http://www.court.gov.cn/zixun-xiangqing-19562.html。

3. 行政审批制度改革坚持放权不"放任"

行政审批制度改革是党中央全面深化改革战略和国务院推进简政放权的重要内容，是公共权力"瘦身"和"自我革命"的重要举措，有助于破除制约企业和群众办事创业的体制机制障碍，有效减少政府部门及其工作人员的"寻租"空间。随着改革的推进，各级政府和部门从单纯"做减法"到着力啃"硬骨头"，攻坚力度不断加大。2016年7月底，为推进行政审批制度标准化建设，中央编办和国家标准委共同编制的首个《行政许可标准化指引》发布，对行政许可事项管理规范、流程管理规范、监督检查评价规范等做出明确规定，实现了行政审批的动态监督和持续改进。[①] 为了实现放权而不"放任"，国家发展改革委按照"权力和责任同步下放、调控和监管同步强化"的要求，通过投资项目在线审批监管平台、全国公共资源交易平台、全国信用信息共享平台、12358价格监管平台这4个平台加强和创新事中事后监管。国家工商总局建构监管风险的发现、分类、管控机制，提高事中事后监管效能。截至2016年5月，全国已累计分9批取消和下放行政审批事项618项，占原有底数的四成；取消中央指定地方项目230项，清理规范中介服务303项，废止规范性文件11073个。[②] 针对百姓反映最迫切、最突出的问题，各地加大改革力度，着力破解审批"中梗阻"等问题。天津探索"一颗图章管审批"，为行政审批制度改革的体制机制创新探索新路；江苏、浙江、山东等地优化审批流程和服务，推行"一站服务""多图联审"；还有的地方探索工商登记信息与监管信息同时推送，将事中事后监管情况纳入绩效考核。[③]

---

① 《全国首个〈行政许可标准化指引〉（2016版）》正式发布》，新华网，http://news.xinhuanet.com/politics/2016-07/30/c_129190656.htm。
② 《从简政便民到制度防腐——我国行政审批制度改革深入推进》，《中国纪检监察报》2016年8月11日。
③ 《从简政便民到制度防腐——我国行政审批制度改革深入推进》，《中国纪检监察报》2016年8月11日。

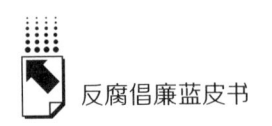

四 规范公共资金资产资源的管理

公共资金、公共资源、国有资产等领域涉及重大经济利益，监管不力极易滋生腐败。2016年，在扎牢制度"笼子"、预防和减少相关领域腐败问题发生的同时，中央着力提升公共资金资产资源的配置使用效率，通过整合和改革促其提质增效。

（一）以严格管理保障公共资金使用规范高效

1. 公开"晒账本"成为常态

2016年是新《预算法》实施的第二年，也是中央部门连续第七年推进部门预算公开。与2015年相比，各部门预算公开内容更加丰富全面。中央各部门面向社会公开了部门收支总表、一般公共预算支出表、一般公共预算"三公"经费支出表等8张预算表，全面反映了各部门收支总体情况以及财政拨款收支预算安排情况。[①] 而在决算公开方面，2016年财政部官网、中国政府网开辟了"中央部门决算公开"专栏，把以往散落在各单位网站的决算报告统一集中发布，以方便公众查找。除涉密信息外，2016年各部门的公开也更加细化。如，一般公共预算支出公开到支出功能分类项级科目，其中基本支出进一步细化公开到经济分类款级科目，多部门还随决算报告同步公开了部分重点项目的绩效评价报告。为尽可能地匹配和满足社会关注，一些地方探索完善公开方式，采用数据、图表、文字相结合的方式，配以清晰形象的图文解释，努力让社会公众既"看得到"又"看得懂"。据2016年财政部公布的地方预决算公开情况专项检查结果显

---

① 《2016年中央部门预算公开大幕开启 约百家中央部门将"晒"细账》，中国政府网，http://www.gov.cn/xinwen/2016-04/15/content_5064337.htm，2016年7月10日。

示,"在全国省市县三级258296个被检查的预算单位中,省、市两级政府预决算公开率均达到100%,县级政府预算公开率达到100%、决算公开率达到99%,99%的政府和部门预决算信息通过网络公开",[1] 一些地方和部门因未按规定公开还遭到点名批评。总体上看,预决算信息公开获得了社会公众的初步认可。除预决算公开外,一些地方还探索运用现代信息技术提升财政透明度,如深圳市人大建立了预算支出联网监督系统,能够及时掌握每一笔国库集中支付的预算资金支出情况,实现对预算支出的实时动态监督。[2]

2. "节约"成为"三公"经费管理主题词

2016年,各地区各部门按照党政机关厉行节约和国务院"约法三章"的要求,进一步加强预算管理和约束,持续压缩一般性支出,保证"三公"经费只减不增(见表1)。2016年除中央本级"三公"经费预算与上年基本持平外,各地"三公"经费预算持续"瘦身",不少地方仍保持较大幅度的下降。如,北京较上年下降16.4%,江苏较上年下降16.2%,陕西较上年下降23.9%,甘肃较上年下降36.7%,等等。随着公车改革的持续推开、公款出国(境)和公务接待的逐步规范,"三公"经费实际支出也持续下降。2015年度中央本级"三公"经费支出53.73亿元,比预算数减少9.43亿元,下降14.9%,比上年决算数减少5.07亿元,下降8.6%,已连续6年实现只减不增。[3] 各地"三公"经费支出也降幅明显。如,北京市2015年"三公经费"决算数为6.4亿元,较年初预算下降22.3%,当年决算数较预算降幅为历年之最。陕西省级"三公经费"较上年减少1亿元,降幅达28.6%。为严控行政成本,严防奢侈浪费,2016年,中央继细化会议费、培训费等公务支出管理之后,又就规范办公设备

---

[1] 《财政部通报地方预决算公开情况专项检查结果》,《中国财经报》2016年9月12日。
[2] 《深圳市人大将全程实时监督政府"钱袋子"》,《深圳特区报》2016年7月28日。
[3] 《中央本级"三公"经费连续6年只减不增》,《人民日报》2016年7月23日。

和家具配置方面做出制度性安排，财政部等 5 部门联合发文，向社会公布了中央行政单位通用办公设备家具配置标准，对办公室书柜、文件柜、沙发等办公家具以及电脑、打印机等通用设备给出明确的价格、数量、年限等标准，禁止豪奢超配等乱花钱行为。此外，为保证各项限制标准能够"落地"，江西省建立了"三公"经费网上监管平台，把已明确支出标准的项目在网络监管系统中设置相应的参数，对支出行为进行预警审核，未明确支出标准的项目，根据预算限额分项目实行总量预警审核。一旦超出标准支出，系统将会发出预警，并通知监管部门核查处理。①

表 1　中央本级"三公"经费* 预算执行和预算安排情况

单位：亿元

项目	预算数					执行数			
	2016 年	2015 年	2014 年	2013 年	2012 年	2015 年	2014 年	2013 年	2012 年
因公出国(境)经费	20.27	19.38	19.76	21.36	21.65	17.43	16.2	16.92	21.85
公务用车购置及运行费	34.41	34.59	41.27	43.99	44.32	30.88	35.99	42.53	45.16
公务接待费	8.42	9.19	10.48	14.34	14.98	5.42	6.61	12.09	15.05
合　计	63.1	63.16	71.51	79.69	80.95	53.73	58.8	71.54	82.06

　　*中央本级包括中央行政单位、事业单位（含参照公务员法管理的事业单位）和其他单位用财政拨款开支的因公出国（境）经费、公务用车购置及运行费、公务接待费（以下简称"三公经费"）。

　　资料来源：财政部网站，http：//yss.mof.gov.cn/zhengwuxinxi/caizhengshuju/201604/t20160415_1952292.html。

3. 重点管控各类专项资金

2016 年，国务院部署实施了财政专项资金清单管理制度，逐步

---

① 《江西构建"三公"经费网上监管平台》，人民网 - 江西频道，http：//jx.people.com.cn/n2/2016/0222/c190260 - 27783977.html，2016 年 9 月 20 日。

建立专项转移支付定期评估和退出机制。2016年中央财政大幅增加了财政扶贫资金的投入力度，各地区各部门重点针对扶贫专项资金加大监管力度，努力做到精准监督、精准打击、精准预防，不让老百姓对扶贫资金的期待落空。最高人民检察院、国务院扶贫办联合在全国开展为期5年的集中整治和加强预防扶贫领域职务犯罪专项工作，聚焦重点领域、重点环节、重点地区，查办扶贫领域的职务犯罪行为，建立财政专项扶贫资金项目信息监管共享平台，实现贫困人口数量、区域分布、扶贫项目清单和扶贫资金安排等基础数据共享。[①] 一些地方探索运用新技术手段提高扶贫项目监管的精准度。如，贵州黔东南州开发的"扶贫项目精准化监控平台"，运用全球卫星定位系统，导入扶贫项目基本信息和实施地点的全球卫星定位系统数据、图片，对全州扶贫项目点实行准确定位、实物化管理、全程监控。[②] 为优化财政涉农资金供给机制，2016年4月，国务院专门印发了《关于支持贫困县开展统筹整合使用财政涉农资金试点的意见》，山西、甘肃等地相继出台具体办法，探索从制度层面解决扶贫项目层层上报、资金戴帽下达、资金投向固化、资金使用"碎片化"等问题。据国家审计署发布的《2016年第二季度国家重大政策措施贯彻落实跟踪审计结果》显示，"截至2016年6月底，17个省市的38个县区或部门已盘活扶贫资金6.07亿元，占闲置扶贫资金总额的72%"。[③]

4. 通过改革提高公共资金绩效

2016年8月，国务院出台专门文件，开始"规划和逐步推进中央与地方财政事权和支出责任划分，明确将财政事权划分为中央履行的

---

① 《财政专项扶贫资金项目信息监管共享平台将建立》，中国经济网，http://www.ce.cn/xwzx/gnsz/gdxw/201602/23/t20160223_9032722.shtml，2016年9月20日。
② 《贵州完善扶贫资金监管方式确保"精准投入"》，新华网，http://news.xinhuanet.com/fortune/2016-03/03/c_1118219449.htm，2016年9月20日。
③ 《中国17省市盘活扶贫资金6亿元 占闲置扶贫资金72%》，中国新闻网，http://news.xinhuanet.com/politics/2016-08/03/c_129202249.htm，2016年9月20日。

财政事权、地方履行的财政事权和中央与地方共同的财政事权",[①]并确定具体事务领域及相应的支出责任,探索从体制上解决财权与事权不匹配造成的资金使用不合理、不规范及效率低下等问题。为提高公共资金使用效率,国务院要求严格清理财政结余结转资金,加强存量资金监控,对结余资金和连续两年未用完的结转资金一律收回并重新安排。与此同时,一些地方开始探索建立防止资金沉淀闲置长效机制。一方面,广东、陕西等地从2016年起开始探索推行零基预算改革,改变传统的"基数+增长"的预算分配方式,部门的"钱袋子"每年要"清零",以防止一些部门资金长期"沉睡",提高分配和使用效率。另一方面,一些地方加强对财政资金的统筹使用,整合目标相似、投入方向类同、管理方式相近的项目,打通资金使用通道,防止资金"碎片化"。为解决科研项目资金管理"过细过死"的问题,中共中央办公厅、国务院办公厅联合印发了《关于进一步完善中央财政科研项目资金管理等政策的若干意见》,通过简化预算编制科目、下放调剂权限、提高间接费用比重、放开劳务费比例限制等一系列"松绑+激励"的措施,改革和创新科研经费使用和管理方式,激发科研人员创新创造活力。[②]

(二)以"制度+科技"促进公共资源配置高效透明

2015年,国务院已对建立统一的公共资源交易平台做出部署。2016年,中央加快"顶层设计",在全国范围内推动公共资源交易平台尽快建起来、联起来、用起来。

1.加强省级公共资源交易平台建设

各省区市加快推进省级公共资源交易平台建设,整合工程建设项目招标投标、土地使用权和矿业权出让、国有产权交易、政府采购等

---

① 参见《关于推进中央与地方财政事权和支出责任划分改革的指导意见》。
② 《关于进一步完善中央财政科研项目资金管理等政策的若干意见》,新华网,http://news.xinhuanet.com/tech/2016-07/31/c_1119311230.htm,2016年9月20日。

交易市场，逐步建立统一的公共资源交易平台和开放竞争有序的现代市场体系。2016年3月，国家发展改革委确定在安徽、湖北、广东、贵州、宁夏等地开展公共资源交易平台的整合试点工作，探索完善相应的管理制度和监管体系，为在全国范围内深入推进公共资源交易平台整合工作提供可复制、可借鉴、可推广的经验。广东省撤并了除顺德区外的其他县区级交易平台，政府设立的公共资源交易平台由284个减少到23个，平台数量减少了92%。除了国家规定的四大类整合内容外，广东还将医疗药品及耗材采购、涉法涉诉资产拍卖、碳排放权和排污权交易、政府资产处置、航空时段公开拍卖、低空开放空域使用时间交易、公共财政投资项目融资等市场化程度较高的交易事项纳入交易目录管理。① 湖北省开展了有关法规制度的清理整合工作，共清理公共资源交易文件697件，废止352件、修改113件、保留232件，重新制定28件，文件废止比率超过50%，初步建立起全省统一的制度管理体系。② 截至10月，北京、河南、江苏、安徽、广东、海南、四川、贵州、云南、甘肃、宁夏等地及新疆生产建设兵团等已基本完成公共资源交易平台整合工作。

2. 逐步实现公共资源交易全国"一张网"

在地方各级政府基本完成公共资源交易平台整合工作的基础上，全国公共资源交易平台整合工作逐步开展。2016年7月，国家发展改革委等部门联合颁布《公共资源交易平台管理暂行办法》，以规范公共资源交易平台运行、服务和监督管理。按照该办法规定，国家公共资源交易平台逐步实现与全国投资项目在线审批监管、信用信息共享平台及地方公共资源交易电子服务系统的互联互通，形成纵横贯通

---

① 《广东公共资源交易平台前7个月交易金额近5000亿元》，中国新闻网，http://www.chinanews.com/fortune/2016/09-07/7997334.shtml，2016年10月8日。
② 《湖北省深化体制机制改革，打造阳光交易市场》，国家发改委网站，http://fgs.ndrc.gov.cn/zttp/ggzyzh/ggzygzdt/ggzyzhdfdt/201609/t20160913_818355.html，2016年10月8日。

的全国"一张网",以提高公共资源配置效率,推进公共资源交易阳光下运行。为打破公共资源交易领域的信息壁垒,推动数据共建共享,国家发展改革委、财政部、国土资源部、国资委联合颁布了《公共资源交易平台系统数据规范》,对工程建设项目招标投标、政府采购、国有土地使用权和矿业权出让、国有产权交易四大领域中公共资源交易的交易信息、主体信息、专家信息、信用信息、监管信息等做出技术规范,并为每一笔公共资源交易赋予唯一的"身份证号码",对交易项目实行全生命周期的跟踪记录。这为实现信息统一发布查询、大数据挖掘等深度应用奠定了基础,也有助于进一步提升公共资源交易信息化、规范化水平。截至10月,广东、重庆等地已完成与国家公共资源交易服务平台的成功对接,实时交互共享相关数据信息。

3. 围绕平台建设配套完善综合监管体系

在构建公共资源交易服务平台的同时,结合电子监察、大数据和信用体系建设,构建多种监管方式相结合的监管体系。一方面,充分运用大数据分析及现代信息技术,加强跟踪分析和监测预警,及时发现查处交易活动中的违规和腐败行为。如,贵州省依托全省统一的公共资源交易平台,开发了远程电子监督系统,与全省各级监察、住建、工商、财政等行政监督平台相连接,将电子预警防控手段贯穿于各类交易的全流程,为各级行政监督和综合监管部门适时对项目进行远程智能化跟踪和监管提供了电子通道。另一方面,加强招投标领域信用机制建设。2016年9月,最高人民法院、国家发展改革委等9部门联合下发通知,明确要求对失信被执行人采取"限制投标、限制招标代理、限制评标、限制招标从业"四项联合惩戒性措施。[①] 海南省制定了公共资源交易不良行为问题清单及责任追究目录,罗列了招标人、投标人、代理机构、评标专家等8大类市场主体的111项常

---

① 《最高法等9部门惩戒"老赖":限制参加招投标活动》,《中国青年报》2016年9月23日。

见不良行为,并依据情节轻重给予追究责任、记录和公开不良行为3种惩罚措施,较好地约束了公共资源交易从业人员的行为。① 此外,湖南省纪委监察厅还出台了"九不准"规定,对领导干部违规插手、干预公共资源交易招投标活动的行为实行严肃问责。

(三)着力推进国有资产监管全覆盖

按照十八届五中全会提出的"以管资本为主加强国有资产监管"的要求,2016年,中央进一步理顺国有资产管理体制,健全国有资产监管制度,完善国有企业内部治理体系,推进国有资产监管的"全覆盖"。为依法科学界定国资监管边界,湖北省国资委出台了《湖北省国资委出资人监管权力和责任清单》,对应依法履行的国资监管权力和责任进行了系统全面的梳理,并明确每一项职权的项目名称、实施方式、实施依据、报送资料、责任处室、责任事项等,为转变监管职能和调整完善监管方式提供了明确依据。② 黑龙江国资委列出了国资监管的"三项清单",除明确监管权力和责任外,还对每一监管事项的适用对象、报送材料、报送时间、服务事项流程、办理时限做出了明确规定。③ 为提高国资监管效能,一些地方探索开展了经营性国有资产集中统一监管,将所属不同党政机关和事业单位,且独立经营能力差、资产规模小、质量低、效益不佳的企业,纳入经营性国有资产集中统一监管体系。如,山东省将省粮食局、省水利厅、省科学院、省农科院、省地矿局和省煤田地质局6个部门所属221个企业,整合组建了鲁粮集团、水发集团等6个省管一级企业,

---

① 《海南发布不良行为问题清单依法追究交易主体责任》,国家发改委网站,http://fgs.ndrc.gov.cn/zttp/ggzyzh/dfxcz/201608/t20160824_815641.html,2016年10月8日。
② 《湖北国资委出台出资人监管权力和责任清单》,国资委网站,http://www.sasac.gov.cn/n86302/n86376/c2443251/content.html,2016年10月8日。
③ 《龙江国有资产监管"三项清单"出炉》,《黑龙江日报》2016年1月4日。

在推动国有资产提质增效的同时,实现国有资产的统一管理和集中监管。① 在规范和加强行政事业单位国有资产监管方面,财政部专门制定指导意见,构建"财政部门—主管部门—行政事业单位"三个层次的监督管理体系②,进一步明确了财政部门综合管理职能和主管部门的具体监管职能,强化行政事业单位对占有使用国有资产的管理主体责任,合力推进和实现行政事业单位国有资产的有效管理。

在加强国有企业监管方面,2016年,各级国资监管部门进一步强化对国有企业改制重组、产权交易、投资并购等重点环节的监督,建立国有企业重大决策失职、渎职责任追究和倒查机制,着力查处侵吞、贪污、输送、挥霍国有资产等违法违纪行为。国务院办公厅印发了《关于建立国有企业违规经营投资责任追究制度的意见》,针对违规经营投资问题集中的环节,明确了包括集团管控、购销管理、工程承包建设、转让产权及上市公司股权和资产、固定资产投资、投资并购、改组改制、资金管理、风险管理9大方面54种须追究责任的情形,以及采取组织处理、扣减薪酬、禁入限制、纪律处分、移送司法机关等相应的方式处理。③ 国务院国资委还制定了《关于完善中央企业功能分类考核的实施方案》《中央企业负责人经营业绩考核办法》,根据中央企业功能定位和发展阶段,科学设置经营业绩考核指标及权重,通过差异化业绩考核形成有效的考核激励机制。此外,我国企业"走出去"步伐逐渐加快,对境外国有企业和国有资产的监管提出了更高的要求。2016年,中央逐步建立并实施了境外国有资产审计监督、经营业绩考核及责任追究等制度,重点监督境外企业和机构在投

---

① 《国有资产统一监管 山东组建鲁粮集团等6家企业》,《齐鲁晚报》2016年8月16日。
② 参见《进一步规范和加强行政事业单位国有资产管理的指导意见》。
③ 《国企违规经营投资追责制度出台 完善国有资产监管》,新华网,http://news.xinhuanet.com/fortune/2016-08/24/c_129251708.htm,2016年10月8日。

融资、产权变动、资金管控等方面的情况，确保境外资产安全可控、有效运营。

五 深化党员干部作风建设与道德诚信管理

2016年，继续深化和推进依规治党和从严治党，通过道德诚信教育和制度建设，进一步严格党员标准，树立行为规范，强化道德自律和纪律约束，为构建营造良好的政治生态奠定坚实基础。

（一）以扎实的教育活动强化党员干部道德自律

在开展党的群众路线教育实践活动和"三严三实"专题教育的基础上，2016年开展的"两学一做"教育将党内教育从"关键少数"拓展到全体党员，将集中性教育延伸为经常性教育，进一步解决党员干部中存在的理想信念模糊动摇、党的意识和党员意识淡化、纪律观念和规矩意识缺失、道德品行不端等问题。

1. 坚持高线教育，为党员干部"铸魂补钙"

2016年，各地区各部门以学习党章和习近平总书记系列讲话为重点，积极开展党员干部理想信念教育，提升广大党员领导干部党性修养。各级党组织围绕党章开展了一系列丰富多彩的学习教育活动，在全国范围内掀起了学习党章的高潮，中央国家机关还组织开展了"党章党规在我心中——党章党规知识测试及竞赛活动"，以赛促学。有的基层党组织专门设立"党章学习日"，在网上发起了手抄党章的接力活动。辽宁葫芦岛以"学党章明方向"为主题，组织编写了歌曲、快板、三句半、相声等形式新颖、内容多样的主题学习教育资料，引导广大党员对照党章寻找差距，体会做合格党员的标准。全军部队组织广大党员开展了重温入党誓词活动，通过庄严的仪式来教育党员树立坚定的信念。青岛市开展了"我身边的好党员"主题演讲

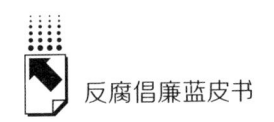

教育活动，组织137个单位的207名演讲人员走上讲台，讲述身边好党员的优秀事迹，通过这些具有神圣感、庄重感的学习活动，提高作为一名党员的荣誉感、自豪感。

2. 坚持底线教育，使党员干部"知止知畏"

从近年来查处的违纪案件看，一些犯错误的党员干部，往往不熟悉党规党纪的具体要求，或者对党规党纪缺乏敬畏意识，对明确的纪律要求不以为然，甚至置若罔闻。2016年，各地区各部门加强对党员干部党风党纪教育，引导广大党员牢固树立底线意识，强化自我约束，使纪律要求逐步内化为党员干部的思想自觉和行动自觉。一方面，提升党规党纪宣传教育效果。把《党章》《准则》《条例》等党内法规纳入党员干部培训和日常学习的重要内容，使广大党员学会在约束中工作，习惯在监督下干事。广东、新疆等地组织党员干部开展党规党纪知识竞赛，帮助党员干部思想意识入脑入心。另一方面，运用典型违纪案例开展警示教育。如，贵州省通过"案例重现+党政纪解读"的形式，以漫画、图解等方式剖析了5大类20多个违反中央八项规定精神的典型案例①，在节假日等重要时间节点开展警示教育，让党员干部明明白白地看到违纪情形及严重后果，增强干部的法治观念和纪律意识。

3. 坚持官德操守教育，促党员干部"明德尚行"

习近平总书记在庆祝中国共产党成立95周年大会上强调，党员干部要"以德修身、以德立威、以德服众"。只有时刻保持良好的品行，守住为官之德、做人之道，才能筑牢道德底线，坚守思想阵地。公务员职业道德是公务员职业活动的行为准则和规范，是公职人员道德建设的基础和核心。2016年7月，中组部、人社部、国家公务员局联合下发《关于推进公务员职业道德建设工程的意见》，将新时期

---

① 《贵州：用活"反面教材" 瞄准问题开展纪律教育》，中央纪委监察部网站，http://www.ccdi.gov.cn/yw/201602/t20160226_74940.html，2016年9月20日。

国家公务员职业道德概括为"坚定信念、忠于国家、服务人民、恪尽职守、依法办事、公正廉洁"6个方面24字①,明确了公职人员职业道德建设的标准和方向,通过教育引导、行为规范、实践养成、考核监督和奖惩激励等举措,推进公职人员职业道德的持久养成。一方面,通过"人民满意的公务员""职业道德标兵"等评选活动,选树一批模范践行公务员职业道德的先进典型,激发公务员比学赶超的内在动力。另一方面,加强对干部"官德"的日常考量,及时掌握干部的德才表现、重要情况和群众口碑等,以此作为公务员晋升奖惩的重要标准,发挥考核结果的"指挥棒"作用。如,台州市黄岩区为3.6万名党员干部建立了个人道德诚信信息档案,按月收集包括职业道德、个人品德、社会公德、家庭美德等方面的行为信息,并实行量化考核和分级管理,强化日常监督提醒。②

(二)以有效的制度供给打破官场潜规则

习近平总书记在十八届中央纪委六次全会上提出,要"立'明规矩'、破'潜规则',通过体制机制改革和制度创新促进政治生态不断改善"。一年来,各地区各部门在《纪律处分条例》的基础上,继续完善各项法规制度建设,努力使党员干部在工作生活各个方面有法可依、有规可循,尽可能地减少制度空白和模糊地带,不断挤压"潜规则"存在的空间,逐步改善政治生态。

1. 从细节着手规范党内政治生活

有什么样的党内政治生活,就有什么样的党员干部作风。因此,党要管党必须从党内政治生活管起,从严治党必须从党内政治生活严起。各级党组织针对党内政治生活存在的形式化、庸俗化、简单化等

---

① 《国家公务员局负责人就〈关于推进公务员职业道德建设工程的意见〉答记者问》,《人民日报》2016年7月7日。
② 《浙江探索德行考核机制 诚信档案记录干部道德账》,《浙江日报》2016年8月5日。

问题，努力净化党内上下关系、人际关系、工作氛围。2016年作为"换届年"，干部交流选任相对集中，各地区各部门加强了对换届工作的监督。中组部明令提出"九个严禁、九个一律"①的纪律要求。各地在换届选举时出台了许多新的规章制度，为选拔优秀干部、净化换届风气提供了制度保障。2016年8月，中组部制定下发了《关于防止干部"带病提拔"的意见》，提出了深化日常了解、注重分析研判、加强动议审查、强化任前把关、严格责任追究等一系列制度设计，为做好新时期干部选拔任用工作提供了重要遵循。从抓细节入手，防止党内生活形式化。江苏省委书记李强与全省干部"约法四章"，不言必称"尊敬的""重要讲话"，不照本宣科念稿子发言，不事无巨细事事"报结"，通过这些看似微不足道的小事，打破习惯的官场套路，减去不必要的繁文缛节，助推领导干部涤清形式主义、官僚主义作风，把更多的精力放在为民办实事上来。从抓言行入手，防范党内关系庸俗化。宁波市把干部之间的称兄道弟视为负面言行，如对上级不称"同志"称"老板""老大"，平级之间称"兄弟"，上级称下级为"弟兄们""伙计们"等。当某人出现2次以上负面言行时，党组织的书记或班子成员将对其进行谈话提醒、责令改正，并把负面言行记录与党员

---

① "九个严禁、九个一律"的具体内容：（1）严禁拉帮结派，对搞团团伙伙、结党营私的，一律给予纪律处分。（2）严禁拉票贿选，对在民主推荐和选举中搞拉票、助选等非组织活动的，一律排除出人选名单或者取消候选人资格，并视情节给予纪律处分，贿选的依法处理。（3）严禁买官卖官，对以谋取职务调整、晋升等为目的贿赂他人或者收受贿赂的，一律先停职或者免职，并依纪依法处理。（4）严禁跑官要官，对采取拉关系或者要挟等手段谋取职务或者职级待遇的，一律不得提拔使用。（5）严禁造假骗官，对篡改、伪造干部档案材料的，一律对相关人员给予组织处理或者纪律处分。（6）严禁说情打招呼，对搞封官许愿或者为他人提拔重用说情打招呼的，对私自干预下级干部选拔任用的，一律记录在案，情节严重的严肃追究责任。（7）严禁违规用人，对突击提拔调整干部、超职数配备干部和违反规定程序选拔任用干部的，一律宣布无效，并视情节对相关人员给予纪律处分。（8）严禁跑风漏气，对泄露、扩散涉及换届人事安排等保密内容的，一律追究相关人员责任。（9）严禁干扰换届，对造谣、诬告他人或者妨害他人自由行使选举权的，一律严厉查处，涉嫌违法犯罪的移送司法机关处理。

评优评先、提拔使用挂钩。① 从抓落实入手，推动党内生活常态化。咸宁市将诵读党章、交纳党费、学习党规党情、开展组织生活、实行民主议事、落实公开制度"六事"列为党组织的规定动作。青岛市将组织关系转接、党费专项检查、组织生活制度落实、软弱涣散党组织整治、党员组织关系排查、"两代表一委员"中违纪党员排查、基层党组织换届整顿7项任务纳入年度基层党建工作述职评议考核。针对普遍存在的"不按时足额缴纳党费问题"，各地区各部门开展了党费专项检查。天津市管国有企业党员干部交纳党费专项整改工作中，66家国有企业、12万余名党员干部，共补欠交少交党费2.77亿元；山西省监管企业党费收缴自查工作中，22家国企共补交党费8000余万元。②

2. 构建"亲""清"的政商关系

习近平总书记用"亲""清"二字定位新型政商关系，明确了新时期政商相处的基本原则。在实践中，广东、浙江、河南等地专门出台更为具体的制度规范，列出了政商交往的"正面清单"和"负面清单"。"正面清单"回答了政商交往中"能做什么"。如，广州市对机关单位工作人员，尤其是党员干部提出了"公平对待非公有制企业""提高政务服务效率""改进政务服务方式""增强政务服务透明度""减轻非公有制企业负担"等9个方面的要求③，防止"为官不为"的懒政怠政现象。"负面清单"着重回答政商交往中"不能做什么"。河南省明确规定各级党政干部不得有利用职权影响或职务之便收受企业及其负责人红包、礼金、礼品、有价证券等8种行为，以及非公有制企业及其负责人在政商交往中不得给予领导干部及其配

---

① 《多地出台党员干部"负面言行清单"：这些话不能说》，《南方周末》2016年10月18日。
② 《不按时足额交纳党费，这事可不小》，《光明日报》2016年6月19日。
③ 《广州市纪委公布政商交往的正、负面"清单"》，中国新闻网，http://www.chinanews.com/gn/2016/05-21/7878208.shtml，2016年9月20日。

偶、子女及其配偶和其他特定关系人财物或者其他好处等6种行为。① 在划清政商交往边界的同时，浙江丽水还努力推动党员干部主动为企业服务。丽水龙泉市制定了一套"扶企不扰企"的纪律制度，每年年终开展"局长作风大家评"和"涉企部门效能服务排行榜"评选活动，把帮扶企业工作情况纳入干部年度目标考核，作为干部提拔任用、岗位调整、评优评先的重要依据。② 这些有利于构建健康政商关系的制度，既给政商交往划定了明晰的红线，同时也有助于党员干部避免在工作中"谈商色变"而有所作为。

3. 集中治理饭局问题

在各地建章立制的探索中，领导干部饭局的"红线"愈加清晰。针对"酒桌办公"问题，安徽省部署开展专项治理，重点治理"不请客吃饭不办事、请客吃饭乱办事""通过'酒桌办公'要资金、跑项目、争考核名次或谋取不当利益""党员干部及公职人员接受可能影响公正执行公务的宴请""在开展调研、培训、召开会议等公务活动中接受公款宴请""向下级单位和企事业单位及个人转嫁招待费用""同城部门、上下级之间相互公款宴请"等问题。③ 浙江、黑龙江、吉林、江苏、湖南等多个省份已出台公务接待"禁酒令"，午餐、晚餐一律禁酒。新疆维吾尔自治区规定，因外事接待和招商引资等特殊情况需饮酒的，必须报本级纪委（纪检组）审核批准。有的地方纪委还列出了其他一些不能去的饭局，如，上下级之间搞互相吃请、接受基层单位吃请、接受村级组织安排的吃请、接受企业安排的吃请、接受带有公务接待性质的夜宵、接受管理服务对象安排的吃请、接受可能影响公务执行的吃请，等等。此外，不少地方还加大了

---

① 《河南：对涉及官商勾结等问题线索的实名举报优先办理》，中央纪委监察部网站，http://www.ccdi.gov.cn/yw/201608/t20160804_84851.html，2016年9月20日。
② 《浙江丽水：民企对公接待"归零"的背后》，《人民日报》2016年6月20日。
③ 《安徽专项整治"酒桌办公"》，《中国纪检监察报》2016年6月23日。

对公职人员"八小时之外"饭局问题的监管。为规范领导干部婚丧嫁娶大操大办问题，不少地方都结合实际出台了具体的"操作办法"，除限定桌数人数外，有的地方还限定宾客身份，要求不得邀请管理和服务对象，甚至"同事"等。一些地区还形成了"报告—公示—曝光"机制，在摆酒席前必须事先报告，并公示准备办多少桌、准备请哪些人，纪委可采取明察暗访或接受举报的方式，对违规违纪问题及时曝光，并对违禁人员给予相应处罚。

（三）以严格的行为约束防范公职人员利益冲突

1. 做硬领导干部个人事项报告制度

随着领导干部个人事项报告制度的不断升级和完善，其在从严监管干部和预防腐败方面的作用也日渐突出。2015年，全国领导干部个人事项报告抽查核实工作取得显著成效。"全年共抽查副处级以上干部43.92万人。其中，因不如实报告个人有关事项等问题被取消提拔资格的3900多人，受调离岗位、改任非领导职务、免职、降职等处理的124人，因抽查核实发现问题受到党纪政纪处分的160人。"[①]"凡提必核"和按比例抽查，对领导干部产生了强大的纪律约束作用。与往年相比，2016年版的领导干部个人事项报告范围更广、要求更细，堪称"史上最严"。申报内容包括个人婚姻状况、收入所得、出国（境）、子女移民等14项情况，填报要求也更为严格。比如，在新版领导干部个人事项报告表上，配偶、共同生活的子女不仅要求填写房产、股票、期货等情况，移居国（境）外情况、被司法机关追究刑事责任情况也得如实填写。此外，贵州省在落实惠民政策监管过程中，探索施行了公职人员利益申报、公示和抽查核实制度，

---

① 《2015年全国领导干部个人有关事项报告抽查核实工作取得良好成效》，《光明日报》2016年1月26日。

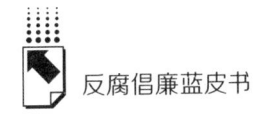

要求村（社区）干部、在外工作国家公职人员及其相关亲属如果享受非普惠制惠民政策，必须按规定填表申报，并且要张贴公示和接受抽查。① 这在探索实行公职人员更大范围内的利益申报方面无疑是一次有益的尝试。

2. 规范领导干部亲属经商办企业行为

根据中央深改组部署，继 2015 年上海先行试点之后，2016 年，北京、广东、重庆、新疆等地先后出台文件，开启规范领导干部亲属经商办企业的试点探索。试点地区把规范干部范围限定在副局级以上，并按照"职位越高、权力越大，要求越严"的原则从严管理，严格界定经商办企业行为，细化规范程序，明确操作依据。比如，上海、重庆、北京均规定，市级领导干部的配偶不得经商办企业，其子女及其配偶不得在本市经商办企业。与此同时，试点地区均把拟提拔干部作为监管重点，对不符合相关制度规定的实行职位限入和提拔限制。为强化日常监督，重庆市将领导干部配偶、子女及其配偶经商办企业行为纳入巡视工作、述责述廉、民主生活会内容，并按照每年 20% 的比例进行专项抽查，重点检查漏报、瞒报行为。② 为防范"名退实不退"问题，在办理亲属退出经商办企业行为时，北京市委组织部将会同工商、税务等部门，对是否存在虚假退出或在退出时搞利益输送等情况进行监督检查，必要时将请第三方机构进行查验。③

3. 规范公职人员兼职行为

新修订的《纪律处分条例》对党员干部在职、离职或退（离）

---

① 《贵州新规促惠民政策落实 干部及亲属享受"好处"必须填表申报张贴公示》，《人民日报》2016 年 6 月 20 日。
② 《重庆进一步规范市领导干部配偶、子女及其配偶经商办企业》，《人民日报》2016 年 5 月 20 日。
③ 《北京规范领导干部配偶、子女及其配偶经商办企业》，《人民日报》2016 年 5 月 24 日。

休后兼职（任职）行为划出了明确的界限，要求党员干部兼职必须讲纪律、守规矩。2016年8月，中办、国办印发了《改革社会组织管理制度意见》，推进社会组织去行政化改革，并要求在职公务员不得兼任基金会、社会服务机构负责人，已兼职的须在半年内辞去公职或社会组织职务。国家新闻出版广电总局根据巡视组的反馈意见，集中治理领导干部在社团和企业兼职问题，对干部兼职行为按照干部管理权限从严审批管理，对干部未经批准违规在社团或企业兼职、兼职取酬或违规审批兼职的，一经查实，给予严肃处理。上海市在探索行业协会商会与行政机关脱钩的试点工作中也明确提出，现职领导干部不得在行业协会商会兼职，领导干部退（离）休三年内一般不得到行业协会商会任职兼职。在河南，三门峡、商丘、开封、安阳等地针对领导干部违规在社团组织中兼职、取酬、领取补贴以及配备车辆、办公室等问题开展专项治理。对发现问题的，不仅违规的领导干部要受到相应处理，单位有关负责人也可能会被追究责任。① 在规范和限制领导干部兼职的同时，中央还出台了相应政策，允许科研人员和教师依法依规适度兼职兼薪，进一步激发创新创业的积极性，并要求所在单位通过实行科研人员兼职公示、报告兼职收入等制度，履行相应的监管职责。②

六 廉洁文化的传承与传播百花竞放

社会廉洁文化建设是建设廉洁政治的重要保障。党风廉洁建设和反腐败斗争要取得决定性的胜利，离不开民众的广泛参与和良好的社

---

① 《河南开展领导干部违规兼职取酬专项治理　兼职取酬须担责》，《河南商报》2016年9月30日。
② 来自中共中央办公厅、国务院办公厅2016年11月印发的《关于实行以增加知识价值为导向分配政策的若干意见》。

会氛围。2016年，各地区在传承中国优秀传统文化、构建社会主义核心价值观的进程中，积极引导和培育社会公众的廉洁理念，着力提高全民的廉洁意识，打造风清气正的社会环境，为党风廉洁建设和反腐败工作奠定坚实的文化基础。

（一）深入挖掘中华优秀传统文化"廉值"

"求木之长者，必固其根本；欲流之远者，必浚其泉源。"中华优秀传统文化浩瀚精深，崇廉尚洁的价值追求源远流长，用历史文化的力量支撑自信，从"老祖宗"那里学习清廉为官为人之道，成为当下中国的"新时尚""新潮流"。从中央领导到普通干部群众，全国上下掀起了一股学国学、用经典、仿先哲的热潮。沉睡在典籍、传说、祖训中的廉洁"正能量"，通过研究、宣讲、展览、演出等方式被逐渐激活，成为新时期廉洁文化建设的重要支撑。一方面，"家风"在"家国同构"的文化传统中得到传承，廉洁成为"家规"传承的核心价值。家规家风、乡规民约中的精华，成为扬真抑假、扬善抑恶、扬美抑丑，推动社会风气持续好转的不竭动力。中央纪委监察部网站的"中国传统中的家规"栏目，已连续推出67期，一大批充满温情和智慧的中华传统家规逐步走进社会公众视野，其中所蕴含的家国文化、规矩意识、廉洁精神得以广泛传播和弘扬。宁波市海曙区以"听、看、写、说、建"等多种形式大力弘扬优秀家规家训，引导党员干部树立"廉洁齐家"意识，营造风清气正的良好氛围。安徽省绩溪县深入挖掘古徽州传统文化中的优良家风家训，开展"树家风、促党风、带民风"主题活动，推动全县形成注重家庭、注重家教、注重家风的浓厚氛围，推动以好家风促好党风带好民风。福建省厦门市思明区纪委在全区党员干部中开展以"树清廉家风，立崇德家规"为主题的好家风建设活动，引导党员干部自觉修身齐家，培育清廉家风。通过深入挖掘整理诸如江夏堂黄氏祖训里的忠勤廉正、自强不息的精神，逐步形成了一套有传承、有体系、通俗易懂的家风家训文化。另一方面，传统廉洁思想在传承中得以创造性转化和创新性发展，正成为抑制腐败"亚文化"、传递廉洁"正能量"的重要力量。不少地方开始注重发掘传统廉洁文化的当代价值。2016年，重庆市纪委组织开展了"发现重庆廉洁文化遗迹"活动，对重庆市拥有的廉洁文化资源进行集中梳理，挖掘本土优秀廉洁文化遗产。大足区组织编写了《警世图语——大足石刻廉洁文化读本》，研究总结出石刻文化中"净而不染、觉而不迷；心灵敬畏、节欲正行；严于律己、清白做人；尊老爱友、忠诚爱国"等思想内涵，引导人们在欣赏精湛细腻的雕刻手法、倾听蕴含哲理的石刻故事时，感悟传统文化中的廉洁精神。此外，一些地方还在传统节日文化、地方民俗文化中融入现代理念，通过群众喜闻乐见的文化活动，抵制面子文化、人情文化等消极文化，引导群众养成法治意识和规则意识，树立新风正气，在全社会形成尊廉崇洁的价值判断和社会风尚。

（二）廉洁文化产品创作和传播浸润人心

轰轰烈烈的党风廉洁建设和反腐败斗争投射到文化领域，表现之一便是廉洁文化产品的空前繁荣。广大文艺工作者积极响应习近平总书记在文艺工作座谈会上的重要讲话精神，感国运之变化、立时代之潮头，向传统文化取材，向现实生活取材，向生动的反腐败斗争实践取材，创造出一大批脍炙人口、不负时代的优秀廉洁文化作品。

在创作形式上，廉洁文化产品覆盖文学、戏剧、电影、电视、音乐、舞蹈、美术、摄影、书法、曲艺以及民间文艺、群众文艺等各领域，体现多样性特征。中央电视台"社会与法频道"与国家新闻出版广电总局监管中心纪检组联合摄制了《滑落》《坚守》《漩涡》迷你"反腐倡廉"普法栏目剧，在黄金时段播出后收到了良好的社会效果。反腐题材电影《决不饶恕》《自我救赎》《反腐枪声》《丫山清风》陆续上映,实现了经济效益、社会效益双丰收。电视剧《人民检察官》聚焦"反腐倡廉""防冤纠错""海外追逃"等人民群众广泛关注的社会热点,从检察机关司法办案实践中取材,展示了新时期人民检察官敢于担当、清正廉洁的职业素养和品质,避免脸谱化的尝试让观众看到了国产反腐剧的探索与突破。河北省邢台市上演新编廉政历史剧《时苗留犊》,生动再现了东汉末年廉吏时苗留犊淮南的故事。南京市推出反腐题材京剧《胭脂河》,塑造了高子谦刚直不阿、正气凛然的艺术形象。义乌市挖掘徐侨等本地古代廉吏典型,创作了《徐文清公》这一廉政婺剧。一部反映惩腐选贤的滇剧《选才记》在云南省玉溪市委党校报告厅上演,该市近800名领导干部观看了演出。安徽省安庆市充分提炼本地传统文化中廉洁、忠孝、爱国、礼义、廉耻、仁爱等元素,创演了《大清名相》《李离伏剑》《雷池清波》《县令陈廉》等一批颂廉新剧目……据中国青年报社会调查中心联合问卷网对1910名18~35岁年轻人进行的调查显示,72.6%的受访青年常看反腐题材影视作品,58.0%的受访青年认为播出反腐题材影视作品具有深刻的思想教育意义。①

在创作内容上,2016年廉洁文化作品更多地聚焦现阶段中国党风廉政建设实践,具有更为鲜明的现实意义和时代特点。一大批中央及地方主流媒体均开辟专栏,将镜头聚焦于各个行业、各个岗位的勤廉典型,叙述发生在老百姓身边的先进事迹,发挥典型示范作用。从10月17日起,电视专题片《永远在路上》连续在中央电视台播出。专题片将十八大以来党中央全面推进从严治党的理念、思路和举措寓于具体案件事例之中,让苏荣、白恩培、吕锡文等落马官员现身说法,警示教育党员领导干部严守政治纪律和政治规矩,内容震撼而又真实,表达生动而又深刻,引发了"全民追剧"热潮。

---

① 《94.1%受访青年看过反腐题材影视作品》,《中国青年报》2016年11月8日。

在传播方式上，廉洁文化作品也以更接地气的方式更加贴近老百姓的日常生活，进一步发挥潜移默化的教化功能。各级党政部门和纪检监察机关把廉洁文化建设与地域文化、民俗文化、自然文化、生态文化和休闲文化相结合，将社会热点话题与廉洁文化宣传相结合，把传统传播渠道与现代网络新媒体相结合，进一步增强社会廉洁文化建设的趣味性、知识性和引导性，努力提高对人民群众的吸引力，激发人民群众参与廉洁文化创作和传播的活力。中央纪委监察部网站启动了"清廉中国"微视频征集活动，选出一些优秀的微视频作品在网络上展播，用生动具体的事例、有血有肉的故事、引人入胜的情节，展示各地区各部门推进全面从严治党、加强党风廉政建设的生动实践。成都市也开展了深入有效的实践探索，先后推出《蔬香清韵》《守住底线》《蜀绣之韵》等廉洁成都系列公益广告、动漫、微电影等作品，在全市地铁、公交、户外 LED 等各类公益广告载体进行投放，取得了较好的社会宣传效果。"廉洁成都"网站还结合重要节庆、纪念日和民俗活动等时间节点，先后推出"细数传统民俗、寻觅原汁年味""成都当代劳模的家国情怀""师恩难忘，努力学习是最好的礼物"等主题宣传，让网友在浓浓的温情中接受优秀传统文化的影响和感召。

（三）廉政研究与反腐败斗争实践良性互动

生动丰富的党风廉洁建设实践为廉政研究提出了课题、提供了素材，廉政研究以高质量的成果"反哺"实践，迎来了与实践良性互动的"黄金期"。全国众多社会科学院、党校、高校不断强化廉政研究力量，新成立了一批专门的廉政研究机构，在廉政研究学科化的道路上更近一步。2016 年 6 月，由中国人民大学法学院、国家检察官学院、中国航天科工集团第二研究院、中国人民大学刑事法律科学研究中心发起的中国人民大学反腐败法治研究中心在北京成立；9 月，G20 反腐败追逃追赃研究中心在北京师范大学成立，成为国内首家专门以追逃追赃为研究对象的研究中心。不少高校和科研机构把廉政研究作为哲学社会科学理论创新的重要内容和智库建设的重要着力点，聚焦当前党风廉政建设新情况和新实践，组织开展专题研究和学术研讨，积极为党和国家党风廉政建设反腐败工作出谋划策，提供智力支持。部分地方纪检监察机关、科研机构和高校以党风廉政建设为主题举办了一系列高层次学术研讨会，推出了一批具有前沿性和高质量的廉政理论成果，呈现党风廉政建设和反腐败研究的广阔理论图景。如，中国社会科学院中国廉政研究中心与四川社会科学院联合主办的"中国社科院第九届廉政研究论坛"，北京大学、中山大学和吉林大学联合主办的"十八大以来党风廉政建设和反腐败工作新理念、新成效、新经验"专题研讨会，贵州省纪检监察学会、贵州师范大学联合举办的"把纪律和规矩挺在前面"廉政理论研讨会，等等。随着研究的逐步深入，一批兼具理论性和实用性的廉政研究成果也相继问世。如，《腐败与反腐败的经济学》《反腐败论》《中国共产党如何反腐败》《古代巡视制度史话》《遏制腐败战略——党的十八大以来中国特色反腐败理论十讲》《反腐新格局——十八大以来党风廉政建设和反腐败斗争新成就》等。此外，一批国外反腐败问题研究专家的著作也在国内翻译出版，为中国反腐败理论创新提供了新的研究视角和研究参考。如，《美国的腐败》系统地梳理了美国建国以来对腐败定义的历史演变过程，并对美国现行的反腐败法律及政策做出分析评估。《测量腐败》汇集了近年来国际学术界在腐败测量领域的全新研究成果，从方法论角度探讨腐败测量的科学方法，对设计提出符合中国实际的测量腐败的方法提供了有益参考。

七 社会认同和期待

2016年，中央坚持全面从严治党，严格尊崇党章，严明政治纪律，严格依法行政，创新体制机制，正风反腐力度不减、节奏不变、尺度不松，问责追责动真格，紧紧拽住主体责任"牛鼻子"，人民群众切实看到了党风廉政建设和反腐败斗争的实效，对党的信心、信任和信赖不断增强。中国社会科学院中国廉政研究中心的问卷调查显示，93.5%的普通干部、86.7%的专业人员认为，党和政府惩治和预防腐败"非常坚决"或"比较坚决"，比2012年分别提高14.6和29.7个百分点。96.7%的普通干部、92.9%的专业人员、81.2%的企业管理人员认为党和政府惩治和预防腐败"非常努力"或"比较努力"，比2012年分别提高4.5、16.6和13.8个百分点。96.4%的领导干部、98.9%的普通干部、93.7%的专业人员、91.4%的企业管理人员认为过去一年公职人员作风"明显改善"和"有所改善"。98.2%的领导干部和普通干部、96.7%的专业人员、91.4%的企业管理人员认为"腐败总体上得到有效遏制"和"腐败在一定范围内或一定程度上得到遏制"，比2012年分别提高14.4、10.2、16.5、30.4个百分点。96.4%的领导干部、93.1%的普通干部、86.1%的专业人员、73%的企业管理人员、61.9%的城乡居民对当前反腐败工作"满意"或"比较满意"。97.3%的领导干部、95.4%的普通干部、88.8%的专业人员、80.2%的企业管理人员、70.2%的城乡居民对党风廉政建设和反腐败斗争"有信心"和"比较有信心"，比2012年分别提高9.9、21.3、36.6、26.6、10.2个百分点。

（一）社会公众的共识

1. 制度供给及时给力

干部群众强烈地感受到，2016年是廉政制度供给特别给力的一年。中央密集出台关于完善问责、党内政治生活、党内监督的条例和准则，最高人民检察院、最高人民法院做出保护奖励职务犯罪举报人、办理贪污贿赂刑事案件的规定和解释，中办印发防止干部"带病提拔"的意见，

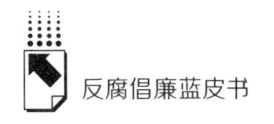

中组部出台《关于推进公务员职业道德建设工程的意见》，多部门同时发力，层层构建"防腐制度网"，受到社会的高度关注和热烈拥护。媒体从不同角度报道各种党规党纪密集出台、要求越来越严，普遍称赞制度质量和针对性有提高，党规党纪"发条"进一步拧紧，让党员感觉到了实实在在的压力。专家学者从不同学科对新制度规范进行阐释解读，各级党组织将新规纳入各类学习活动，掀起了党规党纪学习运用的新高潮。社会公众深深地感受到，中央着力打造"不敢腐"与"不能腐"机制的协同效应更为明显，治理经验不断沉淀累积，好经验好做法凝结为可长期发挥效用的制度网，标志着党和国家治理能力水平不断提升。

2. 新发违纪违法行为下降趋势初显

发现和查处腐败概率增大，惩治的有效性提升，大家普遍感受到打击腐败的高压效果明显，目前查处的绝大多数是"存量腐败"，腐败增量较少，不收敛、不收手而继续贪污受贿的官员虽然有，但已成为极少数，窝案、串案更为罕见。公众明显感觉到，在高压反腐态势下，干部对钱包、信封、现金极度警惕和戒备，明目张胆吃拿卡要的干部明显减少。很多地方纪律检查出现"两降三升"态势，即信访举报和移送司法数量下降，立案、结案和纪律处分人数逐年上升。从媒体报道可见，2016年以来不少地方信访总量和检举控告类信访件下降，群众举报"洪峰"已过，存量腐败在大幅消融，增量腐败得到坚决遏制。这个态势表明，中央查处存量腐败的力度丝毫未减，信访举报虽然有所下降，但巡视、审计、纪律检查等提供了大量存量腐败线索，案件线索来源渠道发生变化，立案调查和处分人数并没有减少。曝光违纪违法行为力度依然如旧，一批"蛀虫"进入司法审判程序，腐败事实情节开始浮出水面。从各类媒体公布的已经判刑的腐败分子来看，绝大多数是2013年以前犯的旧事。经过几年坚持不懈的严厉惩处，去除"腐败存量"的效果比较明显，群众对中央"发现多少查处多少，不定指标、上不封顶，凡腐必反，除恶务尽"的决心高度认可。

3. 全面从严治党逐步延伸到基层

党风廉洁建设和反腐败最终是为了实现人民对美好生活的向往。要增加群众反腐倡廉建设的获得感,必须着力解决发生在群众身边的"四风"和腐败问题。2016年,全国上下将全面从严治党的瞄准镜对准群众身边嗡嗡乱飞的"蝇贪",横扫了一批雁过拔毛、虚报冒领、克扣侵占、吃拿卡要、优亲厚友、执法不公等"微腐败",坚决纠正损害群众利益的行为,着力整治不作为、不会为、乱作为,整肃庸政懒政怠政,推行"阳光村务""百姓问廉"、电视问政、村级会计委托代理服务,健全农村"三资"管理制度等,把党风廉洁建设和反腐败斗争与维护和实现人民群众利益密切联系在一起,让普通群众更多地感受到反腐倡廉的实际效果,赢得了广大群众的普遍称赞。

4. 纪检监察体制改革释放"廉实力"

纪检监察机关是中国反腐倡廉建设十分重要的力量,反腐倡廉成效的取得离不开纪检监察体制的改革,"廉实力"的巩固和持续也需要借力于纪检监察体制改革的完善和细化。2016年,十八届三中全会确定的纪检监察体制改革任务按预期目标和进度踏实落地。"两个为主"① 完善了双重领导模式,很多具体措施在推行过程中不断改进,为增强纪检监察机关监督执纪能力提供了基础保障。"两个责任"② 的落实增加了更多压力传导的方式,约谈、诫勉、函询、问责等成为执纪的常规性手段,"四种形态"③ 成为全面从严治党的新工

---

① 党的十八届三中全会提出,强化上级纪委对下级纪委的领导。查办腐败案件以上级纪委领导为主,线索处置和案件查办在向同级党委报告的同时必须向上级纪委报告。各级纪委书记、副书记的提名和考察以上级纪委会同组织部门为主。
② 党的十八届三中全会提出,落实党风廉政建设责任制,党委负主体责任,纪委负监督责任。
③ "四种形态"为:党内关系要正常化,批评和自我批评要经常开展,让咬耳扯袖、红脸出汗成为常态;党纪轻处分和组织调整要成为大多数;对严重违纪的重处分、作出重大职务调整应当是少数;严重违纪涉嫌违法立案审查的只能是极极少数。

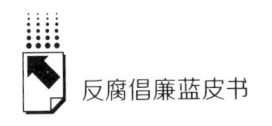

具。社会公众看到，主体责任这个"牛鼻子"被牵得越来越紧，领导干部这个"关键少数"使用权力受到制约，廉洁自律意识增强。派驻"全覆盖"进展顺利，各地在统一部署下积极探索派驻监督的新模式和新办法，努力形成"派"的优势和"驻"的权威。公众对巡视的震慑力充满信心，巡查成为基层监督的重要方式，各地、各部门、各单位为迎接巡视巡查的自查自纠以及巡视巡查后的整改解决了大量问题。

5. 整治四风改变政治生态

不收礼不送礼抗拒官场"游戏规则"，以前可能面临很大风险，可能遭到非议和排挤，但现在这种"廉政尴尬"已基本不存在，"不敢腐"的氛围正在悄然形成。社会风气一百八十度大转弯，过年过节送礼的车少了，干部也卸去了心理负担，心情轻松舒畅，同时避免了大量浪费。政商关系亦发生变化，大家觉得干部变得格外谨慎和低调，请干部出来吃饭成了难题。同城不吃饭、同僚不吃饭、内部不吃请等自律规定成了"家常便饭"，拒收礼品、拒绝宴请的"比比皆是"，闲时读书写字、修身健体、陪伴家人、度假旅游的干部越来越多。工作餐禁烟限酒，超标接待变成工作禁忌，吃饭要交钱"老传统"开始流行。执纪越来越严，不仅收礼会有风险，不合规的送礼也出问题，用公款请人吃饭会违纪，参加宴请吃喝也会惹麻烦，干部应酬交际减少，人际关系变得简单和纯朴。理论与现实自发对接，媒体镜头纷纷对准腐败和歪风，中国乃至世界历史上很少有如此多的专家学者、新闻记者等关注和参与廉政建设，促廉助廉的力量如蒲公英般扩散，成为社会廉洁文化繁荣不可缺少的催化剂。

6. 官民促廉借助新媒体互动频率加快

对社会公众关切问题的回应速度和质量是衡量中央监督能力和水平的重要指标。互联网、大数据、云计算、物联网、智能手机等技术的广泛使用，为舆情搜集、研判、分析提供了极大便利，舆情成为现代国家治理的重要内容，也为反腐倡廉建设带来新的机遇和挑战。"开门反腐"打通了纪检监察机关与公众之间的多条联系渠道。纪检监察机关除了通过网络举报平台获得案件和问题线索之外，微信、微博、QQ群、BBS论坛、新闻跟帖等爆料的违纪行为也被纳入关注范围。"济南非法经营疫苗案""康乐县特大故意杀人案"等舆情热点吸引了亿万人的眼球，也引起了监督机构的注意，紧随其后的问责追责让公众感受到了监督机构应对和处理违纪事件的较强能力。党风廉政建设和反腐败决策接地气，问题指向皆为公众关切，语言生活鲜活朴实，很多群众感到自己的声音和诉求已进入最高层的文件中。官方和民间两个舆论场的"隔断"被逐步拆除，"单向度"的信息公开向"双向"互动交流主动切换，被动"等线索"向主动"找线索"转变，社会有序参与廉政建设愿望和积极性被激发。

7. 权力运行进入规范"快轨"

减少和避免权力任性是源头防止腐败的关键。公众在亲身体会中看到各级政府"放管服"改革协同推进，政府放权"含金量"不断提升，监管有效性增强，初步感受到"双随机、一公开"① 等监管改革的威慑力。政务公开全面推进是2016年中国政府做出的庄严承诺，政务信息公开已成为常态、不公开变为例外。群众从政府网站、公告栏等能及时了解到更多的政务信息，对政府行为可以更好预判，任性检查、人为干扰等不规范行为大幅减少。很多地方群众也看到，政府部门制晒清单蔚然成风，规定清单之外不准为的例子越来越多。企业和群众都感到，公共服务主动性增强，服务方式不断创新，政府主动服务事项更多，网上、掌上办事渠道变多，服务流程、办事程序和环

---

① "双随机、一公开"指的是检查对象、执法检查人员随机抽取产生，检查情况和查处结果及时向社会公开。

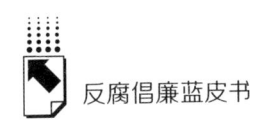

节更为简洁，办事方便快捷。办事规范成为干部首选，遇到不明确的事，他们都主动想到纪检监察、审计等监督机构，先请示后行动。

（二）社会反映的突出问题

1. 不担当不作为问题依然存在

反腐败力度加大之后，庸政懒政怠政现象在一些地区和部门较为突出。有的忘记自己的党员身份和义务，忘记了牺牲奉献精神、先锋模范作用。一些党员干部不愿意沉下心、下功夫结合实际理解消化和创造运用中央的政策方针，不实事求是，而是自以为是，工作做得不实、不细、不深，浅尝辄止。有的自由主义、无政府主义思想严重，对党的政治纪律、组织纪律等约束不满，对中央的决议说三道四、评头论足，就是不落实、不行动。个别干部存在严重的个人利己主义思想，将市场交换原则用于党内生活，过于看重个人得失和利益，没有好处不干事，甚至拿了好处也不干事。有的受不了委屈，只要改革触动到自己的利益，就产生强烈的不适反应。中央落实八项规定精神，规范津补贴，不准吃拿卡要、公款吃喝、公款旅游、公车私用，甚至参加吃请都受到了严格限制，一些党员干部不习惯和不适应，抵触情绪较大。有的地方党员干部缺乏在新制度新要求新环境下开展工作的能力，"没有补助就不下乡""没有加班费就不加班"，不主动克服困难做好工作，而是将为群众工作作为向组织讲条件、谋取部分人利益的筹码。

2. 执纪问责"四种形态"运用不统一

"四种形态"是推进全面从严治党的重要抓手，但实践中一些领导干部不能坚持实事求是的原则，缺乏辩证思维，没有合理把握好尺度和分寸，造成执纪问责不公和"过头"，让干部感到压抑。有的眼中只有"严重违纪"，对抓早抓小不上心不用劲，不敢大胆使用"咬耳扯袖、红脸出汗"的工作方式。有的工作方式方法生硬简单，程序烦琐,"惩前毖后,治病救人"原则掌握运用不够,让受到批评教育的人难以接受。有的执行标准不统一,同样情形的违规违纪行为在不同地方、单位、部门,由不同的人处理,结果过于悬殊。有的自由裁量权大,个人擅自决定,有的受领导意志、网络舆情等干扰左右,随意给予纪律处分或组织处理。有的把一些涉嫌违法犯罪的问题用纪律来处理,有的当"老好人",借抓早抓小、快查快结之名抹案子、送人情。这些现象严重影响"四种形态"执行的社会政治效果,在一些地方引起了干部群众的反感和不满。

3. 不诚信现象依然突出

忠实诚信是从事政治活动的基本职业素养,也是赢得群众信任的基本前提。但在查处违纪违法、日常监督管理等活动中,人们仍然发现干部有大量不诚信的行为,如抽审过程中,很多领导干部个人事项报告不真实、不准确、不完整;干部档案专项审核中,"三龄两历一身份"① 成为造假重点。有的干部通过请人代写、购买造假、抄袭剽窃等方式取得学术成果,获取学位、名誉、奖励、地位,惹来纠纷甚至诉讼。有的对党不忠,虚报浮夸,弄虚作假伪造政绩、数据等谋取职级升迁或其他利益。有的搞两面派、做"两面人",不如实向党反映和报告情况,隐瞒实情、报喜不报忧。有的纵容、唆使、暗示或强迫下级说假话,压制和打击讲真话讲实话的同志。

4. 办事仍要托关系求人

上学、看病、就业、经商、办企业、诉讼等群众普遍要办理的民生事项中的吃拿卡要、索贿等明目张胆地主动型腐败虽大幅减少,但仍有一些办事人员对红包、"信封"、礼品、购物卡等"照收不误",群众能够直接接触到的腐败数量还是较多。打点打点、意思意思、融通融通的态势和习惯,在一些机构还未强力扭转,行贿送礼的心理仍

---

① "三龄"是指年龄、工龄、党龄;"二历"指学历、工作经历;"一身份"指干部身份。

比较普遍，办事得求人、遇事找熟人、找人好办事的人文环境没有根本改变，自觉抵制行贿、拒绝受贿的基础不牢固，腐败风险"敞口"较大。

5. "四风"问题反弹压力危险存在

"重拳"出击之后，整治享乐主义和奢靡之风的效果明显，但仍有一些党员干部变着戏法公款吃喝、公车私用、公款旅游，变异、隐形的"四风"不断出现，公开曝光的违反八项规定精神的典型问题仍然不少。整饬形式主义、官僚主义虽然有些成效，但有些地方、有些部门"积习难改"，工作效率低下，为民服务的意识不强，有的党员干部工作不在状态、办事拖沓，态度生冷、监管不到位的官僚主义作风仍比较严重，文件和会议的数量在一些单位有增无减，重复无效或低效的检查监督等新形式主义表现突出。

6. 选人用人不正之风尚未得到根本扭转

虽然党和政府高度重视并严厉打击选人用人领域的腐败和不正之风，选人用人风气有所改善，但选人用人作为最为关键的领域，要彻底扭转风气尚需时日。衡阳人大代表贿选案、南充市党代会拉票贿选案处理刚结束不久，又发生了更为严重的辽宁系列贿选案，这表明拉票贿选问题已成为一个难以短期内根治的顽疾。有的党员干部刻意参加各种交际，千方百计找"线"和"路"，心思用在人事上而不是用在干事上。讲原则和敢干事的干部因触动别人利益而遭到匿名举报，有人用诬告方式借用纪律审查干扰干部人事考察工作，但诬告陷害行为很少被查处。恶人告恶状的风气让党员干部谨小慎微，不敢坚持原则。

7. 部分领导干部家风不正家教不严

在查处的腐败犯罪人员中，"贪腐父子兵""卖官夫妻店""一家子腐败"等家族式腐败现象比较突出。家教家风不严成为干部腐败的重要诱因。领导干部的家庭应该成为社会的标杆，但有的领导干部鼓励孩子当大官赚大钱出大名，将子女引向名利场，而不教其做普通人，扎扎实实干好本职工作。有的公私不分，将公家东西拿回家任由家人使用，甚至让家人分享其权力，在教育、就业、经商等多方面特殊优惠和关照。有的不要求家人勤俭节约、吃苦耐劳、低调简约，而是任其大肆挥霍、铺张浪费、张扬跋扈、狂妄自大、傲慢无礼、缺乏基本素养。有的溺爱子女，"护犊子"，为子女谋位子、找票子、要房子、拉关系、走后门、傍大款，搞权力寻租，把家庭经营成了"权钱交易所"。子女违法乱纪，有的干部利用权力打招呼、找关系，干预和妨碍司法部门秉公办案。

八　思考与建议

全面从严治党已过四个年头，党风廉洁建设和反腐败斗争取得重大进展和成效，反腐败斗争压倒性态势正在形成，但腐败和不正之风在一些领域仍存在"压而未倒"的现象。压力刚刚传到基层，腐败增量减少，存量却较多，"为官不为"现象凸显，要完成好全面从严治党的"军令状"，我们必须践行全心全意为人民服务的宗旨，继续保持高压态势，同时深化改革，重塑社会对党员干部的信任感。

1. 以理想信念激发干事创业的动力

现实生活中，一些党员干部蜕化变质，甚至堕落为腐败分子，说到底是其信仰迷茫、精神迷失，根本原因在于其放松了世界观改造和思想道德修养，背弃了共产党人的理想信念。党员干部只有补足精神上的"钙"，解决好"总开关"的问题，才能从根本上解决不想腐的问题。党员干部要经常结合实践变化重温和践行党章，有组织地开展与贫困户结对子帮扶等活动，将坚定理想信念与为困难群众服务紧密结合。加强和规范党内政治生活，对各级党组织贯彻党内政治生活规定落实情况进行评估，有针对性地解决不同时期的新问题新矛盾。建

立容错纠错机制，将错误与犯错误的同志区别开来，将错误按照主观过失、危害大小、目的动机等区别开来，根据不同的情形给予不同的处理，鼓励支持干部干事创业。

2. 让干部感受到纪律的温暖

纪律是维护党的团结统一的保障，必须严格执行，但纪律具有双重功能：一是规范和约束党员干部的行为；二是传导组织的人文关怀。党委和纪委应齐头并进落实好全面从严治党"四种形态"，都要"红脸出汗""扯袖子"，协同配合用好纪律处分、组织处理，越往后执纪要越严，让人感受到纪律的威严。同时，要突出"严管"与"厚爱"的辩证统一，执行纪律要体现组织关心关怀，对于犯错误的干部要谈心谈话，从思想上关心帮扶，帮助解除其思想包袱，要让人切实感受到严格执纪也是对干部的一种保护和爱护，而不是冷冰冰的居高临下的"训斥"。在加大举报受理的同时，要对诬告陷害行为进行查处，防止告密成为一种风气或亚文化，对受不实举报检举的干部，要及时调查后予以澄清，消除不良影响。

3. 统一"四种形态"执行标准

建立党内法规审查制度，党内法规部门要对各地的文件制度进行审查，尤其对禁止性党内制度规定进行严格审查，禁止超越权力限制和剥夺党员权利，保证纪律处分依据和标准的统一。细化执纪问责"四种形态"标准，建立纪律审查案例库，明确具体情形及适用的处理方式，减少自由裁量的范围，做到违规违纪程度与追责力度相对应。充分保障被处分人的申诉权，保证执纪公正公开公平，做到在纪律面前人人平等。逐步推行执纪监督专业化，提高纪检监察干部素质和政策运用能力。

4. 积极建造"不需腐"的制度体系

在反腐败斗争压倒性态势逐步形成的背景下，"不能腐"和"不想腐"机制的建立成为党风廉政建设和反腐败斗争新的努力方向。

要真正实现"不能腐"和"不想腐",需要通过激励和保障机制来营造"不需腐"的氛围来支撑,"不需腐"同样是实现"不能腐"和"不想腐"的重要前提和条件。要加大收入分配调节力度,解决公职人员特别是基层公职人员的物质待遇问题,要为公益慈善事业发展提供更多减免税等政策扶持,缩小不同群体、不同地区收入差距。要规范清理津补贴,解决公务人员以权力参与分配、牟取不当利益问题,同时打开"正门",切实保障履职所需的工作条件、合理的收入待遇和应有的尊严,兑现公务员工资正常增长承诺,增加公职人员的工资收入。

5. 让群众从正风肃纪中增加"获得感"

党风廉政建设和反腐败斗争要服务民生,满足人民群众对美好生活的向往需求,实现好全心全意为人民服务的根本宗旨。要加大基层党风廉政建设和反腐败力度,整合力量集中对农村、社区、物业、基层公共服务站所等"末梢机构"优亲厚友、吃拿卡要、与民争利、挤占挪用、贪污受贿等"微腐败"进行重点打击,及时剪除脱贫攻坚、惠农政策、土地征收、救灾救济、医疗卫生、教育收费、环境保护等方面发生频率高、社会破坏力大的"坏苹果"。对"四风"问题要持续高压,防止享乐主义和奢靡之风反弹,对形式主义、官僚主义加大查处力度。利用大数据、云计算、问卷调查等技术对信访举报、案件线索和群众反映进行研判分析,及时掌握腐败动态趋势、舆情变化及社会公众心理。

6. 重塑社会和群众对党员干部的信任感

要将党支部建设尤其是农村和社区党建提到战略高度,可考虑恢复县以上党员领导干部和专家学者到村(社)党支部蹲点制度。加强对党员干部的党性教育和实践,倡导社会服务和奉献精神,建立和充实党员志愿者队伍,将服务群众的志愿者工作经历作为入党、申请公共服务职务的前置条件,发挥先锋模范作用。遴选优秀的退休老党

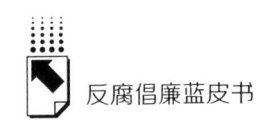

员支持农村、社区等党支部开展党建工作。将支部建设与维护实现人民群众利益结合起来，资源向贫苦薄弱的党支部倾斜，全国支部建设统筹规划和实施，用支部建设推动农村建设、西部开发、缩小发展差距等战略实施。要求党员干部要有足够多的群众生活体验，创造接触群众、做群众工作的条件和机会，培养领导干部群众工作能力。

7. 深化改革减少"能腐"的机会

用力扭转办事找关系求人态势，强力推进义务教育、医疗、公共设施等民生领域基本公共服务均等化，提高公共产品和服务的有效供给量和均衡分布度，提高公共服务主动性、便捷性、现代化程度，大力推广网络办事的经验做法，从源头减少民生事项办理中的吃拿卡要、索贿等腐败行为。继续完善社会诚信体系建设，打击偷税逃税行为和洗钱行为，使逃税和腐败受到联合信用惩罚，降低发现和调查腐败的成本。要扩大党内民主，改革选人用人机制，坚持个人有关事项报告"凡提必核"做法，保证新提拔使用干部的廉洁性。落实党章和法律规定，将党员领导干部任期制落实到位，从机制上保障领导干部在任期上谋事干事。加大资金外流的控制，采取有效措施防止违纪违法人员通过洗钱方式向境外转移资产。

8. 强化反腐立法推行法治反腐

在"把权力关进制度的笼子里"的思想的指导下，制度建设已经取得了很大进展，但制度仍然显得不成体系，反腐败缺乏国家基本法律的支撑，《宪法》中关于廉政建设和作风建设规定尚无足够的法律体系保障实施。有必要形成以国家反腐败法为中心的廉政法律体系，对廉政建设指导思想和原则、廉政机构及其职权、廉政建设手段和措施、媒体监督、保障条件、国际合作等做出规定，在此基础上，研究制定"国家监察机构法""举报人政治保护法""信息公开法"等。同时，完善参与反腐败国际合作的相关法律，加强对反腐败国际组织、国际公约、条约、司法协议的研究和宣传，提升中国反腐败国际话语权,增强追逃防逃的主动性。

党的十八以来,中国的党风廉洁建设和反腐败斗争成绩斐然,令世人瞩目,短短几年正风肃纪就已成为一张靓丽的"名片"传递大江南北。中国共产党人带领全国各族人民创造了经济腾飞的奇迹后,正在迅速有力地打造风清气正的政治生态。我们有理由相信,坚持不懈地探索具有中国特色的反腐败之路,紧紧围绕"全面从严治党"这个战略重心,迎来95周年华诞的中国共产党人,正以前所未有的勇气和信心,以"永远在路上"的韧性,在以习近平同志为核心的党中央的坚强领导下,定能走出所谓的"历史周期律",以崭新的面貌引领全国人民迎来中华民族的伟大复兴。

地区报告

Area Reports

B.2
河北建立完善巡视责任体系的实践与创新

河北省巡视研究课题组*

摘　要： 河北省委聚焦全面从严治党，牢固树立"四个意识"，认真贯彻落实中央决策部署要求，持续加强和改进巡视工作，在深化政治巡视、推进巡视全覆盖、规范市县巡察实践中，向责任体系建设要效力，层层压实责任，强化改革动力，加快形成上下联动、左右互动、同频共振的工作态势，发挥同向用力、一体推进的整体效应，全面提升震慑遏制治本综合效能。

---

* 课题组组长：张国岚；成员：李清怀、孙东、邢世民、赵振华；执笔人：于怀新、赵巍。

关键词： 河北省　全面从严治党　政治巡视　责任体系建设

党的十八大以来，党中央高度重视加强和改进巡视工作，习近平总书记围绕发挥巡视监督作用提出了一系列新思想新观点新要求，强调要体现党内监督的严肃性，聚焦全面从严治党，坚定不移深化政治巡视，为巡视工作深入开展提供了强大的思想武器和行动指南。河北省委牢固树立"四个意识"，认真贯彻落实中央决策部署要求，持续加强和改进巡视工作，在深化政治巡视、推进巡视全覆盖、规范市县巡察实践中，向责任体系建设要效力，层层压实责任，强化改革动力，加快形成上下联动、左右互动、同频共振的工作态势，发挥同向用力、一体推进的整体效应，全面提升震慑遏制治本综合效能。

一　强化领导，勇于担当，推动巡视工作高位运行

河北省委从战略和全局的高度认识巡视工作，特别是2015年以后，自觉把巡视监督作为落实全面从严治党政治责任的重要抓手，纳入党风廉政建设总体布局，凝聚思想共识，强化责任担当，以更高的视角、更宽的视野、更强的定力，精准定位，科学谋划，强力推进。

1. 加强对巡视工作的领导，始终做到责任到位

2015年以来，省委先后召开12次常委会议，学习文件、听取汇报、研究工作。省委书记赵克志同志不仅及时听取汇报、做出批示，还出主意、交任务、压担子，就巡视工作做出46次批示。省委常委会议研究通过《河北省委巡视工作实施办法》，指导建立《省委常委

会定期研究巡视工作制度》，省委巡视工作领导小组设置进一步优化，议事规则逐步完善，先后召开23次会议深入研究解决巡视工作中的问题。2015年11月19日，省委"五人小组"听取巡视汇报后，赵克志同志针对巡视发现的共性问题和久治难愈的老病顽症，提出"举一反三"，改变"巡视一个，整改一个"的老思路，在全省深入开展"一问责八清理"① 专项行动，着力解决党的领导弱化、主体责任缺失、纪律松弛、有章不循、怠政懒政、侵害群众利益等制约和影响河北改革发展稳定的突出问题，营造风清气正干事创业的良好政治生态。

2. 坚持把发现问题、形成震慑作为巡视核心任务

十八大以来，河北省委以党章党规党纪为尺子，突出政治巡视定位，紧盯"三大问题"（党的领导弱化、党的建设缺失、全面从严治党不力），紧扣"六项纪律"（政治纪律、组织纪律、廉洁纪律、群众纪律、工作纪律、生活纪律），发现个性问题，找准要害问题，深挖根源问题，巡视共发现领导干部问题线索8024件，截至2016年10月，立案3772件，1759人受到纪律处分，121人被移送司法机关。在对处级以上领导干部的执纪审查中，巡视发现线索超过50%，是省纪委立案省管干部严重违纪问题线索的第一来源。

3. 以踏石留印抓铁有痕的劲头，全面完成巡视全覆盖任务

2015年，完成了对73个地方（单位）的常规巡视，完成了对50个单位和全省城建、规划、园林、供水系统的专项巡视，巡视地方

---

① "一问责"是指对党的领导弱化、主体责任缺失、管党治党不力、发生严重违纪违法问题的，抓住典型，严肃问责。"八清理"解决的问题具体指，一是违规公费出国（境）、公款旅游问题；二是乱收费、乱摊派问题；三是领导干部经商办企业及其亲属利用其职务影响谋取不正当利益问题；四是滞留截留套取挪用财政专项资金，特别是涉农资金问题；五是招标投标不规范、违规出让土地、违反规划调整容积率问题；六是超职数配备干部、违规进人问题；七是省属企业违规配车、用车问题；八是懒政怠政、不作为、不在状态问题。

（单位）数量是2014年的2.3倍。2016年完成了对48所高校、41个省直单位的专项巡视。至此，全省345个机关企事业单位巡视任务全部完成，巡视覆盖工作走在了全国前列。

4. 对巡视发现的普遍性、倾向性、反复性问题，开展集中整治

2015年以来，通过开展"一问责八清理"专项行动，倒逼巡视整改和"两个责任"落实到位。共整改问题122130个，组织处理6067人，纪律处分15053人，问责3526人，移交司法机关367人，一批损害群众切身利益的问题受到严肃处理，解决了一批沉积多年的问题。另外，对招投标不规范、违规出让土地、违反规划调整容积率等问题开展集中整顿，一批带有行业特点的顽病痼疾实现明显好转。

5. 对巡视发现的共性问题和体制机制问题，追根溯源，剑指问题，倒逼改革

坚持边巡视边总结，发挥治本功能。对巡视中发现的带有普遍性的问题，注重研究其深层次原因，有针对性地提出意见建议。2015年以来，省委巡视组先后撰写有关专题报告11份，其中，《关于我省部分国有企业体制机制不畅、监督管理不力、问题比较突出的专题报告》对推进国企改革发挥了重要作用；《关于曹妃甸等20个开发区（园区）体制机制问题的专题报告》提出的实施一区多园、赋予经济社会管理权、探索试行全员聘任制和绩效工资制度、制定差异化综合考核评价办法等建议，被吸纳到省委、省政府《关于推进全省开发区体制机制改革的指导意见》中，有力地促进了开发区体制机制的完善。

6. 开展"回头看"，形成常态化监督和持续震慑

为体现巡视监督的韧劲和严肃性。将"回头看"纳入巡视工作总体布局，形成巡视、整改、"回头看"、再整改的"闭环"系统。2014年以来，已分6批次对197个被巡视党组织杀"回马

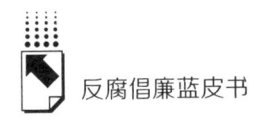

枪",对照巡视报告、反馈意见、整改情况报告和整改公开情况,全面盘点、逐项检查,对没有发现的问题"再发现",对尚未深入了解的问题"再了解",确保问题见底,形成"再震慑"。2016年11月,巡视发现问题整改完成率和问题线索处置率分别提高到92%和98%以上。

二 压实责任,规范程序,形成"攥拳发力、展指点穴"的监督效果

1. 明确定位,强化政治巡视的战略定力

河北省委坚决贯彻中央政治巡视要求,全面履行党章赋予的职责,认真贯彻《中国共产党巡视工作条例》等党内法规,明确和突出政治巡视重点,聚焦党的领导、党的建设、全面从严治党、党风廉政建设和反腐败以及选人用人等重点内容,将政治巡视重点分解为7个方面60多项,逐一对照检查,突出政治标准,找出政治偏差,推动各级党组织和党员干部增强政治意识、大局意识、核心意识、看齐意识,坚定理想信念宗旨,始终在思想上政治上行动上同以习近平同志为核心的党中央保持高度一致,确保中央决策部署贯彻落实,确保中央政令畅通。

2. "约谈提醒",强化责任担当

省委主要领导与11个设区市党政主要领导和省直部门主要负责人进行集体廉政谈话;省委常委、纪委书记、省巡视工作领导小组组长深入11个设区市,约谈市委书记、市纪委书记,就落实"两个责任"、加强巡视工作提出具体要求。向被巡视单位反馈意见时,省委巡视工作领导小组明确要求被巡视单位高度重视,强化责任担当,把整改主体责任作为全面从严治党主体责任的具体化,党委书记和班子成员要把自己摆进去,自觉为党担责、为党尽责,主动认领责任,带

头落实整改，防止把整改主体责任推给下级单位，更不能把层层传导压力变成层层推卸责任，推动巡视整体上水平提质量。

3. 优化机制，形成运转有序工作格局

一是按照权力与义务对应、责任与担当对等的原则，厘清省、市、县三级党组织、巡视（巡察）领导小组及其办公室（联络机构、联络员）间的关系，明确巡视（巡察）组的职责权利和工作程序。二是建立巡视组长库，组长实行专兼结合，一次一授权，实现"三个不固定"：组长、副组长不固定，巡视的地区单位不固定，巡视组与巡视对象的关系不固定。三是明确省委巡视工作领导小组办公室按照党委工作部门和办公部门的规格、标准和特点进行组建，在行政编制和办公经费等方面给予支持，为巡视工作的有效运转提供支撑。

4. 优势互补，健全巡视工作组织协调联动机制

完善相关协作机制，建立各部门密切配合、各方面有序衔接的立体监督体系。出台《关于加强巡视机构和审计机关协作的意见》，建立信息沟通机制、工作互助机制、整改督查机制、交流会商机制，实现成果共享，形成监督合力。对巡视中专业性较强的问题线索，借助审计、财政、国土、城建等专门机构的力量，重点突破，提高问题线索成案率。对重要问题线索，依靠司法机关配合，通过向在押和有关涉案人员了解情况，提高发现问题的针对性和精准性。从全省纪检监察、组织、检察、人事、政法、教育、财政、国土、住建、审计、国资监管、地税、统计、金融、高校等系统，选拔220名优秀干部建立巡视专业人才库。

5. 加强规范，强化制度保障

制定出台《中共河北省委关于落实党风廉政建设党委主体责任、纪委监督责任的意见》，把领导和支持巡视工作列入落实党委（党组）主体责任的重要内容，进一步强化责任，传导压力。建立河北省委《巡视工作规程》《被巡视地区（单位）配合巡视组开展

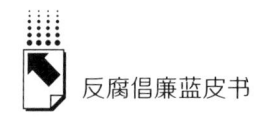

工作的规定》、巡视反馈意见和整改落实情况党内通报和社会公开等配套制度。严格巡视标准，在政策界限把握上，要求做到"五个严格"：严格问题线索分类，严格抽查、查询标准，严格提请协助和建议审查程序，严格区分巡视监督与执纪审查的界限，严格请示报告制度。在巡视准备上，要做好政策、思想、能力、情况、组织"五个准备"。为有效解决专项巡视时间短和找准突出问题之间的矛盾，省委巡视组还建立了巡前"带题瞭望"、巡中"选题突破"等工作机制，做到了精准发现、集中突破，凸显了巡视监督的机动灵活性。

6. 认领责任，传好整改"接力棒"

在责任落实上，各巡视组认真梳理问题线索和有关情况，形成问题清单、任务清单、责任清单等台账，严格按职责分工、管理权限和规范程序移交相关单位办理，扣紧压实党委（党组）整改主体责任和主要负责人整改第一责任人的责任。对干部违纪违法问题线索移交纪委核查处置，对选人用人问题移交组织部处理，对领导干部的一般性问题向被巡视地区、部门和单位的党组织反馈，对班子成员的问题向党委（党组）主要负责人反馈，对省直单位的问题及时呈送分管省领导，探索形成巡视意见"双反馈"、巡视整改"双责任"、整改情况"双报告"、整改报告"双审核"、整改结果"双公开"的"五双"工作模式，强化倒逼整改压力，提升整改效果。

三 加强考核，强化追责，为责任主体套上"紧箍咒"

1. 强化对巡视机构的培训考核，淬炼震慑遏制治本之剑

一是加强教育培训。2015年以来，省委巡视办组织内部培训7次，选派6名干部赴中央巡视组工作，19名干部参加中央巡视办举办的巡视干部培训班，220名人才库专业人员参加了专题培训。二是加强监督管理。省委巡视工作领导小组制发《关于进一步加强对巡视干部监督的意见》，明确"十二个严禁"和监督责任，通过签订承诺书、设立举报信箱、约谈、函询、不定期检查等多种形式强化监督，确保压力传导到位；巡视办制发《关于巡视期间住宿安排和有关要求的通知》，对巡视组住宿、用餐、用车等做出20条具体规定；组织签订保密承诺书，强化巡视干部自律意识和保密观念；省委巡视办的同志通过走访被巡视地区、单位或向被巡视地方和单位发函，了解巡视组遵守纪律情况，有针对性地对其加强监督管理。三是健全考核机制。制定河北省委《巡视机构年度考核办法》，重点针对巡视发现问题的情况、案件线索、意见建议等方面内容进行全面评估考核，奖优罚劣，发挥考核指挥棒的正向引领、责任传导和激励鞭策作用。近3年来，省委每年都要对综合排名靠前的巡视组进行通报表彰，对排名靠后的3个巡视组长进行谈话提醒。

2. 强化对地方（单位）党组织考核监督，为各级各部门整改落实戴上"紧箍咒"

将各级各部门巡视发现问题整改情况纳入省委对各市、省直部门年度考核、惩防体系考核、"两个责任"考核"三考合一"体系之中，依据整改事项完成率和移交线索办结率设定分值，由巡视办、巡视组打分，对整改不力、敷衍整改、考核分数较低的，抓住典型，严肃追责。2015年，省纪委领导先后对整改不力的57名领导干部追责问责，约谈3名设区市主要领导和纪委书记、3名省直单位党组书记、5名县委书记，并责成有关市委、市纪委约谈了47名县级党政主要领导和纪委书记。保定有关部门对省委巡视组移交的问题整改重视不够，未对相关人员做出及时处理，省委巡视组领导小组移交省纪委直接查办，给予16人纪律处分，1人辞退，并作为典型案件通报

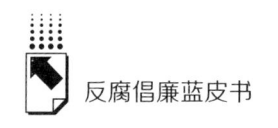

全省，同时责成保定市委市政府向省委省政府做出检查，约谈了保定市委书记和市长。

3. 强化问题追责和深化整改，实现巡视成果效应最大化

一是以"查"促"处"，倒逼责任落实。在石家庄市，巡视组发现该市对车管所多名民警利用驾照考试收受贿赂问题只处理了部分民警，没有追究领导的责任。在巡视组督促下，该市对市交管局党委书记、局长，党委副书记、政委，党委委员、纪委书记进行了责任追究，免去局长职务。二是以"查"促"改"，编紧制度的"笼子"。建立《巡视工作台账管理办法》，对于巡视中能够立行立改的事项，督导相关部门快查快结，形成震慑。在巡视某金融担保企业时，巡视组针对发现的经营风险、管理混乱等突出问题，及时向省政府建议调整该集团领导班子，并督促其围绕清收清欠、风险处置等深入整改，建章立制，收到"止血清淤"的效果。三是以"查"促"建"，强化治本效果。巡视廊坊、张家口后，积极探索用好"四种形态"，将巡视发现的问题进行梳理，以上级党委名义要求两个市级常委班子和班子成员在民主生活会上对所指出的问题认领作答、对照检查，达到咬耳扯袖、红脸出汗的效果。各地方各部门，针对巡视组移交的问题，从体制机制上剖析根源，亡羊补牢，研究制定整改意见，推进制度创新。

四 上下结合，"视""察"互动，形成遏制震慑治本的"联动效应"

习近平总书记明确要求"探索市县巡察"。巡察是巡视工作向市县延伸的有效方式，也是实现监督全覆盖的重要途径。河北省各市、县党委在省委领导下，按照中央部署要求，加强谋划，勇于担当，主动出击，积极构建市、县巡察一体化格局，打通巡视监督"最后一公里"，全省巡视监督"一盘棋"态势进一步凸显。

1. 健全工作机构

各市、县分别成立由同级纪委书记任组长、党委组织部长任副组长的巡察工作领导小组，负责任务部署、组织推动工作。对于重点任务，市、县委主要领导靠前指挥，亲自推动。建立巡察"工作部"和"人才库"，结合市、县纪委改革，调剂编制和业务分工，采取巡视联络办与巡察办结合、专职巡察组与兼职巡察组结合的方式，组建巡察工作领导小组办事机构和巡察小组，强化监督力量。集中优势兵力储备专业人才。承德市建立市级人才库72人、县（区）级库622人，2015年以来，先后组织3期巡察业务培训班，受训干部达1500人次，巡察队伍粗具规模。

2. 优化运行机制

省委把市县巡察作为巡视工作的有效延伸和补充，市县巡察坚持把中央、省委巡视发现问题的整改作为工作重点，实现"视""察"互动、优势互补、同频共振。巡察工作严格按照巡视工作的标准、流程、规范和要求开展，围绕全覆盖目标列明巡察清单，分级制定工作方案，向下延伸到乡镇、村及市、县各部门下属企事业单位，实现横向到边，纵向到底。市县巡察紧密结合基层特点，突出工作重点，有效整治群众身边"四风"和"蝇贪"问题，推动从严治党主体责任在基层落实。加强巡察与纪检监察、组织人事部门联动，巡察一批，移交一批；与财政审计部门联动，提前介入专业判断资金管理使用合法性；与司法机关联动，在司法建议、商请督办、法纪咨询等方面形成合力。邢台市委在制定《中共河北省邢台市委巡察工作实施办法（实行）》基础上，细化巡察环节，相继出台《巡察工作流程及规定性动作》《规范巡察工作的意见》《巡察工作谈话提纲》《巡察材料模板》等多项工作规范，明确了巡察各环节的工作标准。

3. 创新方式方法

针对基层关系网、说情风问题，实行异地交叉和上调巡察，各市

委统筹选配巡察力量,打破地域界限,开展县区交叉巡察,最大限度地把关系户拒之门外。针对重点问题线索延伸方向,升级监督"千里眼"。采取"一托N"方式,顺着发现问题的拓展方向,把监督触角向下、向外、向纵深延伸,有效发挥点穴发力、定点突破的作用。秦皇岛市紧盯惠农政策、土地征收流转、"三资"管理、教育医疗、涉农项目、脱贫攻坚等8个突出问题开展专项巡察,2015年4月以来,发现问题221起,立案审查182人,涉及资金300多万元。

4. 注重巡察实效

各地着眼于"治本"要求,综合运用巡察成果,为改革发展排阻清障,推动基层党风廉政建设深化、政治生态净化、发展环境优化。衡水市2014年以来,市、县两级共对27个市直部门、149个县直部门、54个乡镇和42个行政村开展巡察,发现问题及线索1400个,廉政约谈560人次,诫勉谈话58人,给予党纪政纪处分120人,移送司法机关处理3人。唐山市丰南区结合巡察试点,利用专项监督、办案时监督、调研时监督和督导检查,实现抓早抓小、关口前移,2015年以来,共发现问题和线索394个,转立案调查47个,同比增加4.9倍。秦皇岛市2015年至今,巡察发现问题2276个,查处问责1031人,一次通报处理工作推进不力的牵头单位4个,问责有关领导9人。

五 河北省建立巡视责任体系的体会

通过河北省近几年的巡视工作实践,我们深深地感到,充分发挥巡视监督的利剑利器作用,建立完善的巡视责任体系是前提、是基础、是关键。围绕建立巡视责任体系,河北省有以下几点体会。

1. 建立健全巡视责任体系,必须深刻理解政治巡视内涵,以上率下高位推动

巡视是党内监督的战略性制度安排,是党风廉政建设和反腐败斗争的重要平台，是上级党组织对下级党组织监督的重要抓手，是全面从严治党的重要手段，是党之利器、国之利器。要想有效发挥其利剑、利器作用，必须强化各级党组织的政治责任，把建立巡视责任体系作为一项基础性工作摆在首要位置。在巡视定位上，要体现政治巡视要求，突出党的领导、党的建设和全面从严治党，突出"关键少数"；在组织领导上，就地方巡视工作而言，需要省委加强领导、强化顶层设计，需要省委巡视工作领导小组周密部署、狠抓落实，这是巡视工作顺利推进并保持权威性、独立性和成效性的强大动力和根本保证。巡视工作是正义与非正义的博弈，是一场不见硝烟的战斗、输不起的战争，必须高点设计，高层推进，高位运行，这样才能确保巡视工作力度大、阻力小、见效快。

2. 建立健全巡视责任体系，必须聚焦问题精准发力，确保"两个责任"落地生根

在巡视监督责任体系中，党组织主体责任和纪委监督责任是核心、是关键。推动两个责任落实，是确保巡视效果的客观要求和重要保障。各级党委和纪委要坚守责任担当，责无旁贷地把"两个责任"担在肩上，抓在手上，巩固发展齐抓共管合力推进的良好局面。党委（党组）书记要切实承担起第一责任人的职责，积极主动配合做好巡视工作，讲真话、摆实情、抓整改、补短板，巩固扩大巡视效果，推进管党治党从宽松软走向严紧硬。各级纪委书记要认真聚焦主责主业，增强工作自觉性，敢于"唱黑脸""当包公"，敢于监督批评，敢于指出问题，敢于严肃追责，科学有效地履行党章赋予的职责，为巡视巡察顺利开展、构建风清气正的政治生态提供有力支撑。

3. 建立健全巡视责任体系，必须强化监督，用好考核奖惩指挥棒

用好目标责任考核这根"指挥棒"，对于各级各部门恪尽职守、各负其责、落实全面从严治党要求，意义重大。要用好目标责任考核这根"指挥棒"，就要突出科学引领，合理设置考核对象指标体系；

就要奖惩分明，树立考核工作的权威性。"指挥棒"指向哪儿，工作着力点就在哪里；有什么样的政绩考核导向，就会有什么样的政绩观、发展观。要用好目标责任考核这一杠杆，使其成为"两个责任"落实的"指挥棒"、检验巡视成果的"风向标"、推动从严治党的"助力器"。

4.建立健全巡视责任体系，必须跟进整改，杀好"回马枪"

巡视监督的重点在于发现问题，关键在于解决问题。《巡视工作条例》对整改责任、整改时限做出了明确规定，巡视结束不等于任务结束，巡视办和巡视组要对被巡视单位整改情况严格把关，对敷衍塞责、不认真整改的要严肃追究责任。要出其不意杀"回马枪"，形成常态化监督和持续震慑，"回马枪"要与巡视统筹安排部署，交叉组织实施。在实施过程中，要科学设计，摸准摸全被巡视对象真实情况；组成精干人员，科学合理搭配；形式方法多样，可以对照反馈问题和线索台账逐一检查核实，也可以盯住一个问题、一件事情深入挖掘，不固定模式；精准对焦整改，强化责任追究，推动巡视监督不断深化。

5.建立健全巡视责任体系，必须整体推进，实现上下"一盘棋"

市、县级巡察，是压实主体责任的有效途径，是坚持"把纪律挺在前面"的有力手段，是营造风清气正政治生态的重要举措，是触动"神经末梢"的有效方式。要通过基层巡察，着力发现问题，找准各基层单位"症结"所在，营造不扛责就要被追责、履责不力就要挨"板子"的高压环境，推动"两个责任"落到实处；通过基层巡察，前移监督执纪关口，及时发现一些苗头性、倾向性问题，抓早抓小、未雨绸缪，把握正确的监督执纪方向；通过基层巡察，集中解决群众反映强烈的突出问题，有效回应群众关切，进一步密切党群干群关系。

6.建立健全巡视责任体系，必须牢固树立群众观点，坚持群众路线

巡视工作具有较强的政治性和政策性，无论是工作对象、工作内容，还是工作程序、工作手段都具有鲜明的特殊性。依靠群众，充分调动人民群众参与监督的积极性、主动性和创造性，是做好巡视工作必须遵循的一个重要原则，也是建立健全巡视责任体系的基本要求。建立健全巡视责任体系，要求各级党委政府深入开展党务、政务公开，增强党委、政府工作透明度，增强人民群众的知情权；要求各级党委政府关注网络舆情和信息，注意从群众的舆论和反映中发现问题；要求各级党委政府配套健全相应的保护机制、激励机制、惩戒机制，使广大群众没有顾虑地行使监督权利；要求各级党委政府加强群众监督主体的自身素质和能力，通过加大宣传力度，提高群众监督水平，真正让腐败分子在人民群众的监督之下没有藏身之地。

B.3 山西治理系统性、塌方式腐败的实践与启示

山西省社会科学院廉政中心课题组*

摘　要： 山西直面系统性、塌方式腐败，从经济社会发展实际出发，坚持以高压态势惩治腐败，坚持"老虎""苍蝇"一起打，下大力气拔"烂树"、治"病树"、正"歪树"，在净化政治生态、重塑山西形象上，取得了较为明显的成效，得到了中央的充分肯定和社会的高度认同。

关键词： 山西省　从严治党　惩治腐败　净化政治生态

党的十八大以来，山西的腐败问题震惊全国，被定性为"系统性、塌方式腐败"。面对如此严峻的反腐败形势，2014年9月1日，中共中央政治局常委刘云山出席山西省领导干部大会并做重要讲话时指出："山西省的政治生态存在不少问题，党风廉政建设和反腐败斗争形势严峻。"① 为此，新一届省委班子深入贯彻落实习近平总书记系列重要讲话和中央对山西工作指示要求精神，坚持把"深入学习贯彻习近平总书记系列重要讲话精神，净化政治生态、实现弊革风

---

* 课题组组长：马志超；成员：庞丽峰、程淑兰；执笔人：庞丽峰、程淑兰。
① 《省委召开全省领导干部大会》，《山西日报》2014年9月2日。

清、重塑山西形象、促进富民强省"①的总要求贯穿始终，针对山西经济社会发展实际做出了一系列重大安排部署，坚持以高压态势惩治腐败，坚持"老虎""苍蝇"一起打，下大力气拔"烂树"、治"病树"、正"歪树"，深入开展学习讨论落实活动，扎实开展"三个一批"②"六权治本"③"六大发展"④"六型转变"⑤等工作，精心谋划推进改革发展稳定各项工作，得到了中央的充分肯定和社会的高度认同。尤其是在净化政治生态、重塑山西形象上，取得了明显的成效，一个新山西正在逐渐重生。

一 山西系统性、塌方式腐败发生的背景及特征

2014年2月，山西省人大常委会原副主任金道铭落马，山西官场发酵就此开始。6~8月，山西先后又有6名省部级官员被查。之后，多名非省部级官员落马，多名富商巨贾牵扯其中，省交通厅、吕梁市、高平市成为腐败重灾区……"2014年，全年处分违纪党员干部15450人，同比增长30.1%，处分市厅级干部45人，同比增长73.1%，处分县处级干部545人，同比增长62.2%。"⑥ "系统性、塌方式腐败"严重破坏了山西的政治生态，高压反腐揭开了不良政治生态的"盖头"。山西腐败问题之所以震惊全国，原因是多方面的。

---

① 《省委中心组（扩大）举行专题学习会》，《山西日报》2015年1月27日。
② "三个一批"，即甄别一批不廉洁的干部、退出一批不作为的干部、掌握一批善作为的好干部。
③ "六权治本"，即要依法确定权力、科学配置权力、制度限制权力、阳光使用权力、合力监督权力、严惩滥用权力。
④ "六大发展"，即创新发展、协调发展、绿色发展、开放发展、共享发展、廉洁和安全发展。
⑤ "六型转变"，即推动煤炭产业向"市场主导型"转变，向"清洁低碳型"转变，向"集约高效型"转变，向"延伸循环型"转变，向"生态环保型"转变，向"安全保障型"转变。
⑥ 《2014山西反腐成绩单》，山西省纪委监察厅网站，http://www.sxdi.gov.cn/ttxw/2015/05123660.html，2016年10月20日。

多数人认为，山西得天独厚的资源条件是滋生腐败的土壤，为一些腐败官员提供了各种各样权力寻租的机会。政商之间以资源为媒介相互勾结、利益输送，畸形的官商同盟圈、官场利益圈严重侵害了健康的市场经济环境。也有人认为，选人用人的制度漏洞也是破坏政治生态"大气候"的重要原因。官场潜规则盛行，跑官要官、卖官鬻爵问题突出，官员之间拉帮结派，搞团团伙伙、权权交易，基层干部吃拿卡要、为官不为等违规违纪行为频发。形形色色的腐败现象严重蛀蚀着山西肌体，成了山西政治经济文化社会健康发展的毒瘤。不良的政治生态，使一些能干事、想干事的干部屡屡碰壁，工作积极性严重受挫，甚至对党失去了信心，极大地损害了党的形象、山西的形象和群众的切身利益，腐败的阴影笼罩在每个干部群众的心头。

山西系统性、塌方式腐败大致有三个方面的突出特征：一是涉及面广。从落马官员的数量和涉及领域看，从省级到乡镇一级，几乎每个层级都涉及腐败问题，从权力集中的交通、国土等部门到权力边缘的"清水衙门"，甚至纪检监察系统也出现了"灯下黑"；从原省纪委书记、市纪委书记到县纪委书记，就连执纪办案的普通纪检干部也出了问题。可以说腐败现象呈现无孔不入、无处不在的态势。二是窝案串案多发。山西发生了系统性、塌方式腐败问题，不是偶然突发的，也不是个案、孤立的，而是上下勾连、内外勾结的窝案串案多发。① 三是贪腐数额巨大。从落马官员的涉案金额看，动辄上千万元，过亿元者也不在少数。腐败分子大肆敛财的手段更是五花八门，表现出极大的贪婪性，有的官员甚至被"双规"后仍然不收手、不放手，追求权力不顾廉耻，追求金钱到丧心病狂的地步。这说明，习

---

① 《王儒林回应"山西腐败到底有多严重"：塌方式腐败有四大原因》，人民网，2015年3月17日。

近平总书记对当前反腐败斗争形势依然严峻复杂的判断是完全正确的，说明党中央对山西发生的腐败问题定性是完全正确的。①

从上述分析来看，山西省之所以呈现系统性、塌方式腐败的态势，归根结底是山西的政治生态出了问题。山西省委原书记王儒林从四个方面概括分析了山西系统性塌方式腐败的原因：一是党务方面没有从严治党；二是没有从严治吏，权力失控；三是没有拧紧总开关，道德塌方；四是没有从严查处。② 以上种种引发了山西官场大"地震"，到2015年初，省管干部空缺近300名，包括3位市委书记、16位县委书记、13位县长，如何选人用人成了塌方式腐败之后摆在新一届省委班子面前最为棘手的问题。③

二 山西治理系统性、塌方式腐败的实践成效

对于山西来讲，党的十八大之后的反腐败，涉及干部层级之高、人数之多、范围之广、问题之重，为新中国成立以来所罕见。新一届省委班子坚持党要管党、从严治党的鲜明立场，坚决查处系列腐败案件的决心前所未有、力度前所未有、成效前所未有。实践证明，一年多来，省委省政府出台的各项反腐举措、取得的反腐成果以及百姓对反腐败的反映，真正击中了腐败分子的要害，抓住了反腐败的根本，呈现反腐败足音铿锵、亮点纷呈的新局面，回首盘点，主要包括以下几个方面。

（一）重拳出击，惩腐肃贪"不松劲"

一年多来，面对系统性、塌方式腐败，山西反腐败持续加力，

---

① 《雷霆万钧反腐败 迎难而上谋发展》，《山西日报》2015年3月8日。
② 《王儒林谈山西反腐：现在一查就是一帮 一动就塌方》，《中国经济周刊》2015年3月15日。
③ 《王儒林谈山西反腐：现在一查就是一帮 一动就塌方》，《中国经济周刊》2015年3月15日。

"打虎""拍蝇"不歇停，以刮骨疗毒的勇气重典治乱，保持惩治腐败的高压态势，形成了"立体式"反腐合力，取得了有目共睹的新成效。截至2015年前9个月，山西省立案数、结案数、处分人数均排全国第一位，一举扭转了长期以来没有形成惩治腐败高压态势的被动局面。①

1. 坚持有腐必惩，着力解决群众身边的腐败问题

自2014年12月学习讨论落实活动开展以来，山西省通过严查快处、重典治乱取得的实际成效，形成和保持了"三个高压态势"：惩治腐败的高压态势，坚持无禁区、全覆盖、零容忍，坚持"老虎""苍蝇"一起打；狠刹"四风"的高压态势，锲而不舍、久久为功，坚持"打早打小、露头就打"；保持打黑除恶的高压态势，严厉打击黑恶势力。一是坚持有案必查、有腐必惩、有贪必肃。全省各级纪检监察机关聚焦主责主业，紧盯重点领域和重要岗位，持续加大查办案件力度。从2014年9月至2015年11月，省纪委相继查处了3名市委书记、3名厅长、10位县（区）委书记、4位县（市）长以及众多国企负责人、副厅及以下官员，同时，深藏于国土、煤炭、环保、经信等重要部门和重点领域的窝案串案也先后被挖出。基本做到了"有案必查、有腐必反、有贪必肃"；二是狠刹"四风"方面，坚持盯住不放，露头就打。2014年9月起，省纪委紧紧围绕省委的决策部署，紧抓重要时间节点，相继开展了违规收送礼金红包问题、大操大办借机敛财问题、"冬季行动"中存在的违纪问题三项整治，各级纪委监察机关扭住关键少数、关键部位、关键时节，挺纪在前、寸步不让，多措并举、深挖细查，对"四风"突出问题集中查处，持续强化震慑效应。2014年9月至2016年2月，全省各级纪检监察机关共查处违反中央八项规定精神问题2411个，处理3395人，给予党纪

---

① 《山西反腐立案数、结案数、处分人数均居全国第一》，中国新闻网，2016年1月6日。

政纪处分2601人；① 三是坚持严厉打击黑恶势力，铲除"保护伞"。打掉了一批重大黑恶犯罪组织，清剿了一批破坏正常经营秩序的行霸、市霸和街霸，铲除了一批无恶不作的农村黑恶势力，深挖了一批黑恶势力"代言人"和"保护伞"。2015年山西打黑除恶专项斗争取得新突破，共打掉黑恶势力犯罪集团266个，抓获黑恶势力成员1435人，破获各类刑事案件1793起，收缴各类枪支10支，收缴子弹168发，扣押非法资产1.56亿元，一批涉黑涉恶犯罪集团已移送起诉。为进一步把"打黑除恶"专项斗争引向深入，力保山西百姓平安，山西省将2016年确定为"打黑除恶"专项斗争深化年。

2. 坚持问题导向，注重解决"苍蝇扑面"的问题

2014年以来，山西省纪委坚决遏制基层权力运行中干部变相吃拿卡要的腐败行为，从根本上解决反腐败斗争中存在的"上面九级风浪、中间波澜不惊、下面纹丝不动"的问题。一是从反腐败力度逐级递减问题切入。省纪委多次专题研究部署市县乡纪委查办案件工作，特别是乡镇纪委查办案件工作，并制定下发了《贯彻落实中央纪委、省委工作部署，坚决查处发生在群众身边腐败问题的工作方案》。二是从群众举报乡村干部腐败的信访诉求切入。全面部署开展集中解决群众信访诉求问题专项治理工作，集中解决关系群众切身利益的信访问题。省纪委要求各级纪委一线督办，以县、乡纪委为主体，对十八大以来乡村信访问题线索进行大起底，逐件梳理，分类登记，建立台账。坚持边起底、边排查、边查办，切实解决群众身边的腐败问题。三是从农村集体"三资"管理方面的违纪问题切入。省委在全省部署开展农村集体"三资"管理专项清理整治工作，集中化解由农村集体"三资"管理引发的矛盾和信访问题。据省纪委网

---

① 《山西省纪委三个专项整治查处问题550个 护航"冬季行动"持续狠刹"四风"》，《山西日报》2016年4月27日。

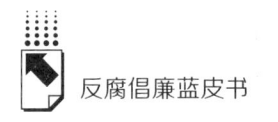

站数据统计，2015年1~12月，通报处理农村基层党员干部侵害群众利益的案件近160起，几乎月月有通报，如此密集的通报查处力度，为基层党风廉政建设和反腐败斗争注入新的活力。这些举措和成效，不仅体现在反腐制度设计的"高高举起"，也体现在查处办案的"重重落下"。

3. 坚持求实求效，充分发挥好巡视"前哨"作用

山西省委省政府深入贯彻落实习近平总书记系列重要讲话精神以及王岐山书记关于巡视工作的部署要求，坚持层层厘清责任、层层传导压力、层层督促检查、层层压实责任，敢于真抓碰硬，善于发现问题，真正实现了横向到边、纵向到底，从源头上遏制腐败现象蔓延的势头。在具体巡视工作中，一是注重学习贯彻《条例》，进一步提高巡视制度执行力。真正做到了学习理解到位、宣传引导到位、贯彻执行到位。二是注重深化"四个着力"，进一步提高巡视发现力。选择事关重大项目和民生工作的重点部门、单位开展监督检查。真正做到定位上聚焦、内容上深化、方式上创新。三是注重落实全覆盖，进一步提高巡视威慑力。充分用好"回头看"方式，再发现、再了解、再整改、再震慑。对腐败蔓延势头得不到有效遏制的，抓典型、严问责。四是注重强化主体责任，进一步提高巡视统筹力。着力在对"一把手"的工作约谈机制、任前廉政谈话、廉政和警示教育以及风险防控等方面进行探索创新，旨在强化对主要领导的约束和监督。五是探索对乡村的巡察，搞好"点穴式"巡察试点，实现巡视全覆盖。

（二）以上率下，挂帅出征"不畏难"

一年多来，面对严峻形势和繁重任务，省委班子成员，始终坚持政治上坚定自信、思想上同行同向、行动上高度自觉，主动认理、认账、认责、认罚、认改、认干，革故鼎新、激浊扬清。以身先士卒的勇气、"向我看齐"的底气、以上率下的正气，带领全省党员干部走在前列、干在实处,为山西人民树立起了有形的价值观,释放出了鲜活的正能量,为实现弊革风清、净化政治生态提供了坚强有力的政治保证、组织保证和作风保证。

领导干部带头遵守制度,带头营造风清气正的从政环境。一年多来,各地各部门班子成员坚决反对和克服特权思想,带头遵守法纪,正确行使权力,带头按制度办事,按规则办事,按程序办事。严格执行领导干部廉洁从政的各项规定,时刻盘算着自己的"廉政账"。一是管好身边人。领导干部坚持严于律己,对自己的家人、身边工作人员常提醒、常监督、常批评,力求做到防患于未然,身边人一旦出现腐败问题,绝不包庇纵容。二是把权力关进制度的"笼子"。大力推进政府部门权力清单制度,削弱权力滥用的制度基础和设租寻租空间。加强对省委出台的"党政主要领导五个不直接分管"落实情况的监督检查,让权力在阳光下运行。三是全面推进干部"能上能下"工作。流水不腐,户枢不蠹。推进干部能上能下常态化,形成能者上、庸者下、劣者汰的良性机制,是解决"为官不为"问题的一个有力抓手。明确"不廉洁、乱作为、不作为、不胜任"和"敢担当、善作为"的界定标准、实施范围对象和甄别工作的具体措施,以明确的检验标准衡量全面从严治党的实际成效,把"看发展、看民生、看党员干部状态"作为检验指标,把标准和责任有形化,算出明白账,打好考核牌,在不断求效问效中持续提效增效。在处理有问题的干部上有法可依、有章可循,让真正想干事、能干事、干好事的干部尽早投身全省发展建设中。四是凸显特色,全力打好"三个一批"组合拳。导向趋正,"良币"归来。一年多来,全省各级党委(党组)坚持在甄别中使用、在使用中甄别,发现了一大批忠诚干净有担当的好干部,已提拔任用 4438 人,其中省管干部 266 人。风清气正的选人用人环境初步形成,"埋头干好本职工作,等待组织挑选"成为各级干部的共识。下一步继续着眼于山西省干部队伍建设的实

际，有计划地储备一批表现突出、综合素质过硬的科级后备干部，扩大干部选任视野，提高选人用人的科学化水平；交流一批年富力强、在原岗位工作时间较长的科级干部，激发干部队伍活力，提高党员干部的干事创业热情；挂职锻炼一批工作积极、具有较高理论水平的年轻干部，通过基层经验积累与自身理论水平的结合，提升其干事创业的本领。同时，还要充分把握好2016年市县乡换届的契机，从严要求、从严把关，真正把既守纪律讲规矩又善于创造性推进党的"四个全面""五大发展"新政治的优秀党员干部，选进各级领导岗位，激励他们更好地带领群众干事创业。五是完善选人用人制度。刷新吏治，营造良好的从政环境。努力做到选贤任能、用当其时，知人善任、人尽其才。先后出台了《关于做好甄别处理一批、调整退出一批、掌握使用一批干部工作的意见》《关于加强县委书记选拔任用和管理监督的意见》《省管干部动议酝酿议事规则》《推进领导干部能上能下实施细则（试行）》《省管干部动议酝酿任免议事规则（试行）》《关于全面贯彻好干部标准树立正确用人导向从严管理干部的决定》《山西省各级党委（党组）在干部选拔任用工作中严格执行民主集中制的办法（试行）》等一系列干部选任工作制度性文件，对干部选任工作中的每个环节都做了明确规定，并选择在腐败重灾区吕梁和山西省交通厅试点。树立"为官要作为""有为才有位"的鲜明导向，对敢于担当、主动作为、破解难题、为政清廉的干部予以重用。2015年11月之后的一个多月时间，80多名干部经过严格的"六查"后走马上任。而在19个月的时间里，山西共调"下"领导干部2026人，这不仅是山西刷新吏治的"非常之举"，也充分说明山西官场重建在加速，"官场良币效应"在凸显。

（三）疏堵结合，防打并举"不懈怠"

山西在治理系统性、塌方式腐败过程中，"既重视'打和堵'，又注重'疏与防'"，着力从根子上解决问题，这是一条重要经验。省委省政府基于对全省政治生态严峻形势的深刻洞察和精准把握，在顶层设计、基层实践等方面进行了一系列研究探索。

1. 强化权力约束，形成并实施了"六权治本"

"六权治本"给权力涂上了"防腐剂"、戴上了"紧箍咒"，也为山西省大大缩短腐败的高发期和多发期提供了有力保障。"六权治本"是山西省优化政治生态、实现弊革风清的一场"权力革命"，是全面从严治党的山西实践。"六权治本"的实施，抓住了当前山西的主要矛盾，对权力的获取、配置、约束、行使、监督和惩处追责进行了制度性规范，形成了系统完备的"不能腐"的长效机制。实施"六权治本"，重在规范、制约、监督权力运行的措施和办法，明确权力本质和边界，调整权力结构，改革体制机制，为把权力真正关进制度的笼子里提供保障；实施"六权治本"，重在完善地方治理体系，有效提升地方治理能力；实施"六权治本"，重在狠抓限制权力，确立依宪治国、依宪执政理念，让公共权力回归本位，回归公共服务，回归人民和社会。目前，省政府已制定了权力清单，清理减少权力事项5343项，精简率达63%。由此可见，"六权治本"既是以法治思维和法治方式推进省域治理体系和治理能力现代化的基本途径，更是从制度上、法律上推动山西改革发展稳定的必然选择。目前，山西正探索推进"六权治本"向农村延伸，实现权力约束全覆盖。

2. 研究建立科学的容错机制，明确提出"六个区别对待"

本着挽救干部的出发点，山西省委对问题干部明确"六个区别对待"，其中包括对十八大之前发生的问题和十八大以后的区别对待，对一般违纪问题和民众反映强烈的区别对待，对主动找组织交代和被组织调查了解的区别对待等。这个做法不仅把被驱逐的"良币"找回来、用起来，也给一些整日忧心忡忡的领导干部吃了"定心丸"。这个做法还体现了实事求是、轻重有别、主动与否等特点，自此政策实行以来,已经有一千多名问题党员主动交代了问题。对于一些敢作为、有担当、能干事的干部,组织还会使用,还可以为其提供一个将功赎过的机会,这样既可以团结更多的人,也可以推进事业的发展。同时,还以"四种形态"正确处理了"树木与森林"的关系,以"治病树、拔烂树、护森林"的方法,抓早抓小、防微杜渐,以零容忍的态度遏制腐败蔓延势头;一旦发现群众反映比较集中的领导干部的苗头性、倾向性问题,要及时以提醒、诫勉、函询、教育的方式极力挽回,避免酿成大错悔之不及。截至2015年10月底,吕梁市共有341名干部主动向组织交代问题。其中,厅级干部14人、县处级干部85人、科级及以下干部242人。高平市也有108名干部主动找组织交代问题、上交违纪所得。①

3. 弘扬"三个文化",重塑山西形象

2015年初,山西省委原书记王儒林在省委十届六次全会上指出,要在全省大力弘扬山西省源远流长的法治文化、博大精深的廉政文化、光耀千秋的红色文化。这是基于山西悠久的历史和特殊的现实做出的必然选择。大力弘扬山西省优秀的法治文化,以法治思维和法治方式着力推动山西特色的法治文化建设,让山西的政治生态再现"青山绿水"。大力弘扬山西省文化,深入挖掘和宣传山西古代廉政故事,让廉洁成为每个人的思想自觉和行动自觉。大力弘扬山西省红色文化,让强烈的精神效应和社会实践效应同时发力。"三大文化"对于山西广大干部群众价值观的重塑意义重大。"三个文化"的培育和践行,就是弘扬社会主义核心价值观,就是凝魂聚气、强基固本。

经过一年多的努力,山西以坚强的决心、果敢的行动正风反腐,逐渐形成并保持"三个高压态势",不能腐的长效机制正在逐渐形

---

① 《山西全力治"病树"拔"烂树"护"森林" 千余名干部主动向组织交代问题》,《中国纪检监察报》2016年1月5日。

成,治理系统性、塌方式腐败取得初步成效,人民群众对党组织和党员干部的信心、信任有了明显增强①,净化政治生态、实现弊革风清"先走一步"迈出了坚实步伐,为促进"六大发展"提供了正能量。党风廉政建设永远在路上,山西反腐败斗争不能停、不能松,在侧重"减存量""遏增量"时,要标本兼治、惩防并举。要顶层设计,将体制改革与制度建设相结合;要权力阳光,建立科学的权力制约监督机制;要依法行政,将党纪国法挺在前面;要群众利益至上,切实解决群众身边的腐败问题。

三 实践经验给予现实反腐的启示

针对山西面临的"政治上、经济上、生态环境上、民生上"四方面的"立体性困扰",山西提出了"六权治本""六大发展"等一系列"治晋"措施,同时也提出了"三个一批""六个区别对待""六个全程"等一系列"治吏"举措,这些都为形成"立体式"反腐合力、形成真正的惩治腐败高压态势和强大震慑力奠定了基础。十八届六中全会的召开,审议通过了《关于新形势下党内政治生活的若干准则》《中国共产党党内监督条例》,对全面从严治党提出了新的部署和要求,从严肃党内政治生活上根本治理腐败滋生的土壤,从强化党内监督上防止腐败的滋生蔓延。紧接着,山西召开第十一次党代会,对全面推进党的建设、坚定不移地推进党风廉政建设和反腐败斗争提出了新的要求。鉴于此,在下一步的反腐倡廉建设中,山西只有把思想统一到中央部署上来,统一到"一个指引""两手硬"的治晋思路上来,深入抓好学习领会两部法规,学深悟透;全面从严治党,落实好"先走一步",坚持两手抓、两不误,全面构建良好政治

---

① 《王儒林在省纪委十届六次全会上发表重要讲话》,《山西日报》2016年1月26日。

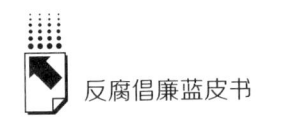

生态,才能确保"十三五"规划开好局、走好步。

1. 坚持全面从严治党,把"两个责任"落到实处

党要管党,从严治党,党的领导薄弱,党的建设缺失,从严治党不力,就容易滋生腐败。在从严治党中,各级党委的主体责任是决定性因素,各级纪委的监督责任是关键因素。各级党组织必须全面落实从严治党主体责任,只有主动将主体责任扛在肩上、抓在手上,层层分解落实任务,坚持一贯到底,积极作为,才能真正抓住党风廉政建设和反腐败斗争的关键环节。纪委必须严格履职尽责,抓好主责主业,强化监督执纪问责,协助各级党组织抓好主体责任落实。把落实"两个责任"作为全面从严治党、净化政治生态的重中之重,以"向我看齐"的自信和"从我做起"的实际行动立言立行。改组后新的省委领导班子吸取深刻教训,把从严管党治党的主体责任率先担了起来、扛在了肩上。针对省纪委监督执纪发现的突出问题、巡视发现的共性问题,省委常委会、"五人小组"专题听取汇报,集中研究解决,省委、省政府领导牵头整治、督促整改,确保"两个责任"切实落到实处。

2. 坚持把纪律挺在前面,把"三严三实"贯穿始终

始终把维护党的纪律作为首要任务,坚持把纪律挺在前面。党内系列法规的施行,表明反腐败逐步进入法制化轨道,严格尊崇党章、遵守党内纪律已经成为任何一级党组织、任何一个党员的基本遵循,坚持纪在法前,党风廉政建设重在纪律执行,在工作中,必须不折不扣地一以贯之。对违反中央八项规定精神、"四风"问题突出及出现过系统性、塌方式腐败的地方、部门、单位和个人,"一案双查",既追究当事人责任,更追究党委主体责任和纪委监督责任。强调不守纪律规矩的要"摘帽子",不履职尽责的要"让位子",不完成任务的要"打板子",用权任性的要"进笼子"。紧密联系实际,对照党章,把"三严三实"贯穿始终,深刻剖析不严不实的问题,力求党员领导干部做尊崇纪律的明白人、严守纪律的带头人、秉公执法的"铁面人",真正做到守土有责、勇于担当、主动作为,不负重托,不辱使命,把纪律挺在前面。同时,结合实际把党的各方面纪律逐项细化,通过突出政治纪律和政治规矩,进而把党的各项纪律和规矩串起来、带起来,挺在前面。

3. 坚持完善选人用人制度,让从政环境再现"青山绿水"

提拔任用好德行突出、能力出众的干部至关重要,要努力做到选贤任能、用当其时,知人善任、人尽其才。树立起"为官要作为""有为才有位"的鲜明导向,对敢于担当、主动作为、破解难题、为政清廉的干部予以重用。在塌方式腐败之后,山西省管干部曾一度空缺300多人,新的省委班子没有急于选人用人,而是从清理队伍着手,整顿选人用人方面的不正之风。在全省深入实施"三个一批",主要采取六查的办法来甄别识别干部,对7万多名干部进行甄别,核查处理有问题的干部5122人。[①] 同时对为官不为型干部、在其位不谋其政型干部,该免的免、该降的降,一共调整退出860人。对没有问题的、已经查清的还干部清白,大胆提拔使用。建立和完善干部能上能下、能进能出的退出机制,是山西在选人用人机制上的大胆创新,也是破解"谁要下""要谁下""怎么下"难题的有益尝试,经过大力度的举措,初步实现选人用人的风清气正。

4. 坚持把人民利益放在首位,增强人民对反腐成效的获得感

十八大以来,中国党风廉政建设和反腐败斗争成效显著,广大人民群众看到、体会到了全面从严治党和正风反腐的成果,得到了发自内心的拥护和支持。党风廉政建设的持续推进,离不开广大人民群众的参与和支持。在严肃惩治腐败问题的同时,必须把维护和实现好人

[①] 《先立规矩后办事 坚持标准选好人 山西:刷新吏治 正风肃纪》,《人民日报》2015年12月29日。

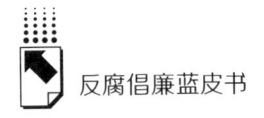

民群众的利益作为正风反腐的主要出发点和着力点，让人民群众感受到更多的获得感，更加积极地支持和投入到党风廉政建设工作中。相应地，党风廉政建设还应更加凸显人民的参与作用，探索人民群众有序参与反腐败工作的有效机制，重视和关注人民群众的呼声以及对党风廉政建设的评价，以此作为改进和提升党风廉政建设和反腐败工作的重要依据。

B.4
甘肃突出问题导向　强化扶贫领域监督执纪问责

甘肃省纪委课题组*

摘　要： 甘肃贫困面大、贫困程度深。近年来，随着脱贫攻坚力度的不断加大，大量资金项目投向扶贫领域。省委把推进扶贫开发与严格监督管理同研究、同部署、同落实。各级纪检监察机关坚持问题导向，紧盯侵占资金、以权谋私、责任缺失、作风不正、违反政策等突出问题，强化扶贫领域监督执纪问责，深入开展"两查两保"专项行动，充分发挥巡视巡察"利剑"作用，集中力量整治查处侵害群众利益的不正之风和腐败问题，维护了群众的切身利益，保障和促进了精准扶贫精准脱贫政策措施的深入落实。

关键词： 甘肃省　扶贫开发　监督责任　巡视巡察　群众利益

甘肃，素有"陇中苦瘠甲天下"之称。86个县（市、区）中有58个分属六盘山区、秦巴山区、藏区"三大集中连片贫困区"，还有17个属于"插花型"的贫困县，贫困面位居全国第二，贫困人口位

---

* 课题组组长：张怀仁；成员：牛彦之、邓海涛、王秋林、李晓光、崔锦云、王晓鹏、党雅琳。

居全国第七。2013年2月，习近平总书记视察甘肃时明确指出"甘肃贫困面大、贫困程度深、在全国都是典型的"，强调要"着力推动扶贫攻坚"，要求"贫困地区党委政府要把主要精力放在扶贫开发上"，"努力到2020年与全国一道全面建成小康社会"①。甘肃省委、省政府牢记习近平总书记的谆谆嘱托和明确要求，坚持把脱贫攻坚作为最紧迫、最艰巨、最重要的任务来抓。在开展以单位联系贫困村、干部联系贫困户为主要内容的联村联户为民富民行动的基础上，甘肃于2013年6月实施了"1236"扶贫攻坚行动②，强调要举全省之力，坚决打好扶贫攻坚这场硬仗。2015年6月，甘肃召开全省精准扶贫精准脱贫工作会议，出台《关于扎实推进精准扶贫工作的意见》及17个专项配套实施方案③，打出了精准扶贫的"1+17"组合拳。通过各级党委、政府和广大干部群众的不懈努力，全省贫困人口由

---

① 《小康梦想激荡陇原》，《甘肃日报》2015年3月12日。
② "1236"扶贫攻坚行动："1"是紧扣持续增加收入这一核心，2016年贫困地区农民人均纯收入在2011年的基础上翻一番，2020年达到12000元以上。"2"是做到不愁吃、不愁穿，基本实现家里有余粮，手头有余钱。"3"是落实义务教育、基本医疗和住房三个保障，2020年义务教育阶段巩固率达到95%，建制村标准化卫生室实现全覆盖，所有农户住无危房。"6"是实现六大突破：一是基础设施建设，2018年所有贫困村通沥青（水泥）路、通班车，2020年贫困地区自来水入户率达到95%以上；二是富民产业培育，2016年实现村有主导产业、户有增收门路、劳动者有增收技能，2020年初步建成种养加、产供销协调推进的多元富民产业体系；三是易地扶贫搬迁，到2017年力争对有搬迁条件和意愿的23.7万户112万人完成搬迁，确保搬得出、稳得住、能发展、可致富；四是金融资金支撑，2016年实现金融机构对空白乡镇的全覆盖，2020年新增存款可贷资金85%以上用于支持当地发展；五是公共服务保障，2016年50%的建制村有标准文化活动室，农村低保、五保供养、新农保和临时救助制度进一步完善，2020年基本实现每个片区县县有图书馆、文化馆，乡镇有综合文化站，建制村有综合性村民活动中心；六是能力素质提升，2016年实现新增两后生培训全覆盖，2020年实现所有劳动力技能培训全覆盖。
③ 17个专项配套实施方案：饮水安全支持计划实施方案、贫困村动力电覆盖支持计划实施方案、交通支持计划实施方案、农村危房改造支持计划实施方案、异地搬迁支持计划实施方案、生态环境支持计划实施方案、产业培育支持计划实施方案、电商支持计划实施方案、教育支持计划实施方案、卫生扶贫支持计划实施方案、贫困乡村场所建设支持计划实施方案、社会求助支持计划实施方案、小额信贷支持计划实施方案、劳动力培训支持计划实施方案、干部人才支持计划实施方案、贫困村驻村帮扶工作队力量整合和加强管理实施办法、贫困县党政领导班子和领导干部社会发展实绩考核办法。

2011年底的842万人减少到2015年底的317万人,贫困发生率由40.5%下降到15%。这一时期成为甘肃减少贫困人口最多、农村面貌变化最大、贫困群众增收最快的时期。随着扶贫开发各项决策部署的逐步实施和深入落实,大批量的资金项目投向扶贫领域,迫切需要强化对扶贫领域的监督管理,确保扶贫政策精准落地、扶贫项目高效实施、扶贫资金安全运行。甘肃省委认真贯彻中央部署要求,始终把查纠扶贫领域突出问题、维护群众切身利益摆在重要位置来抓,坚持推进扶贫开发与严格监督管理同研究、同部署、同落实。省纪委按照中央纪委和省委的安排部署,把加强扶贫领域监督执纪问责作为履行监督责任的重中之重,积极采取有力措施强化监督检查,坚决整治和查处扶贫领域侵害群众利益的不正之风和腐败问题,有力地保障和促进了精准扶贫精准脱贫各项政策措施的深入落实。

一 扶贫领域存在的主要违纪问题

通过对甘肃省各级纪检监察机关近年来查处违纪问题的统计分析,扶贫领域侵害群众利益的不正之风和腐败问题主要有以下五个类型。

1. 侵占资金

主要表现为贪污侵占、截留私分、虚报冒领、骗取套取扶贫资金。有的地方和部门,尤其在乡镇一级挤占挪用扶贫资金用于发放奖金福利、修建楼堂馆所、投资牟利,以及违规设立"小金库"用于支付政府接待等费用;有的基层干部采取多头、重复虚报危旧房改造户数、低保户数、虚列扶贫项目等方式骗取国家补助款并据为己有;有的截留城乡低保、农村危旧房改造、灾后重建等资金挪作他用等。天水市甘谷县人社局原党委书记、局长马定子在任县农业局局长期间，截留实施秋覆膜、顶凌膜等地膜相关项目结余资金共98.81万元，利用虚假采购、虚报项目等方式套取资金173.86万元，以上共计272.67万元私设为"小金库"，其中252.08万元用于接待、办公楼加高及装潢等支出，2011年4月至2013年3月，他还贪污10万元公款用于个人消费支出，此外还先后7次收受项目施工方和地膜供货商钱款共计8.2万元。平凉市庄浪县盘安镇马家村党支部原书记马麦长2007～2014年在担任村党支部书记期间，利用职务便利虚报冒领低保、危房改造等资金共计4.39万元。

2. 以权谋私

主要表现为利用职务之便为自己或亲友谋取不正当利益。有的以争资金、跑项目等名义行贿受贿；有的插手扶贫工程项目，在项目实施中吃回扣、拿"红包"，在资金发放中索要"跑路费""辛苦费"等。陇南市武都区扶贫办原主任董社有于2008年9月至2014年6月期间利用职务便利，为从事扶贫项目及工程建设的人员谋取利益，直接或通过其妻非法收受他人财物共计人民币332万元，另有890余万元的财产不能说明来源。天水市秦州区杨家寺乡煤湾村党支部原书记邵利仁、原文书邵和平向危房改造户和低保户索取"好处费"共计4.2万元，用于送礼和私分，其中，送给原包村领导赵永明5000元、驻队干部闫志强3000元，邵利仁分得2.1万元，邵和平分得1.3万元。武威市民勤县收成乡盈科村党支部原书记李大满，与该村村委会原主任杨在魁、原文书杨在福，将农村危房改造资金1.4万元挪作他用，在扶贫羊只发放以及办理贴息贷款过程中收取好处费2万元，违规为5名离任村干部发放低保金5448元，套取低保金1512元用于村上办公开支。白银市会宁县候川镇邢郡村原党支部原书记赵殿杰违规将14个低保名额分配给自己和村委会主任、村文书家庭，2013年第三季度至2016年第一季度领取低保金共计46470元。

3. 责任缺失

主要表现为失职渎职、滥用职权，致使落实扶贫政策缩水走样。有的干部在精准扶贫工作中，基础数据采录、情况核查不认真，工作不扎实，扶贫对象识别和扶贫目标确定不精准；有的项目审核不严，监督检查流于形式，应当发现的问题没有发现或发现了不报告、不纠正，扶贫内容、扶贫措施不精准；有的责任不担当、不到位，导致扶贫资金不能精准落地、扶贫项目不能有效实施；有的监管不力，致使国家、集体利益遭受损失；有的甚至搞"形象工程"，致使扶贫项目出现"豆腐渣"工程或烂尾工程，给扶贫攻坚造成较大损失等。天水市甘谷县安远镇石方村驻村干部朱海军、包片干部蔺伟杰、驻村帮扶队队长杨凯璇、村党支部第一书记刘永平等人，2015年7月在精准扶贫建档立卡和大数据平台管理工作中审核把关不严，将2户财政供养人员纳为建档立卡贫困户。庆阳市西峰区董志镇田畔村党支部书记高富兴2014年在上报危房危窑改造户时审核把关不严，导致不符合条件的村民张某某套取改造补助资金12500元。

4. 作风不正

主要表现为推诿扯皮、刁难群众，甚至欺压群众。有的干部在扶贫工作中庸懒散漫、吃拿卡要，推诿扯皮、办事不公，请客送礼、暗箱操作；有的欺上瞒下、弄虚作假，搞"数字脱贫"，扶贫考核不客观；有的不作为、乱作为、优亲厚友，侵害了群众利益；有的对待群众简单粗暴、态度蛮横，造成了恶劣影响等。庆阳市镇原县孟坝镇醴坳村党支部书记席平在明知其父母不符合低保对象评定条件的情况下，仍然利用职务便利将其父母评定为二类低保对象，2009~2015年共违规领取低保金20382元。甘南州卓尼县木耳镇寺古多村驻村干部徐永军于2009~2015年间采取欺骗手段，以换折为由将寺古多村村民全某低保金存折收走，长期扣留不还，并将其中4440元低保金

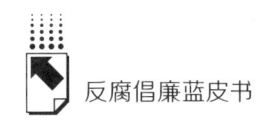

冒名领取据为己有。

5. 违反政策

主要表现为执行政策不严格、不规范，打折扣、搞变通，甚至曲解或篡改政策。有的基层干部落实精准扶贫政策不力，有的超标准超范围筹资筹劳、摊派费用，有的违规收缴群众款物、克扣群众财物、拖欠群众钱款等。比如，庆阳市扶贫办原党组书记、主任王保民，在全市"精准扶贫"大数据录入工作的组织协调和指导过程中，对各县（区）数据录入进度和滞后于全省的情况掌握不够，未能采取有效措施进行督促，致使全市精准扶贫大数据平台建设数据录入进展缓慢，严重影响了全市工作大局，造成了不良影响。张掖市甘州区党寨镇财政所所长马德华未按要求将2012年度和2013年度农村危房改造补助资金造册发放到应享受补助政策的农民手中，将其中157万元转入该镇3个村村主任"一折统"账户，将296.8万元借给该镇下辖的5个村用于村民住宅小区公共设施建设。临夏州临夏县中学教师马忠学及其亲属5人违规在其父亲名下享受农村四类低保，2013年4月至2015年9月共领取农村低保金4228元，在社会上造成了不良影响。这些涉案人员均受到了应有的处理。

二 加强监督执纪问责的主要举措

（一）深入落实主体责任，推进全面从严治党向基层延伸

作为脱贫攻坚的主战场，甘肃省明确脱贫攻坚是当前和今后一个时期的"一号工程"，更是贫困地区的"一号工程"，把强化扶贫领域监督管理作为落实全面从严治党主体责任的重要内容来抓，通过明责、传责、问责等措施，将责任靠实到基层，将任务落实在基层。

1. 把维护群众利益纳入责任体系、列入责任清单

2014年7月,甘肃省委十二届八次全委会审议通过《关于落实党风廉政建设主体责任的意见》,部署了构建和实施"3783"主体责任体系①的任务。在重点任务中,明确提出要紧盯扶贫开发领域、严肃查办发生在群众身边的腐败问题。在工作机制中,明确提出要建立健全联系群众工作机制,要求各级党委(党组)每年至少开展1次专题研究信访工作,解决好群众来信来访反映的问题,特别是损害群众切身利益的问题。

2. 把责任和压力横向传导到边、纵向传导到底

甘肃省委"1+17"精准扶贫精准脱贫政策,在明确村道硬化、饮水安全、农电保障、危房改造、易地搬迁、生态环境、电商发展、教育扶贫、社会救助、文化场所、健康扶贫等脱贫攻坚任务的同时,也对交通、水利、发改、建设、扶贫、商务、工信、林业、环保、教育、卫生、文化等部门履行行业监管责任提出了明确要求,并制定《贫困县党政领导班子和领导干部经济社会发展实绩考核办法》,将党风廉政建设责任制落实情况列为实绩考核的重要内容,要求各级领导干部切实履行好"一岗双责",做到"两手抓两手硬、双促进双落实"。省委还制定《省管干部谈话办法》《主体责任落实情况报告办法》等一系列重要制度,明确要求通过谈话约谈、督促检查、履责报告、年度考核、领导干部述纪述廉述作风等方式,不断强化压力传导、落实各级党组织的主体责任。省委书记王三运认真履行第一责任,以上率下、示范带动,分3个片区主持召开市、县、

---

① "3783"主体责任体系:履行党委(党组)的集体领导责任、主要负责人的第一责任、班子其他成员职责范围内的领导责任三大职责;抓实严明政治纪律、选好用好干部、加强作风建设、坚决惩治腐败、规范权力运行、着力深化改革、做到表率引领七大任务;健全组织领导、责任分解、压力传导、履责报告、联系群众、巡视督查、考核评价和责任追究八大机制;拓展联村联户行动、效能风暴行动、先锋引领行动三大载体。

乡三级党委书记和纪委书记座谈会，针对基层在惠农政策落实、扶贫资金使用、城乡征地拆迁、农村"三资"管理、各类项目建设等19个方面存在的突出问题提出了具体措施。省委副书记、省长、省政府党组书记林铎主持召开第一次省政府党组会议，专门研究党风廉政建设，部署解决发生在群众身边的不正之风和腐败问题。时任省委常委、省纪委书记张晓兰主持召开坚决整治和查处侵害群众利益不正之风和腐败问题工作推进会，强调要加大执纪力度，对侵害群众利益的问题发现一起、查处一起，绝不能姑息手软、养痈成患。2015年以来，省委主要领导约谈领导干部249人次，省纪委主要领导约谈领导干部218人次。省纪委先后建立副书记联系指导市州纪委、纪检监察机关履行监督责任报告等制度，实行一季一督查，指导和推动市县纪检监察机关强化监督职责。省纪委班子成员利用在市州调研的机会，约谈市县两级班子负责同志，并通过视频会议的形式向市县乡三级领导干部作辅导报告，要求各级党委、纪委大力加强扶贫领域资金项目的监管，确保各项惠农政策落实到位。在省委、省纪委的强力推动下，各地各部门党组织和党员领导干部认真履行肩负的责任，一级抓一级、层层抓落实，有力地推动了全面从严治党向基层延伸。

3. 把问责的"撒手锏"作用充分发挥出来、形成有力倒逼

动员千遍不如问责一次。甘肃省紧盯贫困县县乡党委书记的第一责任，县乡政府主要负责人对资金规范运行、项目建设进度、质量和效益的领导责任，各级扶贫、发改、财政等部门对扶贫资金使用、扶贫项目建设的监管责任，有关部门主要负责人对本部门主管扶贫资金使用安全的主体责任，坚决用好问责这一利器，对脱贫攻坚责任不落实、作风不扎实和发生腐败问题的，对有关领导干部严格实施问责。近年来严肃查处了审计移送的陇南市西和县、武威市古浪县、临夏州广河县套取、挪用扶贫资金有关问题，严肃追究了相关地方政府、主责部门及有关责任人员共159人的责任。

案例1

天水市秦安县五营镇北坡村党支部书记兼村委会主任邵友芳违规享受低保、套取精准扶贫专项贷款问题。2013年5至12月,邵友芳利用职务便利,将自己及丈夫纳入四类低保,共领取8个月低保金1368元;2011年1月至2015年12月,邵友芳以家庭生活困难为由,先后6次领取救济口粮补助款共计4200元;2015年10月,邵友芳以提供担保为由,要求该村6户贫困户将其所贷的精准扶贫贷款30万元交给自己使用。天水市秦安县对该问题进行"一案双查",给予邵友芳开除党籍处分,并按程序罢免其市、县人大代表资格和北坡村村委会主任职务,同时追究了有关领导的责任,给予五营镇党委书记任晓东党内严重警告处分,给予镇党委副书记、镇长魏胜昌党内警告处分,给予镇纪委副书记、监察室主任赵小强撤销党内职务、行政撤职处分并调离纪检队伍,对镇党委副书记兼纪委书记张金顺做了免职处理,对镇政府驻北坡村干部靳惠敏进行诫勉谈话。

案例2

甘南州卓尼县洮砚乡包组干部郭聚财等人截留、滞留、挪用灾后补助资金问题。2013年,郭聚财作为古路坪组包组干部,挪用古路坪组10人的灾民生活补助资金1.84万元用于维修村道、修建公共用房;任意克扣群众灾后过渡期生活补助资金8120元,滞留群众灾后生活补助资金2.912万元20个月;违规确定精准扶贫对象。甘南州卓尼县给予郭聚财留党察看两年、行政记大过处分,同时严肃倒查追责,因落实主体责任不力,给予洮砚乡党委书记赵永新,党委原副书记、乡长童永红,党委副书记、乡长李春荣,党委副书记、维稳中心主任张彩芳,副乡长、古路坪村包村领导何国财党内警告处分;因落

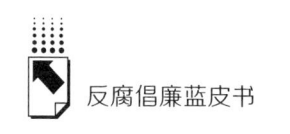

实监督责任不力,给予党委副书记兼纪委书记康海平党内严重警告处分;因对灾民补助资金监管不力,对卓尼县分管民政的副县长图哇甲、县民政局长汪元平诫勉谈话。

(二)组织开展专项行动,坚决查处扶贫领域突出问题

为推动脱贫攻坚决策部署深入实施、着力解决扶贫领域突出问题、切实维护群众切身利益,甘肃省纪委2016年部署在扶贫领域开展以"查处不正之风、保障扶贫政策落实,查处腐败问题、保障扶贫资金安全"为主要内容的"两查两保"专项行动。省纪委会同省脱贫攻坚领导小组印发《关于在扶贫领域开展"两查两保"专项行动的通知》,专门召开"两查两保"专项行动视频会议,开到乡一级,对专项行动的主要任务、重点工作及相关措施进行了安排部署。14个市州和50多个省直部门单位紧密结合实际,制定具体工作方案,细化实化目标任务、主要措施和工作责任,扎实开展"两查两保"专项行动。

1. 明确工作重点

"两查两保"行动的主要任务有,一是紧盯"六个精准"(对象精准、目标精准、内容精准、方式精准、考评精准、保障精准)扶贫政策落实,重点整治5个方面的不正之风:①基础数据采录、情况核查不认真,工作不扎实,优亲厚友,扶贫对象识别和扶贫目标确定不精准;②项目审核不严,监督检查流于形式,应当发现的问题没有发现或发现了不报告、不纠正,扶贫内容、扶贫措施不精准;③扶贫工作中庸懒散慢、吃拿卡要,推诿扯皮、办事不公,请客送礼、暗箱操作,脱贫措施不落实;④超标准超范围筹资筹劳、摊派费用,违规收缴群众款物或处罚群众,克扣群众财物、拖欠群众钱款;⑤欺上瞒下、弄虚作假,搞"数字脱贫",扶贫考核不客观。二是紧盯扶贫资

金安全有效使用，重点查处5个方面的腐败问题：①贪污侵占、截留私分、虚报冒领、挥霍浪费、私存私放扶贫资金问题；②挤占挪用扶贫资金、违规设立"小金库"问题；③多头、重复、虚报项目套取、骗取扶贫资金问题；④以争资金、跑项目等名义行贿受贿，插手扶贫工程项目，在扶贫贷款、项目实施中吃回扣、拿"红包"，资金发放中索要"跑路费""辛苦费"问题；⑤以权谋私、滥用职权，失职渎职、侵占掠夺，扶贫项目出现"豆腐渣"工程或烂尾工程，造成较大损失等问题。

2. 严格监督执纪

各级纪检监察机关坚持把纪律挺在前面，改进执纪审查方式方法，加大执纪问责力度，严肃查处扶贫领域不正之风和腐败问题。一是拓宽问题发现渠道。完善"12388"电话举报受理系统，在"甘肃廉政网"等网站及手机客户端设立监督举报"直通车"、违纪问题"随手拍"，全天候受理信访举报。修订《信访举报工作规程》，建立信访举报月报告制度，对信访问题情况每月进行汇总分析，充分发挥信访举报发现问题线索的主渠道作用。二是创新基层执纪方式。通过设立乡镇片区纪工委、执纪审查协作区，采取交叉审查、提级审查等方式，着力解决基层监督执纪力量分散、易受人情干扰、纪律审查数量偏少的问题。2016年1～6月，全省共处置反映乡科级及以下党员、干部问题线索4869件；立案2163件，同比增长51%；处分2664人，同比增长60.4%。其中，乡镇纪委共处置问题线索1100件、立案618件、党纪政纪处分645人。三是严肃查处存在问题。专项行动开展以来，各级纪检监察机关共受理扶贫领域问题线索1609件，查处违纪问题686件，处理1516人。处理人员中，县处级7人，占0.5%；乡科级457人，占30.1%；村干部1052人，占69.4%。查处的违纪问题中，数据采录、情况核实不认真或优亲厚友等问题399件，占58.2%；贪污侵占、截留私分、虚报冒领等问题92件，

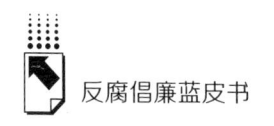

占13.4%；克扣群众财物、拖欠群众钱款、摊派费用等问题42件，占6.1%；多头、重复、虚报项目套取资金问题28件，占4.1%；吃拿卡要、办事不公等问题24件，占3.5%。

3. 持续警示震慑

在严格监督执纪的同时，各级纪检监察机关认真落实《纪检监察机关通报曝光责任追究典型问题办法》，加大了对查处典型问题的通报曝光力度。"两查两保"专项行动开展以来，省纪委先后6次通报曝光扶贫领域典型问题21件32人，14个市州通报曝光扶贫领域典型问题189件829人，形成了有力震慑。在全省领导干部警示教育大会上，省纪委面向省、市、县乡四级1万多名领导干部，对十八大以来基层干部违纪违法问题，特别是扶贫领域的问题做了全面梳理，从表现、类型、特点、原因等方面进行深入剖析，查找了制度和监管上的漏洞，提出了加强和改进工作的明确要求，增强了警示教育的针对性。

（三）不断拓展监督方式，充分发挥巡视巡察"利剑"作用

甘肃省认真贯彻《巡视工作条例》和中央巡视工作方针，在加强巡视工作的同时，以发现和查纠基层问题为重点，积极探索和不断推进巡察工作，并不断强化巡视巡察结果运用，形成了有力的震慑。

1. 围绕全面覆盖，不断加大巡视力度

研究制定《甘肃省委巡视工作实施办法》，明确了省委承担巡视工作主体责任、在市州设立巡视工作联络机构等内容，细化了巡视工作领导小组、巡视办的职责和巡视范围、内容、方式、程序等规定。省委在原有5个巡视组的基础上新成立3个巡视组，将每年的常规巡视由2轮增加到3轮，并采取"一托二"等方式开展专项巡视。省委巡视工作领导小组在安排部署巡视任务时，把强化政治巡视摆在突出位置，强调要牢固树立政治意识、大局意识、核心意识和看齐意识，紧密联系"四个全面"，从厚植党执政的政治基础的高度来认识和把握

巡视工作，高度重视基层干部群众反映的问题。省委巡视组在巡视县（市、区）时，还延伸到部分乡镇听取干部群众的意见建议。截至2015底，省委巡视组已完成了对86个县（市、区）巡视监督的全覆盖。2016年省委巡视组采取"一托二、一托三"的模式，开展对省直部门和单位的巡视，突出加强了对承担扶贫开发职责部门单位的监督。

2. 延伸巡视链条，深入开展基层巡察

如何使面上的巡视工作做到全覆盖、发挥"利剑"作用，如何借鉴巡视工作的有效做法、搞好向基层单位的延伸，甘肃省进行了积极探索和实践。2015年7月，省委十二届十三次全委会部署市州和省直部门借鉴巡视方法，面向所属部门及乡镇（街道）、村（社区）和企事业单位等灵活开展巡察工作。在组织领导上，由省委巡视工作领导小组加强领导、统筹指导，市州党委负主体责任，具体承担部署和组织工作；在巡察力量上，以不增加人员编制为前提，整合纪检监察机关及派驻机构和组织、审计等部门的力量，建立巡察组，实行"一巡一授权"；在巡察内容上，坚持问题导向，聚焦党风廉政建设和反腐败斗争，围绕"四个着力"、遵守党的纪律以及侵害群众利益等方面存在的突出问题开展巡察。

14个市州和25个有下属单位的省直部门认真落实省委的部署要求，研究制定巡察工作方案，整合纪检机关和组织、审计等部门的力量，建立巡察组，以发现违反党的纪律、侵害群众利益等突出问题为重点，面向所属部门及乡镇（街道）、村（社区）和企事业单位等灵活开展巡察工作。市县在巡察工作中紧盯精准扶贫重点地区、领域、环节、岗位，做到常规巡察与专项巡察相结合、拉网式巡察与点穴式巡察相结合，围绕惠农政策落实、攻坚项目建设、资金管理使用等情况开展巡察。省直部门重点强化了对项目审批、资金安排、工程建设、招标投标等重点领域和关键环节的巡察。巡察组变坐等群众上访为积极下访，变被动接访应访为主动查访寻访，深入村组走访农户，

面对面询问惠农政策落实、各项资金发放、干部作风等事项，现场察看真实情况，听取群众意见建议，深入查找和发现问题线索。截至2016年6月，14个市州和25个省直部门共开展巡察68轮次，对4467个基层单位进行巡察，反馈各类问题7589个，移交违纪问题线索4637件，已立案307件，给予党纪政纪处分356人，组织处理418人，移送司法机关19人。

案例3

武威市围绕基层单位履行"两个责任"、执行中央八项规定精神、落实强农惠农政策、管理使用精准扶贫资金等情况，深入开展巡察工作。巡察前，各巡察组精心准备工作方案，并向市、县区纪检、组织、政法、审计、信访等部门收集有关线索和情况，带着问题去巡察；巡察中，深入基层一线、深入群众当中了解情况、发现问题。前三轮巡察中共发放调查问卷1800余份，开展个别谈话1163人（次），走访下属单位、村组、企业等200余个，入户走访群众1110余户，调阅会议记录、财务凭证、项目资料等3400多份。2016年武威市组织开展"联动巡察"，市上向县区派出巡察组，县区同时设立巡察组，市委和四县区委共派出25个巡察组，两级巡察组联合行动，对50个乡镇开展巡察监督，巡察工作的深度和广度不断扩大，取得了良好的监督效果。巡察共发现党员干部问题线索66件，全部移交市、县区纪委进行审查，已立案25件，党纪政纪处分40人，组织处理76人；收到个人诉求、涉诉涉法、土地流转、低保扶贫等方面的信访问题227件，已全部转交有关部门办理。

案例4

平凉市在总结2015年巡察工作的基础上，结合开展"两查两保"专项行动，研究制定《全市2016年度扶贫领域专项巡察工作方案》，市本级在重点抓好对庄浪、静宁 2 个国扶县扶贫领域的专项巡察的同时，督促各县（区）党委把巡察力量集中到扶贫领域，把巡察对象覆盖到村社一级。各县（区）整合纪检监察机关和审计、财政、扶贫等部门力量，组建 51 个巡察组，紧盯扶贫领域重点环节、重点岗位，采取听取汇报、个别谈话、征求意见、核查财务、入户走访、受理信访等方式，深入乡村一线开展巡察，进一步强化对扶贫领域项目建设、资金管理使用、职能部门落实监管责任和基层党员干部作风的监督。在巡察中，各巡察组灵活运用"查""核""访""谈""评""问"等方式，深入发现问题线索（"查"就是查账务、查资料、查各种原始凭证。"核"就是核实、核对，比如直接入户核实低保、危旧房改造等民生资金是否发放到位，有无克扣截留等问题。"访"就是入户走访，在每个行政村抽取不低于 20% 的比例进行入户走访，面对面征询意见建议。"谈"就是约谈、提醒，发现苗头性、倾向性问题，约谈当事人、分管领导，要求对有关问题做出说明、立即纠正整改。"评"就是背靠背发放民主测评表、问卷调查表等，动员群众对乡村、部门监管单位、干部职工作风情况打分测评，征求他们的意见建议。"问"就是质询、问询，组织有关领导干部和监管部门，由巡查人员或群众代表临场随机问询，着力发现问题，延伸和传导压力）。市委还制定《"两查两保"专项巡察督导工作方案》，组成 4 个巡察督导组，对县（区）巡察工作进行督导，每季度通报巡察工作情况，有力地促进了巡察工作规范有序开展。建立巡察问题线索规范处置、定期督办、统一审核 3 项制度，实行巡察组组长、市纪委常委、常务副书记、书记"四级阅批"，对问题线索进行分类处置、定期督办，防止出现调查不彻底、处理不到位等问题。上半年，已对 102 个乡镇、1188 个行政村、4460 个社区进行巡察，入户走访群众 22045 户，发现问题线索 738 件，给予党纪政纪处分 41 人、组织处理 236 人。

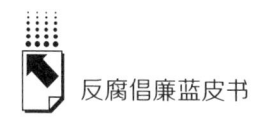

3. 强化成果运用，持续形成强大震慑

建立了"一巡三报告"制度，每轮巡视要形成巡视情况报告、问题线索报告、被巡视单位党组织一把手专题报告。省委常委会、省委书记专题会议及时听取巡视情况汇报，研究重大问题。从2014年开始，省委巡视工作领导小组在每轮巡视结束后一周内即听取巡视报告，每次都至少用一天的时间讨论有关问题，审核报告内容，研究提出运用巡视成果的初步意见；省委书记专题会议在巡视结束后10天内听取巡视汇报，对巡视反馈、问题整改、线索处置等提出明确具体的要求，并制定《关于发挥省纪委省委组织部和相关部门职能作用加强对巡视整改工作督促检查的暂行办法》，推动巡视整改任务落实。各市州各部门实行巡察结果向被巡察单位党委（党组）主要负责人和班子成员分层反馈制度，反馈巡视问题一针见血、不遮不掩，提出整改意见有的放矢、具体明确；靠实巡察整改的上级监管责任，在向被巡察单位反馈时，同时将有关情况反馈至被巡察单位的上级党组织，要求认真落实督促整改责任，有力地促进了反馈意见的整改和落实。对巡视巡察发现的问题和线索，依据干部管理权限和职责分工，分类移交纪检机关、组织部门，纪检机关和组织部门及时提出谈话函询、初核、立案或组织处理等意见，并在3个月内反馈办理情况。健全公开通报制度，对巡视巡察情况及反馈问题整改情况，及时向社会公布，接受群众监督。

（四）加大督办转办力度，集中力量解决群众反映强烈的突出问题

督办转办问题线索是甘肃省纪委向基层传导责任压力的有效做法。2015年，省纪委紧扣精准扶贫、"三资"管理、惠农补贴、土地征收流转、低保救济资金管理使用等7个方面，对反映乡科级及以下党员干部的问题线索进行筛选甄别，确定188件重点线索进行督办，

促进市县加大了对侵害群众利益不正之风和腐败问题的整治和查处力度。2016年，省纪委从2015年1月至2016年3月收到的反映乡科级及以下党员干部的8179件信访件中，筛选出重点问题线索411件，按照"问题线索典型且相对集中"的原则，确定13个重点县（市、区）开展面上的综合治理，同时按照"一个县区选择1~3件"的原则，对其他73个县（市、区）的问题线索进行重点督办，采取"点对面"督办与"点对点"督办相结合的方式，实现了督办转办问题线索对县（市、区）的全覆盖。

1. 加强"点对面"的督办，开展综合整治

省纪委专门召开重点县（市、区）问题线索督办会，要求13个县（市、区）党委、纪委认真履行"两个责任"，在认真核查督办问题线索的同时，分析原因、举一反三，对基层不正之风和腐败问题开展综合整治。各重点督办县认真落实省纪委部署要求，采取有力措施解决存在的突出问题。一是严肃查处。各重点县对十八大以来的信访举报进行"大起底""回头看"，对扶贫资金管理使用、土地征收、惠农政策落实、农村"三资"管理等方面问题，查处后群众仍然信访举报的，一律重新调查；对原来处理不到位的，一律重新做出处理；对上级督办、转办的问题线索，一律立案调查。二是抓点带面。重点县党委常委会普遍召开专题会议，深刻反思存在的问题，从政治的高度深化被省纪委确定为重点县的认识，认真分析研究，扎实安排部署，采取有针对性的措施，举一反三解决存在的问题，努力做到解决一个具体问题带动解决一类问题，解决一个单位问题带动解决所有单位共性问题，解决一个乡镇问题带动整个县区全面好转。三是综合整治。各县都成立了由县委书记任组长的领导小组，出台了开展综合整治的实施意见，明确牵头部门、整改的具体问题和完成的时间表，财政、发改、扶贫、审计及相关部门都出台了各自牵头任务整改的具体方案，细化分工、责任到人，全

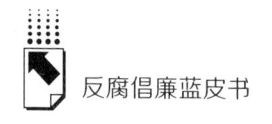

面开展综合整治。

案例5

甘肃省纪委把国家级贫困县兰州市榆中县确定为扶贫领域突出问题综合整治重点县进行直接督办，专门约谈了兰州市纪委书记和榆中县委书记、县纪委书记，移交16件问题线索，要求兰州市和榆中县认真开展线索核查和全面整治工作。兰州市纪委组成8个督查指导组到榆中县，对整治工作进行指导和督办。榆中县组织力量对16件问题线索进行了全面核查，立案调查8件、组织处理2件、司法机关侦办2件，反映失实了结4件，目前已给予党纪处分15人，问责12人。与此同时，召开县乡村三级集中整治动员大会，部署开展了为期100天的专项整治行动。县委制定《关于党政领导班子成员联系乡镇开展侵害群众利益不正之风和腐败问题专项整治行动的通知》，实行县级领导干部包抓乡镇工作机制，做到县委、县政府领导班子成员联系乡镇全覆盖，指导各乡镇开展专项整治行动各项工作。县纪委和县委组织部制定《榆中县设立乡镇民生特派组工作实施方案》，整合县纪委、综合派出纪工委、乡镇纪委和各部门后备干部工作力量，成立21个特派组，入驻各乡镇了解掌握情况、发现问题线索、督促问题整改。县纪委制定《关于开展十八大以来侵害群众利益不正之风和腐败问题信访线索大排查工作实施方案》，对十八大以来的636件问题线索进行大起底，逐一进行分析评估，共排查出213件侵害群众利益的问题线索，专门建立台账，实行挂牌督办、限期办结。上半年，县纪委共立案48件，同比增长50%，结案48件，给予党纪政纪处分48人，同比增长50%，收缴违纪资金251万元。

2. 加强"点对点"的督办，严格执纪问责

省纪委重点督办转交市州、县区纪委查处的问题线索，反映乡科级干部的明确由市州纪委查处，反映村干部特别是存在"保护伞"的明确由县区纪委查处，不得再向下转。省纪委做到问题不查清不放过、执纪不对督办问题线索处置情况严格把关到位不放过、问责不到位不放过，发现处置不到位的退回市县重新调查处理，对查处问题不力的，及时约谈市州纪委分管副书记和县区党委书记、纪委书记。截至2016年6月，移交督办的问题线索已办结188件，给予党纪政纪处分100人、组织处理37人，移送司法机关8人。

三 做好监督执纪问责的几点启示

甘肃省加强扶贫领域监督执纪问责工作，严肃查处群众反映强烈的突出问题，努力遏制基层不正之风和腐败问题易发多发的势头，持续释放"拍蚊灭蝇"不手软不停歇的强烈信号，积极营造脱贫攻坚政策措施深入落实的良好环境。甘肃的实践探索，对于贫困地区加强基层党风廉政建设、整治和查处侵害群众利益问题，具有一定的启示意义。

1. 必须站在厚植党的执政根基的高度统一思想、凝聚共识

民心是最大的政治。习近平总书记在中央纪委六次全会上强调，相对于"远在天边"的"老虎"，群众对"近在眼前"嗡嗡乱飞的"蝇贪"感受更为真切。"微腐败"也可能成为"大祸害"，它损害的是老百姓的切身利益，啃食的是群众获得感，挥霍的是基层群众对党的信任。对基层贪腐以及执法不公等问题，要认真纠正和严肃查处，维护群众切身利益，让群众更多地感受到反腐倡廉的实际成果。① 推进扶贫开发工作，带领贫困地区群众脱贫致富，是发展群众利益的重要任务，也是密切党群干群关系的重要途径。扶贫开发各项政策措施落实得好不好、到位不到位，直接关系到贫困地区千家万户群众的生产

---

① 《在第十八届中央纪律检查委员会第六次全体会议上的讲话》，《人民日报》2016年5月3日。

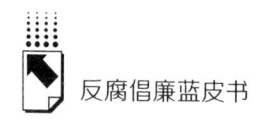

生活，直接关系到党和政府在群众心目中的地位和形象。从近年来开展巡视巡察、查处腐败案件的情况看，扶贫领域的不正之风和"蝇贪"问题易发多发，群众反应比较强烈、意见比较大。集中查纠群众身边的不正之风，下力气解决"蝇贪"问题，切实维护群众切身利益，对于凝聚党心民心、厚植党的执政根基至关重要。加强扶贫领域监督执纪问责工作，一个根本前提是要站在密切党群干群关系、巩固党的执政基础和执政地位的高度，深刻认识整治和查处侵害群众利益不正之风和腐败问题的重大意义，切实增强历史使命感和现实紧迫感。

2. 必须紧紧围绕推动中央重大决策部署贯彻落实履职尽责

坚决贯彻中央决策部署，是各级党组织和党员干部必须遵守执行的政治纪律。检查党的路线、方针、政策和决议的执行情况，是党章赋予纪律检查机关的主要任务。十八大以来，党中央、国务院高度重视扶贫开发工作，把脱贫攻坚作为治国理政的重要内容，提升到事关全面建成小康社会、实现第一个百年奋斗目标的高度进行决策部署。中央扶贫开发工作会议对"十三五"脱贫攻坚工作做出了安排部署，号召动员全党全国全社会力量，齐心协力坚决打赢脱贫攻坚战。中央纪委六次全会将"坚决整治和查处侵害群众利益的不正之风和腐败问题，切实加强基层党风廉政建设"列为年度重点工作，强调要"以严明的纪律为打赢脱贫攻坚战提供保障"。加强扶贫领域监督执纪问责工作，就是要及时发现和查处责任不落实、管理不规范，特别是违反纪律规定等问题，从而保障脱贫攻坚决策部署的深入贯彻落实。各级党委、纪委必须增强政治意识、大局意识、核心意识、看齐意识，在思想认识、责任担当、方法措施上主动对标看齐，紧跟中央步伐，认真履行职责。

3. 必须把党委的主体责任、纪委的监督责任及行业主管部门的监管责任落实到位

扶贫开发工作，涉及领域多、范围广，工作任务重、责任大。甘肃省明确要求各级党委、政府把落实扶贫开发政策、查处扶贫领域不正之风和腐败问题作为落实全面从严治党主体责任的重要内容，常研究、常谋划、常推动、常落实，采取有力措施把干部队伍管理好，把项目资金管到位；要求各级职能部门按照"谁主管、谁负责""管行业必须管行风"的原则，紧盯项目"选项、申报、审批"，工程"招标、建设、验收"和资金"拨付、管理、使用"等重点部位和环节，强化对项目建设和资金使用全过程的监督管理；要求各级纪检监察机关认真履行监督责任，强化监督执纪问责，发挥"监督的再监督"职能，督促和推动各相关职能部门履职尽责。特别是通过谈话约谈、督导检查、述职评议、年度考核等措施，督促扶贫开发重点县的县委书记、县长认真履行"一线总指挥"的职责，既要抓好脱贫攻坚工作，又要抓好管理监督工作。此外，还充分发挥贫困村第一书记、扶贫工作队队长、村民监督委员会的作用，加强对扶贫资金使用监督管理。加强扶贫领域监督执纪问责，必须引导和督促各级各有关方面强化责任担当，充分发挥职能作用，形成上下联动、齐抓共管的工作格局。

4. 必须突出问题导向，集中力量开展专项整治

甘肃省通过民意调查研究、案例统计分析，梳理总结出了基层易发多发、群众反映强烈的不正之风和腐败问题的主要表现形式，并针对这些问题组织开展了"两查两保"专项行动，一些基层单位和党员干部慵懒散漫、推诿扯皮、办事不公、优亲厚友、吃拿卡要、弄虚作假等不正之风得到了有力纠正，一批贪污侵占、截留私分、虚报冒领、挥霍浪费扶贫资金等问题被严肃查处，取得了良好成效。加强扶贫领域监督执纪问责工作，必须突出问题导向，抓住主要矛盾，精准发力进行专项整治，通过重点问题的有力解决带动全面工作的顺利推进。

5. 必须严厉惩治违纪违规问题，持续形成有力震慑

甘肃加大工作创新力度，通过探索开展巡察监督、强化基层监督

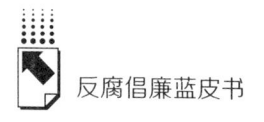

执纪工作、加强对重点问题线索的督办和转办等，及时发现和查处了一批侵害群众利益的不正之风和腐败问题，社会反响良好。认真实行"一案双查"，在严肃查处违纪违规问题的同时，追究相关领导的责任，有力倒逼了责任落实。建立典型问题通报曝光制度，通过严肃查处、持续曝光，向社会释放了越往后执纪越严的强烈信号。推进脱贫攻坚等政策落实，必须把纪律挺在前面，坚持有腐必惩、有贪必肃，以永远在路上的态度加强监督、严格执纪、严肃问责，持续形成有力震慑，为各项政策措施的顺利实施提供坚强的纪律保证。

B.5
贵州探索监督执纪"四种形态"的实现路径及理论思考

贵州省联合课题组*

摘　要： 中央政治局常委、中央纪委书记王岐山同志在福建省调研提出实践监督执纪"四种形态"后，贵州省深入学习、深刻领会，按照党要管党、从严治党，党纪面前一律平等，实事求是，民主集中制和惩前毖后、治病救人五条原则，以精准约谈为抓手，探索实践"四种形态"，取得了良好的政治效果、社会效果和法纪效果，形成了符合中央精神、体现贵州特色的独特路径。其独特路径和显著成效带来的启示在于，实践监督执纪"四种形态"，必须进一步把握好"纪"与"法"、"顶层设计"与"基层探索"、主体责任与监督责任、第一种形态与其他三种形态、"从严性"和"政治性"五个关系，必须解决好认识偏误、执行偏差、责任空转、方法不准、界定不清五个问题，做到依法依规、宽严相济，既严肃党规党纪，又教育挽救干部，优化政治效果、法纪效果和社会效果。

---

* 课题组组长：黄文胜；副组长：向昀；成员：吴寿文、汪海波、李娟、黄朝章、广佳、于红、张力文、付倩、陈全贵。

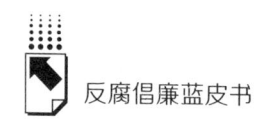

关键词： 贵州省 "四种形态" 时代背景 实现路径 全面从严治党

中央政治局常委、中央纪委书记王岐山关于运用好监督执纪"四种形态"①的重要论述，深入贯彻了习近平总书记系列重要讲话精神，是党要管党、从严治党规律认识的深化，是把纪律和规矩挺在前面的具体化、实践化，对其认真研究、系统总结，对于指导推动党风廉政建设和反腐败斗争引向深入，具有重要的现实意义。

一 "四种形态"的提出背景

1. "四种形态"的提出，源于对反腐倡廉最新成果的总结提升

"四种形态"顺应了党风廉政建设和反腐败斗争由实践向理论成果转化的趋势，是对党的十八大以来党风廉政建设和反腐败斗争实践经验的科学总结，是党要管党从严治党理念的深化和创新。从态势上看，经过近年来的正风肃纪、反腐惩恶，不敢腐的震慑作用正在充分发挥，不能腐、不想腐的效应初步显现，反腐败斗争压倒性态势正在形成，但形势依然严峻复杂，党中央对形势的判断没有变、旗帜立场不会变、目标任务没有变，"四种形态"是对当前形势的准确判断和科学回答，回答了靠什么治、凭什么管这两个根本性问题。从沿袭上看，"四种形态"与纪检监察机关"三转"和挺纪在前、纪严于法、纪先于法、纪法分开的重要思想和实践一脉相承，是挺纪

---

① 2015年9月，王岐山同志在福建省调研时提出了把握运用监督执纪的"四种形态"，即党内关系要正常化，批评和自我批评要经常开展，让咬耳扯袖、红脸出汗成为常态；党纪轻处分和组织处理要成为大多数；对严重违纪的重处分、做出重大职务调整应当是少数，而严重违纪涉嫌违法立案审查的只能是极极少数。

在前的载体和抓手,使纪检监察机关进一步回归主业主责,回归党章,工作重心进一步聚焦监督执纪问责,工作方向进一步把纪律和规矩挺在前面,工作目标进一步体现治标和治本,是"三转"深化的方向和目标。从目标上看,"四种形态"以常态、多数、少数、极极少数为引领,抓住了个别和整体、抓早抓小与大案要案等关键,从破纪到破法、未病到重病,描画了量变到质变的发展轨迹,一一提出了诊疗处方,分层治理、层层拦截,把纪律与法律之间的宽阔地带充实填满,呈现点面结合、纲举目张合围之势,防止党员干部从"好干部"沦为"阶下囚",释放了言出纪随、一寸不让、越往后执纪越严的鲜明信号。

2. "四种形态"的提出,源于对协调推进"四个全面"战略布局的要求

"四个全面"战略布局,是治国理政的总方略。"四种形态"是全面从严治党的具体措施和重要抓手,也是加强党的领导的利器,为以纪律管党治党提供了遵循、划定了标尺,实现了抓住关键少数、管住大多数,顺应了全面从严治党内容无死角、主体全覆盖、劲头不松懈的趋势和要求,是全面从严治党的抓手和操作指南。"四种形态"为全面深化改革提供了保障。"四种形态"着力抓早抓小、动辄得咎,既有惩治又有预防,既强调治标更强调治本,着力正歪树、治病树、拔烂树、护森林,促进政治生态"山清水秀",扫清市场的障碍,打破体制的樊篱。"四种形态"为全面同步小康保驾护航。"四种形态"挺纪在前,把纪律权威延伸到最基层、覆盖到全体党员,通过发挥党委、纪委、组织等部门的综合作用,严肃惩处和预防发生在群众身边的不正之风和腐败问题,通过对政治纪律的检查,确保党委政府扶贫政策开花结果。"四种形态"为全面依法治国提供了条件。严格执法、公正司法是全面依法治国的重要内容。通过"四种形态"抓早抓小、辄究动则,找到了依法治国与依规治党良性互动

的"黄金分割线",能够有效预防和惩治执法腐败、司法腐败,既能促进立法者坚守公平正义,不为特定利益群体所左右,又能让司法执法者公正执法,彰显纪律和法律权威。

3. "四种形态"的提出,源于对无产阶级政党建设的规律把握

一是,"四种形态"是管党治党经验的继承和深化,体现了党中央、中央纪委对当前党的建设所面临的新情况和解决实际问题的深刻把握,与中国共产党在长期发展实践过程中诞生的系列经验一脉相承。"四种形态"是马克思主义中国化的具体体现。第一种形态解决的是"整体"与"部分"的问题;第二、第三种形态解决的是"少数"与"多数"、"个别"与"一般"的问题;第四种形态解决的是"量变"与"质变"的问题,体现了马克思主义唯物辩证法,丰富和发展了马克思主义党建理论。二是,"四种形态"与思想治党的优良传统一脉相承。"四种形态"延续和继承了"延安整风"、党的群众路线专题教育活动、"三严三实"专题教育活动的精华,无论是哪一种形态,无论谈话函询哪一种方式,都贯穿了党的理想信念和对党忠诚的思维,强调根治思想灵魂深处的痼疾,从治标向治本转变,从不敢向不想转变。三是,"四种形态"与制度治党的优良传统一脉相承。实践"四种形态",始终有一个根,那就是党章党规党纪。"四种形态"是落实和维护党章党规党纪的具体抓手,是依规治党的实践成果,来源于党章并以党章为遵循,是制度治党的生动实践。四是,"四种形态"与中国共产党一贯主张的"惩前毖后、治病救人"方针一脉相承,摒弃了要么是"好同志",要么是"阶下囚"非此即彼的二元思维定式,科学区分了党员干部违纪犯错的不同情形和程度,既不纵容小节,也不放过大错;既不养痈成患,也不一棍子打死,是对症下药、治病救人的四剂良方。

4. "四种形态"的提出,源于厚植党的执政基础的现实需要

中国共产党是一个拥有8800多万党员、436万个基层党组织的大党,在庞大的党员队伍中,主流是好的、优秀的,但不排除有极少数堕落分子、腐化分子,极个别苍蝇坏了一锅粥。党的十八大以来,以习近平同志为核心的党中央,以强烈的历史责任感、深沉的使命忧患感、顽强的意志品质,从"四风"破题,向反腐亮剑,开创了风清气正的政治生态新局面。但有的地方和部门执纪仍然失之于宽、失之于软、失之于松,"四风"问题虽然被明令禁止,但仍然花样翻新、变异、回潮,全面从严治党向基层延伸还需进一步深化,"小蝇巨贪"问题仍然突出,虚报冒领、雁过拔毛仍然屡禁不止,少数领导干部不收手、不收敛,在工程建设、土地出让、资源开发等方面大搞权钱交易、利益输送,严重违背党的纪律,严重挥霍了群众对党的信任,严重啃食了党的执政根基。基础不牢、地动山摇。"四种形态"的提出,旨在推进全面和从严并举、惩治与预防并行、治标向治本迈进,与时俱进创新思想观念、体制机制、管理监督和方式方法,强调打早打小、有贪必反、有腐必肃,清除毒瘤,真正实现不敢腐、不能腐、不想腐,维护党的肌体健康,实现海晏清平,厚植党的执政基础。

二 贵州实践"四种形态"的独特路径

落实"四种形态"需要具体的实现途径。2015年7月以来,贵州省以明确政策界限为切入点,以精准约谈为重要抓手,努力将监督执纪"四种形态"不断引向深入。

(一)明确"四种形态"的政策界限

针对实践中"自由裁量权"不好把握的问题,明确了"四种形态"的政策界限。

1. 把握时间节点

注重区分十八大后、中央八项规定出台后、群众路线教育实践活

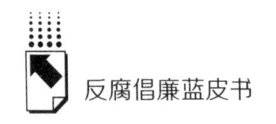

动后、"三严三实"专题教育后等时间节点,坚持越往后执纪越严,处理越重。对十八大后依然不收手、不收敛,肆意违反党纪国法的,一律严肃处理。如,黔东南州政协原副主席古某,在2008~2012年担任丹寨县委书记期间,利用职务之便,为个体商人承揽政府投资工程建设项目提供帮助,收受贿赂55万元人民币、5000英镑。鉴于古某违纪事实发生在十八大前,且在组织未掌握其证据线索的情况下主动到省纪委"投案",2015年4月古某被给予开除党籍、行政撤职处分,取消其副厅级待遇,降为科员。如,省农委原党组成员、副主任黄某利用职务便利,违规批准征占基本草原为他人谋取利益,收受财物共计105万元,且十八大后仍收受85万元,是十八大后不收手不收敛的典型,应从严予以查处。黄某于2016年8月开除党籍,移送司法机关处理。

2. 把握问题性质

注重区分是违纪问题还是违法问题、涉案金额大小、是贪污贿赂还是收受红包礼金、是主动索要还是被动"围猎",以及造成的后果和社会影响等。问题严重、性质恶劣的,要从严从重处理。如,思南县大坝镇人社中心负责人李某,利用经办农村养老保险卡发放之便,非法窃取了3位80多岁残疾孤寡老人1200元养老金,在当地造成十分恶劣的社会影响,金额虽小,但组织从严从快给予了其重纪律处分。如,清镇市巢凤社区党委副书记邓某,2013年至2015年期间,违规收受他人过节红包、礼品累计8000元。鉴于其问题性质、情节不恶劣,认错态度较好,组织对邓某做出诫勉谈话处理。如,黔西县五里乡化布村村委会主任蔡某,在发放2015年冬春救助时,占用本应发给群众的5包共计150斤救助大米,问题虽小,但性质恶劣,被给予党内严重警告处分。

3. 把握本人态度

注重考量本人对问题的认识和对组织的忠诚度。对于主动说清楚自身存在的违纪问题、主动上交全部违纪所得、主动做出深刻检查的，可以减轻或者免于处分；对于有问题不承认，甚至对抗组织调查的，一旦查实，严肃从重处理。如，六盘水市第二人民医院院长林某，收受他人贿赂、礼金2.8万元，在约谈中积极配合，并做出深刻检讨，鉴于违纪金额较小、态度端正、情节轻微，最后只被予以批评教育处理。如，黔南州政协原主席高某，在多次约谈中对严重违纪问题拒不承认，并对抗组织调查，经省委批准，直接采取"双规"措施。如，黔南州政务服务中心原党组书记、主任周某，自恃当过县纪委书记，反调查"经验丰富"，在组织的2次约谈中态度恶劣，在明确点明其违纪问题情况下仍拒不承认说清存在的问题，于2016年4月被给予开除党籍、公职处分，移送司法机关依法处理。

4. 把握群众口碑

根据群众对当事人的普遍反映和评价，谨慎评估社会对处理结果的认可度。群众反映强烈、社会评价低的，坚决严肃处理。如，贵阳市审计局副局长罗某，2013年6月带领9人赴宁波等地学习考察，期间，考察组经其同意游览了宋城、秦淮河等景点，产生的费用违规用公款报销。2016年5月，在召开党支部大会讨论给予其何种处分时，参会党员认为罗某一向表现很好，不贪图安逸享受，建议尽可能从轻处分。2016年6月，鉴于其群众口碑好，综合考量后，依规依纪减轻处理，给予其党内警告处分。对违纪问题群众反映强烈、本人口碑差的，坚决严肃从重处理。如黔南州荔波县黎明关水族乡农村危房改造办公室负责人何某，借履职向群众索要"辛苦费""好处费"共计2万余元，在群众中造成恶劣影响。2015年11月，何某被给予降低岗位等级处分，并公开通报曝光，该案通报曝光后，群众拍手称快，取得了良好的社会效果。

（二）以精准约谈为重要抓手

落实"四种形态"需要具体途径。具体做法上，贵州省出台了

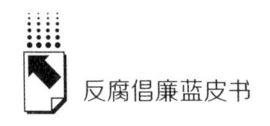

《关于深入落实"两个责任"、推进干部约谈常态化的指导意见》《关于认识落实〈指导意见〉推进干部约谈常态化的通知》，分别针对"四种形态"表现形式将精准约谈分为四类。

1. 预防提醒约谈

主要针对：虽没有发现问题，但为了提高干部抵御腐败侵蚀的能力而开展的约谈。从各级各单位中甄选出需要普遍性提醒的问题涉及的党员干部，新提拔任用和交流任职的党员领导干部，重要部门、关键岗位、廉政风险点较高岗位的党员干部，由上级或本级党委（党组）、纪检监察机构领导班子进行约谈，2016年1~10月共约谈了162917人（次）。

2. 警示询问约谈

主要针对：被反映或者发现有苗头性、倾向性问题的干部，开展以本人主动说清自身问题为目的的约谈。从信访举报、巡视、执纪审查等途径掌握的问题线索中梳理甄选出适合约谈的问题和对象，由各级党委"五人小组"、各单位党组（党委）领导班子成员、各级纪委领导班子成员进行约谈，2016年1~10月共约谈了6571人（次）。

3. 惩戒问责约谈

主要针对：有问题被反映经核实已构成违纪并做出了相应处理的干部，开展以帮助其进一步认识错误，切实吸取教训为目的的约谈。从管党治党的日常表现中，甄选出腐败案件、"四风"问题易发多发的地区、部门、单位党委（党组）书记，以及一年内"零办案、零问责、零纠偏"的纪检监察派出机构负责人，由上级党委"五人小组"领导和纪委班子成员进行约谈，2016年1~10月共约谈了8837人（次）。

4. 问责处分约谈

主要针对：因履职不到位等原因，给予问责处理的党员干部，或者存在违纪问题,给予纪律处分的党员干部,开展以帮助其正确对待处理、深刻反思错误、切实吸取教训为目的的组织约谈。一般采取个别约谈的方式,2016年1~10月共约谈了3915人(次)。

（三）精准运用"四种形态"

贵州省从情形依据、执行主体、对象范围、适用原则四个方面入手,综合把握、精准运用"四种形态"。

1. 精准运用第一种形态

以"三会一课"、"两学一做"、民主生活会、廉政提醒约谈为载体,推进党内政治生活正常化,运用好批评和自我批评这一武器,让"红脸出汗""咬耳扯袖"成为常态,实现抓早抓小。比如,黔南州某县,在开展"两学一做"活动过程中,为加强党员干部理想信念教育,增强党员干部道德修养,创造性地开展了"做人要讲道德、做事要讲积德、做官要讲品德"专题教育活动,通过"三会一课"、民主生活会、党组中心组学习会等举措,严肃党内政治生活,加强党内监督,促进党员干部清白做事、干净做人。

2. 精准运用第二种形态

认真研判和把握"党内轻处分和组织调整属于大多数"在纪律处分、组织处分中的情形,以"警告、严重警告和诫勉、调离岗位"为抓手,本着惩前毖后、治病救人的方针,根据具体情况、具体案例分别给予"警告、严重警告和诫勉、调离岗位"等处置,实现动则辄究,防止小错变大错、小患成大祸。如,六盘水市六枝特区人大常委会原党组成员、副主任王某于2011年、2012年先后购买了1套经济适用房和1套商品房,但在其2013年、2014年、2015年个人事项报告中,均只申报了1套经济适用房,未如实报告购买商品房的情况,违背了如实报告个人有关事项的规定,被给予党内警告处分。如,2013年,因工作需要,安顺市镇宁县革利乡需配备安全生产监

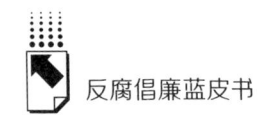

督管理站站长，乡党委副书记张某向乡党委原书记卢某某口头推荐了本乡干部伍某某拟任该职务，得到卢某某口头同意之后，未经提请革利乡党委会议研究，私自编造出伍某某拟任革利乡安全生产监督管理站站长职务的相关材料并签字，于2014年3月呈报镇宁县委组织部，经县委组织部批准，任命伍某某为革利乡安全生产监督管理站站长，违反了干部选拔任用规定，被给予党内严重警告处分。

3. 精准运用第三种形态

根据党的纪律处分和组织处分轻重程度，认真把握"重处分、做出重大职务调整"的范畴，以撤销党内职务、留党察看以及引咎辞职、责令辞职、免职、降职为抓手，着眼于"治病树"，言出纪随、一寸不让，严肃处置"违纪不违法"现象。比如，遵义市绥阳县蒲场镇原党委书记廖某，在蒲场镇任职的5年时间，热衷于搞花架子、玩虚功，刻意追求"显绩"，在没有深入调查论证和广泛听取群众意见的情况下，斥资在新街两边人行道上铺设彩砖，强行在道路两旁的群众房屋外墙上涂漆，群众普遍反映劳民伤财、中看不中用。工程结束后，廖明强从中收取好处费4.8万元。2013年7月，廖某被给予留党察看两年处分，从正科级降为科员。

4. 精准运用第四种形态

着眼于拔"烂树"，对极少数严重违纪且涉嫌违法的党员干部，坚持零容忍、无禁区、全覆盖，从严从重查处，彰显党纪国法的权威。比如，贵州省供销合作社原副主任沙某，在罗甸县主政期间，违规收受礼金共计人民币119万元；利用职务便利，在工程承包、人事安排等方面为他人谋取利益，收受贿赂共计人民币240.5万元、美元5.5万元。2014年5月，其被开除党籍和公职，判处有期徒刑11年。又如，毕节市七星关区政协原副主席宋某，在任德溪新区管委会主任和德溪建设开发投资有限公司董事长期间，"巧用"招投标程序，通过建"亲友圈"插手工程建设，让其兄弟、亲友以工程合作之名变相收钱，参与亲友共同收受、索取贿赂人民币975万元。2014年，其被开除党籍和公职，判处有期徒刑14年。

（四）科学转化"四种形态"

按照新修订的《中国共产党纪律处分条例》第四条的规定（党要管党、从严治党，党的纪律面前一律平等，实事求是，民主集中制，惩前毖后、治病救人的原则）以及中央纪委有关精神，贵州省把握"四种形态"的转化界限，可一可二时，以第一种形态为主，可二可三时以第二种形态为主，可三可四时以第三种形态为主。同时，对在纪律整饬阶段不收手、不收敛的，秉承从严从重的精神，可一可二的，必须按二办，从政治上进行把握和运用，以实现政治、社会和法纪效果的最优化。如，贵阳市观山湖区朱昌镇拆迁办主任兼贵阳市百花城乡开发有限公司经理袁某在党的十八大后仍无视"中央六条禁令"，午餐时间与人在餐馆包房内打麻将，单注达50元，每人输赢均在2000元左右，在群众中造成了恶劣影响，组织在第一种形态与第二种形态之间使用了第二种形态，给予其党内警告处分。如，黔东南州台江县县委书记戚某，约谈中主动交代了自己的问题，在现场如释重负、泪流满面，诚挚地说："感谢组织在我最关键的时候给我'猛击一掌'，让我迷途知返，放下了多年背负的沉重包袱，今后一定加倍努力干事业，更加忠诚于党。"鉴于其认错态度好，组织在第四种形态与第三种形态之间使用了第三种形态，给予其撤职降级处分。

三 实践"四种形态"的成效与启示

（一）贵州落实监督执纪"四种形态"的基本成效

2016年1～10月，贵州省在实践"四种形态"中，共约谈党员

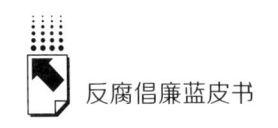

干部182240人（次），其中厅级干部561人（次），占0.31%；县处级干部13704人（次），占7.52%；乡科级及以下干部167975人（次），占92.17%。约谈后给予党纪政纪处分1977人（其中轻处分1644人），移送司法机关65人。

1. 压实了"两个责任"

围绕落实"两个责任"对19121名党员干部进行了专项约谈，其中，主体责任15987人，监督责任3134人，进一步强化了各级领导干部管党治党的责任，有力地促进了"两个责任"的落实，形成了全面从严治党的合力。

2. 减少存量、遏制增量

2015年7月以来，一批问题线索存量得到了有效处置，化解腐败存量1700多件，形成了有效震慑，挽救了一批党员干部。

3. 让干部放下了包袱、增强了干事创新的激情

2016年1~10月，共有4024人（次）主动向组织交代了问题，放下了多年背负的沉重包袱，表示今后一定加倍努力干事业，更加忠诚于党。

4. 推动全面从严治党向基层延伸

精准约谈还使乡镇纪委有了工作抓手，建立乡镇教育谈话室2463个，改变了乡镇无法办案、零办案的状况。2016年上半年，全省乡镇案件达2789件，同比提高239%。

5. 发挥了综合施治的作用

精准约谈使党员干部受到经常性提醒教育，对反映失实的予以澄清了结。不仅直接把纪律挺在了前面，还充分发挥了监督执纪"四种形态"的综合施治作用。

（二）实践"四种形态"的几点启示

1. 必须进一步把握好"纪"与"法"的关系

法律是治国之本，是全体公民的底线，党员干部任何时候都要在

法律之下行使权力。纪律是管党治党的标尺，是一个政党赖以发展壮大的关键。我们党是肩负着神圣使命的政治组织，是工人阶级的先锋队，是我国社会主义事业的坚强领导核心，代表先进生产力的发展要求和先进文化的前进方向，理所当然应接受比普通人更严格的约束，不仅要遵守法律，更要遵守党纪。落实"四种形态"是治党管党的利器，必须克服惯性思维，坚持纪严于法、纪在法前、纪法分开，重点从盯违法向盯违纪转变，在破纪之初就给予当头棒喝，斩断从破纪到破法的通道，防止"好人"沦为"阶下囚"。同时，纪委不是党内的"公检法"，不能用执纪审查代替司法调查，执纪监督必须以党章和纪律为标准，保证党章党规党纪的权威性和严肃性。

2. 必须进一步把握好"顶层设计"与"基层探索"的关系

"四种形态"是全面从严治党实践发展的产物，是实践向理论发展的结晶，一旦实践不好，将形同虚设。在当前全省实践"四种形态"的过程中，基层普遍反映"四种形态"之间界限把握不清、宽严尺度难以衡量，"四种形态"边界难以界定，对社会影响大小的认定、量刑、尺度难以把握。"四种形态"作为一种定性理念而非定量尺度，具有较大幅度的自由裁量权，在实践时，应当把握好顶层设计与基层探索的关系。既要注重顶层设计，突出问题导向，提出指导面上的实施方案，规范面上的实践；又要鼓励基层结合实际、探索创新，尊重基层首创精神，实现点上的示范，以点带面，形成上下联动、左右协调的工作格局。

3. 必须进一步把握好"主体责任"与"监督责任"的关系

"四种形态"中的第一种形态，强调的是党内关系正常化，首要的是党组织的责任；第二、第三种形态，组织处理和重大职务调整，强调组织人事功能，首要的是党委"五人领导小组"及党委常委会、党组办公会及组织部门的职责。实践"四种形态"，必须从落实"两个责任"破题，做到同步推进、相互借力、互为犄角，党委必须抓党建、抓党风，把党建作为第一政绩，主要负责同志要切实担负起第一责任人的责任，其他同志要履行好一岗双责，做到守土有责、守土有效、守土有成；纪委作为党内专司纪律的监督机构，要聚焦"六大纪律"，把监督触角延伸到前端，敢于瞪眼黑脸、勇于执纪肃纪，维护党章党规党纪权威。

4. 必须进一步把握第一种形态与其他三种形态的关系

实践证明，落实"四种形态"，用好第一种形态是关键。第一种形态是后三种形态的基础，只有从严肃和规范党内政治生活做起，让咬耳扯袖、红脸出汗成为党内监督常态，才能防止党员积小错变大错，由破纪而破法。强调用好第一种形态绝不意味着放松后三种形态，后三种形态是第一种形态的保障，不放松后三种形态尤其是第四种形态，坚决查处严重违纪涉嫌违法的党员，有利于彰显党纪国法的严肃性，强化震慑、不敢腐的氛围，为治本赢得时间。同时，第一种形态还可以与后三种形态特别是第二种形态相互转化，如在用第一种形态对党员干部进行批评教育、谈话函询的过程中，发现有违纪甚至违法现象的，则势必要向后三种形态转化；对党的十八大、群众路线教育实践活动、"三严三实"专题教育活动以后，不收敛、不收手、不知止的，应转化为下一种形态从严从重加以处理。

5. 必须进一步把握好"从严性"与"政治性"的关系

"四种形态"内容、思想、目标、方式直指全面从严治党，既有越往后执纪越严、一寸不让的从严思想，也有惩前毖后、治病救人的一贯方针，是一项政治性的安排和考量。实践"四种形态"，要坚持从严理念，体现纪先于法、纪严于法，重点整治和认真核查党的十八大后不收手不收敛的，问题严重、群众反映强烈的，以及拟提拔的党员领导干部，防止带病提拔，进一步遏制腐败增量、减少腐败存量；要综合运用"四种形态"，善于从政治上认识和处理问题，落实"政治家"办案，力争取得最优的法纪效果、社会效果和政治效果。

四 实践"四种形态"过程中发现的问题

总体上看,贵州省各级纪检监察机关实践"四种形态"有招有法、有载体、有路径,取得了很好的效果,但仍然存在一些认识上的误区和共性问题。

(一)从认识层面来看,存在"四大偏论"

1."削弱论"

有的党员干部错误地认为,"四种形态"是中央反腐倡廉方向的转变、力度的减弱、尺度的放松,是高压反腐态势的退缩、风向的变化,没有看到"四种形态"彰显的是标本兼治、全面和从严的有机统一、惩治和预防的齐头并进,对全面从严治党的标准不是松了,而是要求更严了、标准更高了。

2."方法论"

有的党员干部片面地认为,"四种形态"仅仅只是反腐倡廉的一种手段、一种方法、一个抓手,没有认识到"四种形态"更多的是一种目标,既要治标又要治本,既要抓住关键少数、又要管住大多数,其根本目的在于推动反腐败压倒性态势的全面形成,重构良好的政治生态。

3."惯性论"

有的党员干部孤立地认为,"四种形态"是纪委一家的事,不关党委的事,受惯性思维影响,对"四种形态"的深刻内涵浅尝辄止、不认真琢磨研究;有的纪检监察干部习惯于原有的工作模式,还没有从大案要案的思维中转变过来,没有认识到大案要案是政绩、抓早抓小也是政绩。

4."机械论"

有的党员干部静止地看问题,只单纯地从字面去理解和把握"四种形态",没有深刻地认识到背后的政治考量,没有从党的十八大以后全国改革开放发展大局的高度,从党的领导、党的建设、全面从严治党、党风廉政建设和反腐败的角度去理解和认识"四种形态",认识失之于浅、失之于偏。

(二)从执行层面来看,存在"三大难题"

1."界定难"

监督执纪"四种形态"中,第一种形态和组织处理很难区分和统计。同时,由于缺乏具体的执纪标准,不好定性哪些是常态,哪些是多数、少数和极极少数,在运用纪律尺子去衡量的过程中,存在执纪标准、尺度不一致,自由裁量权过大等问题。

2."协调难"

"四种形态"的实践中,组织处理,既涉及纪委,更涉及党委和组织部门,特别是在基层,纪委作为党委的组成部门之一,与组织部门平级,纪委书记级别与检察院、法院"两长"职务平级,且互不统属,实践过程中存在协调难等问题。

3."亮剑难"

"四种形态"要求抓早抓小、动辄得究,意味着过去不管和忽略的问题,现在要严管严抓,做到小错及纠、小误及问,在基层"熟人社会"中,纪检干部与其他党员干部抬头不见低头见,隔个圈都是亲戚朋友,怕得罪人、怕丢选票、不善监督、不敢监督、不敢亮剑的问题十分突出。

(三)从责任落实来看,存在"两区问题"

1.主体责任有"盲区"

有的党委(党组)落实监督执纪"四种形态"仅仅停留在文件

层面，嘴上说说、墙上挂挂、抽屉放放，呈现越往政府部门越层层递减、越往基层越层层削弱的态势。认为查处违纪违规问题会打破"良好"的政治生态，会影响地区和部门的考核结果，会影响地区和部门的声誉形象，影响招商引资效果，重业务、轻党风问题尤为突出。

2. 监督责任有"误区"

有的纪检监察干部没有认识到"四种形态"是"三转"的深化和方向，耕了别人的田、荒了自家的地，存在"三转"回潮、反弹迹象。有的纪委（纪检组）围绕"六大纪律"识别和处置违纪行为的能力有待提高，需要职责定位上聚焦再聚焦，进一步解决大包大揽、纪法不分的问题。

五 实践"四种形态"的对策建议

1. 必须把整体把握作为前提，解决认识偏误的问题

一要从历史上把握。惩前毖后、治病救人是我党的一贯方针，毛泽东主席强调我们揭发错误、批判缺点的目的，好像医生治病一样，完全是为了救人，而不是把人整死。把握运用"四种形态"，应有这份历史纵深感。二要从大局上把握。要站在十八大后中国的改革开放、全国经济社会发展大局上来理解，抓住关键词，从"中国梦"、"两个一百年"奋斗目标、全面同步小康、全面从严治党上来把握。三要从政治上把握。"四种形态"是现阶段监督执纪的政治性考虑、安排和举措，并非单纯的监督执纪的方式和方法，要从政治上认识，用政治的标准去衡量党员干部的问题。四要从地区差异上把握。每个地区经济社会发展水平不一，社会文化风俗不一，"四风"、腐败问题的表现形式、严重程度也不一，在运用"四种形态"的过程中，同样的问题、同类的性质、同级别的人处理方式也不一样。如办酒，

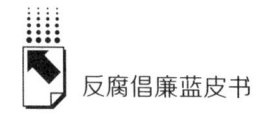

有的是撤职，有的是严重警告。要立足具体个案，以事实为依据，以党纪党规为准绳，综合考虑当地干部群众的"认可度"，不能搞一刀切。

2. 必须把综合运用作为方法，解决执行偏差的问题

"四种形态"是一个有机整体。一要精准运用。要精准运用第一种形态，通过严肃党内政治生活，常态化开展"三会一课"、民主生活会、廉政谈话等，用好用活批评与自我批评，让咬耳扯袖、红脸出汗成为常态，拉起防止党员干部犯错误的第一道防线；要精准运用第二种形态，本着"惩前毖后、治病救人"的方针，用柔性措施正"歪树"，以"警告、严重警告和诫勉、调离岗位"的形式，给机会、给政策、给出路，筑起第二道防线；要精准运用第三种形态，以猛药治疴的决心治"病树"，对我行我素、对抗组织调查的，以撤销党内职务、留党察看以及引咎辞职、责令辞职、免职、降职等为方法，从严处理，筑起第三道防线；要精准运用第四种形态，以壮士断腕的魄力拔"烂树"，防止病毒蔓延和感染整个森林，筑起第四道防线。二要科学转化。"四种形态"相互促进、相互转换、有机统一，各个形态之间没有非此即彼的界限，不是黑白分明的四个条条，而是彩虹，中间都有过渡带。要以新修订的《党纪处分条例》确定的"党要管党、从严治党，党的纪律，实事求是，民主集中制，惩前毖后、治病救人"五大原则，把抓大案要案与抓早抓小统一起来，把执纪执法贯通起来，以严格标准、务实工作和正确导向，妥善处理好各种形态之间的及时转化，可一可二时，以第一种形态为主，可二可三时以第二种形态为主，可三可四时以第三种形态为主，对于党的十八大后不收手、不收敛的，性质恶劣、问题严重、对抗组织的，可一可二的，以第二种形态为主，可二可三的以第三种形态为主，可三可四的以第四种形态为主。三要坚持政治家办案。围绕大局，围绕"森林"，整体上把握运用"四种形态"，最大限度地教育和挽救党员干部，取得良好的政治和社会效果。

3. 必须把"两个责任"作为龙头，解决责任空转问题

要推动各级党委党组及其负责人知责明责守责担责，层层压实全面从严治党主体责任，树立不抓党风是渎职、抓不好党风是失责的理念，履行好抓班子带队伍正党风带政风的职责，做到守土有责、守土有效、守土有成。各级纪检监察机关要认真履行监督执纪问责的职责，以党章为遵循、以纪律为准绳，伸长耳朵、瞪大眼睛，将监督的触角伸向前端，当纪律的忠诚卫士。动员千遍，不如问责一次。要以追责问责为抓手，紧盯不落实的事，追究问责不落实的人，实现问责一个、警醒一批的目的，坚决防止上面九级风浪、下面纹丝不动，越往政府部门越层层递减、越往基层越层层减弱的现象。要加强反腐败协调领导小组单位的沟通合作，发挥纪委的综合优势、法检和审计的专业优势，形成集团作战的良好局面。

4. 必须把精准约谈作为抓手，解决方法不准的问题

把精准约谈常态化作为落实"四种形态"的关键一招。一是精准甄别。将单位领导特别是"一把手"、新提拔任职干部、廉政风险点较高的党员干部、身家与工资明显不一致的干部、群众反映集中但证据不充分或轻微违纪的干部，以及巡视、信访、执纪审查中发现的苗头性、倾向性问题作为约谈的重点，及时函询、约谈、核实。二是精准执行。约谈前，制定科学约谈方案、预案，拉出问题清单，落实一人一套方案、一份谈话提纲、一份问题清单、一份签字背书承诺"四个一"方法。三是精准运用。要把握"四种形态"的政策要义，结合具体个案，以党章为遵循，以党纪处分条例为准绳，依纪依规进行处置。

5. 必须把"七看法"作为标准，解决界定不清的问题

一看性质。比如，贿赂问题要分清是索贿还是受贿；收送礼金问题要分清是逢年过节的礼金，还是跟行使职权有关的礼金，是亲戚朋

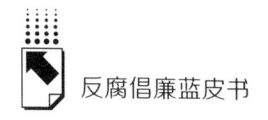

友间的礼金,还是上下级之间的礼金。二看节点。十八大后、中央八项规定出台后、群众路线教育实践活动后以及正在开展的"两学一做"活动,都是时间节点。三看态度。新颁布的《党纪处分条例》,对态度问题有专门章节论述,要以此为蓝本,结合实际确定被处理人的态度。四看后果。看违纪行为在群众中造成的影响是否大,违纪行为是否造成严重后果等。五看一贯表现。看违纪党员干部一贯的工作好不好、敬不敬业、作风良不良。六看群众口碑。看违纪党员干部对群众有没有感情、在群众眼中好不好,群众是爱还是骂。七看地区差异。要看地区经济社会发展水平、社会文化风俗,综合考虑老百姓的"认可度"。

B.6
浙江改革公款存放制度 遏止领导干部"以权揽储"问题

张伟斌 叶怀贯 吴玲娟

摘　要： 浙江省在防止领导干部利益冲突的实践中，针对领导干部"以权揽储"等问题，建立了以招投标为主要方式的公款竞争性存放管理机制，较为有效地遏止了领导干部"以权揽储"问题，提升了公共资金的管理使用效益，为新形势下防止利益冲突、更加科学有效地防治腐败提供了新的思路和手段。

关键词： 公款　竞争性存放　以权揽储　利益冲突

　　党的十七届四中全会第一次明确提出"建立健全防止利益冲突制度"。党的十八大再次提出"防止利益冲突，更加科学有效地防治腐败"。多年来，浙江省适应改革开放和发展社会主义市场经济的形势，在推进党风廉政建设和反腐败工作进程中，积极探索完善防止利益冲突制度。2005年，时任浙江省委书记的习近平同志就对探索防止利益冲突工作、预防和解决腐败问题做出战略思考和决策部署，他在省纪委十六届七次全会上指出，浙江省作为沿海发达省份，各类腐败问题出现的新情况、新动向相对显露得比较早，迫切要求我们进一步加大从根本上预防和解决腐败问题的工作力度，并就解决领导干部兼职取酬、干预经济活动以权谋私等问题多次做出重要指示。浙江省委认真贯彻落实习近平同志的重要指示精神，在

多年相关工作实践的基础上，于2010年底在全国以省委文件形式率先出台了《浙江省党员领导干部防止利益冲突暂行办法》，明确了防止利益冲突的原则、措施、程序和利益申报、回避、处置等机制，着力从体制机制上防范市场经济条件下党员干部与民争利、以权谋私等问题。

党的十八大以来，浙江省认真落实中央、中央纪委的新部署、新要求，针对工作中发现的一些领导干部利用职权和职务上的影响把公款揽储到亲属所在银行等利益冲突新问题，立足抓早抓小、坚持关口前移，按照"把权力关进制度的笼子"的思路，研究制定了《关于防止领导干部在公款存放方面发生利益冲突和利益输送的办法》，建立了以招投标为主要方式的公款竞争性存放管理机制，既有效遏止了领导干部"以权揽储"问题，促进了党员干部的廉洁从政，实现了公共资金的规范管理、保值增值，同时，也为新形势下防止利益冲突工作提供了新思路、新手段。

一 动因背景与实践基础

（一）规范公款存放管理的动因与背景

作为市场经济先发、民营经济发达的省份，浙江省始终高度重视解决党风廉政建设中出现的苗头性、倾向性问题。近年来，随着经济社会的发展，领导干部的从政环境更加复杂，利益冲突和利益输送出现新的表现形式。浙江省在近年的纪律审查、巡视工作以及干部提拔中发现，一些领导干部将亲属安排到银行工作，把大量公款存放到其亲属所在的银行，其亲属因此获得高额奖金、提成或职务晋升。这种利益冲突和利益输送，隐蔽性强，危害大，既严重影响了干部的廉政形象，容易引发腐败，又造成了公共利益的损失，并导致银行间的非正常竞争。因此，规范公款存放管理，防止领导干部利用公款存放进行利益输送，成为加强党风廉政建设，防止利益冲突的现实需要。

（二）公款竞争性存放的实践基础

对于如何规范公款存放管理，防止利益冲突，浙江省较早地开展了探索和实践。2010年，金华市下发《金华市本级财政性资金存放管理实施办法（试行）》，以社会贡献度、服务水平、安全性为评价标准，进行综合评分确定财政资金开户银行和存放银行。同时，放开农村集体经济组织在商业银行存款开户，任何单位或个人不得要求农村集体组织到指定的金融机构开户存放资金，确保市场的公平竞争。2013年，省本级开始对财政资金试行竞争性存放，当年8月，省财政招标30亿元3年期定期存款，平均年综合收益率达5.275%。2014年招标30亿元3年期定期存款，平均年综合收益率6.701%。在试点基础上，2014年7月，省政府办公厅下发《浙江省省级财政资金竞争性存放管理暂行办法》，提出省级财政资金以商业银行定期存款为主要操作方式，采用招投标方式实行竞争性存放，招标标的为资金收益率，招标方式为多重价格招标。2014年下半年，省民政厅针对省福利彩票中心间歇资金量大，存在利益冲突和利益输送风险的问题，对间歇资金实行公开招标、竞争性存放，首期3亿元资金获得慈善捐款496.9万元。这一做法得到中央领导的批示肯定。各地各部门的这些探索和实践，为浙江省规范公款存放管理工作提供了良好的实践基础。

二 基本思路与制度架构

（一）基本思路

对领导干部"以权揽储"这一利益冲突新情况、新问题，浙江省委、省纪委高度重视。2015年1月，在深入调研、多方征求意见的基础上，浙江省以省两办文件形式下发了《关于防止领导干部在公款存放方面发生利益冲突和利益输送的办法》（以下简称《办法》）。出台该《办法》的基本思路是：一是坚持问题导向。针对领导干部"以权揽储"这一问题，立行立改，出台专项性制度，解决具体问题。二是立足抓早抓小。按照"把权力关进制度的笼子"的要求，把防止利益冲突的理念、做法、要求贯穿于具体制度之中，既建立行为规范，又建立利益回避及监督惩处机制。三是充分运用市场化的手段。顺应全面深化改革的要求，用市场经济的思路和手段解决市场经济条件下出现的利益冲突问题，把公开招投标作为公款竞争性存放的方式，以市场的充分竞争从根本上解决利益输送问题。

（二）制度架构

《办法》下发后，浙江省各地各部门按照单位管理权限及资金性质分级分类建立健全相关配套制度，完善操作规程，初步建立了以《办法》为主，其他操作性制度为辅，纵向覆盖省市县乡四级，横向涵盖财政资金、行政事业单位资金、国有企业资金各类公款的符合浙江实际、要求具体、切实可行的公款竞争性存放管理制度体系（见图1）。这个制度体系，一方面构成了防止利用公款存放进行利益输

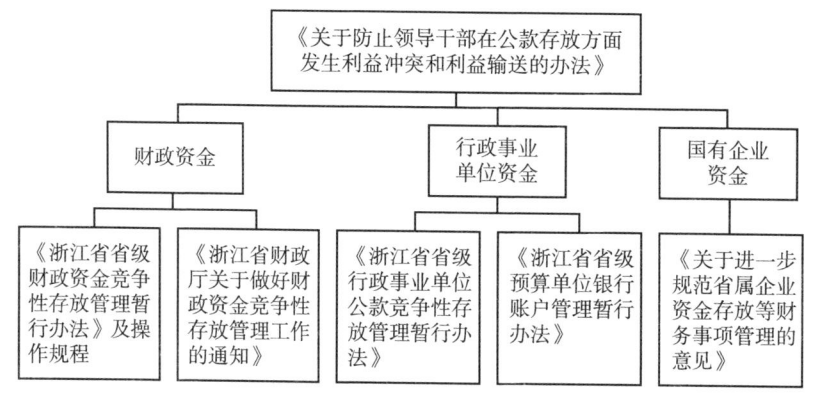

图1 公款竞争性存放管理制度

送的"铜墙铁壁",将权力关进制度的"笼子";另一方面,为各级各单位实施公款竞争性存放提供了具体可操作实施的依据,建立了一个较为完善的公款存放管理机制。这个制度体系主要包括以下内容。

1. 明确公款存放管理的原则

一是基于集体决策的原则。各单位必须把公款存放纳入"三重一大"集体决策事项,由领导班子集体研究决定,把公款存放情况纳入单位廉政风险防控机制建设的重要内容,必须在本单位范围内予以公示。二是竞争性存放原则。各单位公款存放必须严格依照法律法规和省政府及有关部门的相关规定执行,采取招投标方式(见图2),实行竞争性存放。在《办法》实施之前没有以公开招标方式存放的公款,也应按要求实行竞争性存放。如果因特殊情况未能实行公款的竞争性存放,有关单位必须向本级人民政府书面报告,经批准后方可实施。

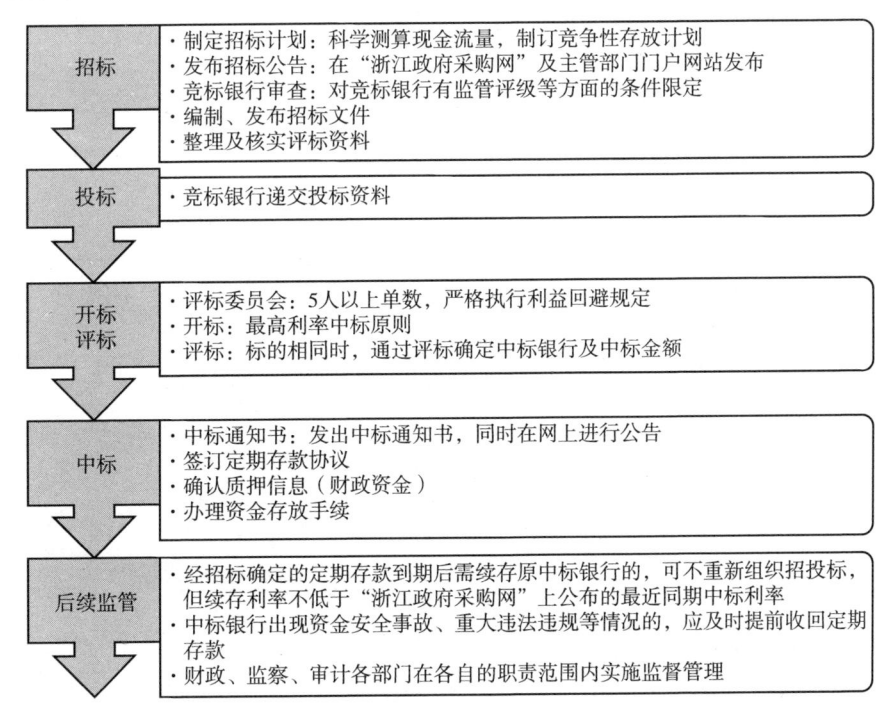

```
┌──────┐  · 制定招标计划:科学测算现金流量,制订竞争性存放计划
│ 招标 │  · 发布招标公告:在"浙江政府采购网"及主管部门门户网站发布
│      │  · 竞标银行审查:对竞标银行有监管评级等方面的条件限定
└──────┘  · 编制、发布招标文件
           · 整理及核实评标资料
              ↓
┌──────┐  · 竞标银行递交投标资料
│ 投标 │
└──────┘
              ↓
┌──────┐  · 评标委员会:5人以上单数,严格执行利益回避规定
│ 开标 │  · 开标:最高利率中标原则
│ 评标 │  · 评标:标的相同时,通过评标确定中标银行及中标金额
└──────┘
              ↓
┌──────┐  · 中标通知书:发出中标通知书,同时在网上进行公告
│ 中标 │  · 签订定期存款协议
│      │  · 确认质押信息(财政资金)
└──────┘  · 办理资金存放手续
              ↓
┌──────┐  · 经招标确定的定期存款到期后需续存原中标银行的,可不重新组织招投标,
│后续监管│    但续存利率不低于"浙江政府采购网"上公布的最近同期中标利率
│      │  · 中标银行出现资金安全事故、重大违法违规等情况的,应及时提前收回定期
│      │    存款
└──────┘  · 财政、监察、审计各部门在各自的职责范围内实施监督管理
```

图 2　招投标流程

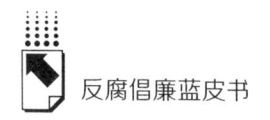

2. 规范领导干部在公款存放管理中的行为

一方面，明确领导干部在公款存放管理方面的禁止性行为。比如，《办法》规定，领导干部不得以指定、授意、暗示等方式干预公款存放集体决策和招投标工作，也不得利用职权和职务上的影响力帮助其配偶、子女及其配偶、其他特定关系人等承揽存款；领导干部之间不得利用职权相互为对方配偶、子女及其配偶以及其他特定关系人承揽存款提供便利。另一方面，规定领导干部必须把配偶、子女及其配偶以及其他特定关系人在金融机构从业和任职情况、本人所在单位和直接分管单位在该金融机构的公款存放情况等信息，作为个人有关事项报告的重要内容，并在本单位党委（党组）民主生活会、述职述廉中做出专门说明。

3. 建立公款竞争性存放管理具体操作规程

根据单位性质和资金属性，对财政资金、行政事业单位资金（见表1）及国有企业资金（见表2）竞争性存放管理分别做出规范，完善操作流程。

表1　财政资金及行政事业单位资金竞争性存放管理制度

财政资金	存放范围：暂时闲置的财政资金，在留足支付需要的前提下，原则上应全部实行竞争性存放
	存放方法：主要方法为招投标。招标操作工具为商业银行定期存款
	招标标的：定期存款年利率。若出现标的相同的情况，可以通过评标确定中标银行。评标指标原则上分为社会责任贡献、经济发展贡献等
	组织实施：由各级财政部门会同人民银行组织实施
行政事业单位资金	存放范围：各类财政资金、上级补助资金、自有资金和代管资金
	存放方法：通过招投标方式选择确定公款存放银行。招标项目仅限于银行定期存款
	招标标的：定期存款年利率，按高利率中标原则确定招标结果。若出现标的相同的情况，通过对各竞争银行经营状况和服务水平等指标评分确定

续表

行政事业单位资金	组织实施:由各级主管部门统一组织实施或统一委托具有资质的社会中介机构实施招标,主管部门统一招标,下属单位依据招标结果办理资金存放
	可以不采取招投标的情形: 1. 闲置资金量小于500万元的; 2. 资金闲置时间少于3个月的; 3. 开户银行经招投标确定,且定期存放的存款利率不低于省级行政事业单位在"浙江政府采购网"上公布的最近同期中标利率的; 4. 法律法规规章和国家有关文件另有明确规定的; 5. 经省政府批准可以不实行招投标的其他情形。 不采取招投标方式存放的资金,应存放于原开户银行,不得跨行转存

表2 国有企业资金竞争性存放管理制度

国有企业资金	财务管理原则:公开竞争、"三重一大"集体决策和利益相关人回避
	财务管理范围:各类金融账户开设、资金存放、理财和票据管理等
	财务管理方式:通过设立财务公司、资金池、票据地、结算中心等方式,建设集团统一的财务运作平台,对各级成员企业实施统一的金融账户、资金存放、理财和票据业务管理
	资金存放方式:通过公开竞标等方式,遴选与企业自身实际相契合的战略合作金融机构。同类战略合作金融机构原则上不超过3家。除上市公司外,省属企业集团总部所选择的战略合作金融机构,应当是各级成员企业在各类财务运作事项上的主办金融机构。一般以3年左右为期,对战略合作金融机构进行公开、竞争性轮换

4. 建立利益回避和监督惩处机制

领导干部的配偶、子女及其配偶以及其他特定关系人所在的金融机构,在参加该领导干部所在单位公款存放招投标,或者作为集体决策的备选金融机构时,领导干部应主动报告并实行公务回避。相应地,其配偶、子女及其配偶以及其他特定关系人也应主动提出回避,不得参与招投标相关活动。同时,《办法》还对违反上述规定的有关

单位及领导干部分别提出了相应的处理措施,除责令纠正违规行为外,还要根据情节轻重追究单位主要负责人和其他直接责任人员的责任。

三 主要做法与取得的成效

(一)主要做法

1.坚持立行立改,组织开展公款存放管理专项检查和整治活动

由省纪委牵头,组织开展"领导干部利益冲突和利益输送问题"专项整治工作。2014年12月,省纪委召开省市县三级纪检监察机关电视电话会议,省委常委、省纪委书记任泽民对开展专项整治工作,着力解决领导干部亲属利用公款存放牟利问题做出具体部署。各地各部门按照省委和省纪委的统一部署,组织开展了公款存放情况的全面自查工作,摸清底数,落实整改。2016年7月,省纪委、省财政厅、省国资委下发《关于进一步推进公款竞争性存放管理 切实解决领导干部"以权揽储"问题的通知》,对全省各级各部门推进公款竞争性存放管理工作情况进行再摸底再督促,确保省委、省政府有关要求落到实处。

2.严格制度执行,规范有序推进公款竞争性存放管理工作

各级各部门认真落实省委、省政府要求,结合实际,出台实施细则,积极有序地推进公款竞争性存放管理工作。比如,杭州市明确规定,"年日均存款余额超过100万元人民币的基本存款账户、专用存款账户和非借贷款用途的一般存款账户,定期存款总金额超过100万元人民币并存放在开户行以外商业银行的定期存款,都需要进行招标。"①

---

① 参见2015年8月10日起施行的《杭州市市级行政事业单位公款竞争性存放管理暂行办法》。

"截至 5 月底，杭州市全面完成市级行政事业单位公款竞争性存放工作，145 家单位共 230 个账户完成招标工作，涉及资金 333.49 亿元，单位招标完成率达 100%。"① 舟山市为提高竞争性存放的执行效率和透明度，开发"网上公款竞争性存放招投标系统"，行政事业单位的公款存放工作由财政部门统一组织，采用网上公开挂牌招标的方式实施。

3. 强化监督问责，严肃查纠领导干部利用公款存放谋利问题

坚持以查促管、以查促防，严肃查纠领导干部利用公款存放为在金融机构从业的亲属谋取利益等利益冲突问题，着力增强制度的严肃性、执行力。各地各部门切实落实主体责任，加强监督检查。如有的地方和部门开展了领导干部配偶、子女在金融机构从业、任职情况的登记摸底工作，对摸底情况逐个进行甄别分析，对有配偶、子女在金融机构从业的干部，该交流的交流，该回避的回避，防止发生利益冲突和利益输送。各级纪检监察机关认真履职，把防止利益冲突制度执行情况、问题解决情况作为党风廉政建设责任制检查和巡视工作的重要内容。同时，切实加大问责力度，对领导干部干预公款存放集体决策和招投标工作，以及利用职权和职务上的影响为配偶、子女及其配偶以及其他特定关系人承揽存款提供便利等行为，坚决予以查处。

（二）初步成效

1. 较好地解决了领导干部利用公款存放谋利问题，遏止了"以权揽储"现象

公款竞争性存放管理制度体系的建立，使公款存放规范化、透明化，有效遏止了领导干部"以权揽储"问题，避免了利益冲突和利

---

① 《有效防止利用职务之便谋利　杭州完成市级行政事业单位公款竞争性存放》，浙江省纪委监察厅网站，http://www.zjsjw.gov.cn/ch112/system/2016/06/14/020507515.shtml，2016 年 7 月 20 日。

益输送。这项工作开展了近两年，在信访及巡视工作中，群众对领导干部利用公款存放谋利问题的反映明显减少。一些领导干部反映，现在再也没有银行整天来人揽储了。一些事业单位和财务部门的负责人反映，现在也没有领导干部来打招呼指定公款存放银行了，感觉压力减轻了许多。一位银行工作人员说，以前每天跑公家单位，找领导，找财务部门负责人，想尽办法托关系拉存款，现在是把单位电脑主页设成了"浙江政府采购网"，每天上班第一件事就是打开电脑查看有没有存款的招标公告。

2. 进一步强化了各级领导干部防止利益冲突的意识，防范了廉政风险

公款存放领域，之前由于监管薄弱、制度缺失，领域出现了巨大的利益空间，一些领导干部亲属纷纷到金融部门工作，以存揽公款获取高额回报。很多领导干部对此也不以为然，认为公家的钱存哪家银行都是一样，亲属获得的高额回报是银行按行业规则给的，不存在违纪违法问题。浙江省通过开展公款竞争性存放管理工作，澄清了一些领导干部原先的模糊认识，形成了资金存放的规范管理意识和集体决策、公开招投标机制，有效防范了这一领域的廉政风险。许多领导干部反映，这项工作的开展，既预防了腐败，也保护了干部。2015年以来，各级领导干部在公款存放集体决策和招投标工作中执行了回避制度，还有一些领导干部的配偶、子女主动从金融机构辞去了职务。

3. 初步建立了公开透明的公款存放竞争择优机制，规范了公款存放市场

浙江省以规范公款存放管理工作为契机，进一步健全完善了单位银行账户管理、资金存放管理等制度，建立了"公开、公平、公正、竞争、效益"的公款存放银行选择竞争择优机制，充分发挥市场在公共资金存放管理中的决定作用，有效解决了原先公共资金管理中存在的资金存储随意性大、多头开户、重复开户等问题。同时，竞争性存放对竞标银行的资格和资质有严格的规定,招标单位也会对银行资金安全、服务质量、支持当地经济社会发展等提出具体要求。这些制度安排,有利于促进银行加强内控,提升服务水平,防范业务风险,建立规范有序的公款存放市场,促进银行间的良性竞争。

4. 切实提高了公共资金的管理使用效益,实现了资金的保值增值

一边是建设发展需要大量资金,另一边是单位闲置资金趴窝"睡大觉"。这是目前各地政府性资金遭遇的"通病"。浙江的公款竞争性存放坚持"安全性、流动性、收益性相统一"的原则,要求各单位在满足日常支付流动性需求的前提下,对资金实行竞争性存放,这样有利于盘活原先分散、"沉睡"在各个银行账户里的存量资金,改变资金使用"碎片化"现象,充分发挥资金的规模效应。同时,竞争性存放通过"价高者得"、社会捐赠、综合评标等机制,获得银行的增值服务,提高资金存放的经济效益和社会效益。仅从2015年全省各市县财政部门组织的财政资金竞争性存放来看,1028亿元的资金规模,净增收益约19亿元。

分项报告

Topical Reports

B.7
黄海勇引渡案中的国际人权法问题
——美洲人权法院引渡第一案评析

柳华文*

摘　要： 　人权问题常成为国际追逃过程中遣返、引渡工作的障碍。美洲人权法院审理的中国公民黄海勇诉秘鲁案典型地反映了中国境外追逃工作面临的挑战和问题。在此案的审理过程中，中国专家证人通过提供书面证词和出庭作证，协助秘鲁政府应诉，成功反驳了原告方的相关主张。2015年6月，法院判决由于不存在死刑和酷刑风险，秘鲁政府可以将黄海勇引渡回中国。这是美洲人权法院关于引渡框架下国家保障人权义务的

---

* 柳华文，中国社会科学院国际法研究所所长助理、研究员，中国社会科学院人权研究中心执行主任。

首个案例，对于接受法院管辖的国家有直接的法律效力，对欧洲人权法院等区域性人权司法机构和其他国家和地区也具有一种启示作用。作为既有案例，美洲人权法院在此案中总结和运用的法理在国际法和国内法上都具有重要的影响和启示。

关键词： 反腐　引渡　美洲人权法院　黄海勇

　　国际合作追逃追赃已是中国反腐败工作的重要组成部分。随着经济全球化的发展以及交通和通信的日益便利，反腐办案中追逃追赃的任务越来越突出。在2014年1月召开的中共中央纪委第三次全会上，习近平总书记的重要讲话吹响了境外追逃腐败分子的号角。他指出："不能让国外成为一些腐败分子的'避罪天堂'，腐败分子即使逃到天涯海角，也要把他们追回来绳之以法，5年、10年、20年都要追，要切断腐败分子的后路。"① 2014年10月，中共十八届四中全会通过的《决定》也提出："加强反腐败国际合作，加大海外追赃追逃、遣返引渡力度。"②

　　近年来，人权问题常常成为中国对外追逃遣返引渡的障碍。③ 中国福建公民黄海勇是经济犯罪嫌疑人，不是腐败犯罪分子，但是引渡过程中他所涉及的国内和国际诉讼过程典型地反映了中国对外追逃工作，包括反腐败境外追逃工作面临的挑战和问题。在2014年9月举

---

① 引自人民网：http://cpc.people.com.cn/xuexi/n/2015/1010/c385474-27680631.html，最后访问时间：2016年11月27日。
② 引自中国社会科学网：http://www.cssn.cn/fx/fx_ttxw/201410/t20141030_1381703.shtml，最后访问时间：2016年11月27日。
③ 张毅：《引渡中的法律障碍透析》，《中国司法》2005年第4期，第80页。

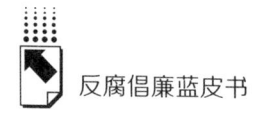

行的美洲人权法院的庭审过程中，中国专家首次在国际人权法庭出庭，协助秘鲁政府应诉，并且成功反驳了原告的相关主张。2015年6月，法院判决由于不存在死刑和酷刑风险可以将其引渡回中国。①

黄海勇在秘鲁国内和美洲国家组织的法律框架下，反反复复，不断起诉、申诉，用尽了一切可用的法律审查和救济手段，历时8年，最终于2016年7月17日被引渡回中国。整个过程中，发挥关键作用的就是美洲人权法院2015年6月做出的这份判决。

实际上，国际司法机构审理引渡中人权问题的历史并不长。1989年欧洲人权法院审理的索艾林案（Soering v. the United Kingdom）是这一国际实践的起源。② 根据美洲人权法院的官方年报，黄海勇诉秘鲁案是美洲人权法院关于引渡框架下国家义务的首个案例，③ 该案及其判决对于该法院和美洲国家组织成员国以及欧洲人权法院等区域性人权司法机构和欧美一些发达国家具有一种启示作用。作为案例，美洲人权法院在此案中总结和运用的法理对国际法和国内法产生重要的影响。

一 基本案情

20世纪90年代末，中国福建公民黄海勇因涉嫌在中国犯下走私普通货物罪、涉案金额巨大，受到中国司法机关的追究。④ 他先是逃

---

① 判决官方文本为西班牙语。*Caso Wong Ho Wing vs. Peru*, Sentencia de 30 de Junio de 2015, Serie C No. 297, Corte Interamericana de De Derechos Humanos. 美洲人权法院网站，http: // www. corteidh. or. cr/docs/casos/articulos/seriec_ 297_ esp. pdf，最后访问时间：2016年11月27日。该判决在后文中简称"判决"。
② 郝鲁怡：《引渡中的人权问题研究》，《国际法研究》2015年第6期，第52页。
③ Inter – American Court of Human Rights, *Inter – American Court of Human Rights – Annual Report 2015*, 2015, p. 100.
④ 从有关新闻报道中，可以看到部分涉及黄海勇的案情，如《失职损失5亿错误还是犯罪？原武汉海关关长翻供》，新华网，http: // news. xinhuanet. com/newscenter/2002 – 08/13/ content_ 522542. htm，最后访问时间：2016年11月27日。

往美国，后来逃到秘鲁。中国政府根据《中华人民共和国和秘鲁共和国引渡条约》向秘鲁提出引渡要求。历经数年，黄海勇用尽秘鲁国内从地方法院到最高法院、从刑事法院到宪法法院的救济手段，最后该案被提交到美洲人权委员会。

根据《美洲人权公约》（以下简称《公约》）建立的美洲人权委员会和美洲人权法院是美洲国家组织最重要的区域性人权保障机制。委员会设在位于美国华盛顿特区的美洲国家组织总部，而法院设在哥斯达黎加的首都圣何塞。

美洲人权委员会目前例行的工作程序是，申诉个案在审查之后一律提交美洲人权法院审理。2010年11月1日，美洲人权委员会正式受理此案。2013年10月30日，美洲人权委员会将"黄海勇诉秘鲁"案提交给美洲人权法院。[1] 根据法院的程序规则，被指称的受害者、被诉的国家是案件的当事方。人权委员会仅在程序上可以作为当事方，但是它更是以美洲人权体系的"公诉人"的身份出庭工作。[2]

美洲人权委员会认为，黄海勇自2008年10月27日在秘鲁被拘捕以来，已经并持续成为武断和过分剥夺人身自由的受害者。秘鲁当局的有关措施缺乏正当程序基础，在"临时逮捕"名义下延续长达5年而无最终结论。在不同的引渡阶段，秘鲁当局在办案、寻求以及评估中国提供的保证方面有一系列过失和不当（omissions and irregularities）。这不仅是对正当程序（due process）的多方面的违反，而且在考虑到死刑和酷刑行为可能发生的情况下，也没有遵守保障黄海勇生命权、人道待遇权的公约义务。[3] 在人权委员会的报告中，委

---

[1] *Wong Ho Wing v. Peru*, Inter – American Court of Human Rights, Case No. 12794.
[2] 〔美〕托马斯·伯根索尔等：《国际人权法精要》（第4版），黎作恒译，法律出版社，2010，第204页。
[3] *File to the Court of the Inter – American Court of Human Rights on the Case No. 12794*, the Inter – American Commission on Human Rights, October 30, 2013.

员会认定，秘鲁侵犯黄海勇的人身自由、生命、人道待遇、公正审判和司法保护权。委员会建议秘鲁采取必要措施保证引渡程序尽快结束，根据秘鲁刑事诉讼法典的规定，严格遵循 2011 年 5 月 24 日秘鲁宪法法院的裁决，秘鲁拒绝引渡黄海勇。①

早在 2013 年 11 月 22 日的新闻公报中，人权委员会就指出，该案首次使美洲人权法院有机会，就引渡案件和裁决中必须适用的标准形成案例法；特别是，法院将可以就引渡申请国关于死刑和酷刑风险所做的外交或者其他种类的保证发表意见。②

《关于人的权利和义务的美洲宣言》（简称《美洲人权宣言》）1948 年 5 月 2 日由第九届美洲国家国际会议通过，此宣言比联合国《世界人权宣言》早了 7 个月。《美洲人权宣言》在序言中强调："人的权利的国际保护应当成为演进中的美洲法律的主要指南。"而这也越来越成为几十年来的美洲人权制度和机制发展过程的一种写照。因此，美洲人权法院在审理黄海勇案的过程中，充分关注对于人权的保障，而国家实现公诉的权力、打击犯罪的任务并非是它的首要关注。不过，其前提和基础，就是现行相关国际法的适用。

二　庭审情况

2014 年 9 月 3 日，美洲人权法院以巡回法庭的形式在巴拉圭首都亚松森的巴拉圭最高法院开庭，审理黄海勇诉秘鲁案。此次美洲人权法院的庭审，由该法院 7 位法官中的 5 位法官组成法庭。北京师范大学刑事法律科学研究院院长暨中国刑法学研究会会长赵秉志教授、时任中国外交部条约法律司参赞的孙昂和秘鲁前司法部部长托马博士

---

① *Merits Report No.* 78/13, Inter‐American Commission on Human Rights, July 18, 2012.
② Inter‐American Commission on Human Rights, Press Release No. 93/13.

作为秘鲁政府邀请的三位专家证人，经美洲人权法院批准到庭作证。笔者当时作为中国社会科学院国际法研究所研究员、中国社会科学院人权研究中心副主任兼秘书长应秘鲁政府邀请并经法院同意，担任专家证人并向法院提供经过公证的书面证词。根据法院工作规则，专家证人是否出庭作证，由法院根据需要确定。①

法庭全天听取了秘鲁政府方面三位专家证人的证词，并由各方进行了询问和辩论。赵秉志教授的作证及各方对其的询问主要围绕以下问题：与本案相关的中国刑事司法程序和实体问题、赵秉志教授曾出庭作证的中加遣返赖昌星案件有关情况。孙昂参赞的作证及各方对其的询问则主要围绕中国引渡法制与实践以及中加遣返赖昌星的外交承诺。秘鲁前司法部部长托马博士的作证及各方对其的询问主要围绕与本案相关的中秘引渡条约和秘鲁相关国内法律问题。在自我陈述之后，专家证人依次接受了秘鲁政府方面、美洲人权委员会代表、黄海勇律师的质证以及法庭的发问。

美洲人权委员会美国籍委员卡瓦利阿罗和黄海勇聘请的两名律师在交叉询问和辩论中，肆意攻击中国司法制度和人权状况，污蔑中国政府在西藏、新疆"迫害"当地少数民族、"迫害""法轮功"，并以中国人权状况恶劣为由，要求法院阻止秘鲁政府向中国引渡黄海勇。黄海勇的律师还向法院声称，西方国家因不满中国人权状况而拒绝向中国移交嫌犯，要求法院参照办理。

孙昂严词驳斥了委员会和黄海勇的律师的不实之词，介绍了中国司法制度和人权事业的新发展，并以中国近年与法国、意大利、西班牙、葡萄牙和澳大利亚签订引渡条约以及从加拿大遣返赖昌星和自美国遣返余振东为例，说明中国与西方国家之间已就引渡和遣返逃犯成

---

① Héctor Faúndz Ledesma, *The Inter-American System for the Protection of Human Rights*, 3rd edtion, Inter-American Institute of Human Rights, 2008, p.704.

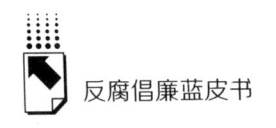

功开展了合作。

笔者向法院提交的书面证词主要是有针对性地证明了中国的法治和人权保障情况。

法庭对出庭作证的专家证人表示感谢,并特别表示赵秉志教授和孙昂参赞的作证对他们了解中国刑事法制与实践很有帮助。在当天下午三位专家证人作证结束之后,参与庭审的三方又进行了辩论和陈述。

按照惯例,一般在庭审后的半年到一年左右的时间里,美洲人权法院会作出裁判。

三 法院的相关判决及其法理主张

前已述及,2015 年 6 月,美洲人权法院正式作出判决,判定秘鲁政府可以引渡黄海勇回中国,不存在死刑和酷刑的风险。

(一)控辩双方的相关主张和法院确定的审理任务

法院强调了引渡的重要性,以及相关国家合作的义务。它在判决中正确地指出:"这关系到各国的共同利益,因为可以使犯有某些罪行的人员能够被绳之以法。"① 同时,法院强调,在引渡程序的框架内,或者其他的国际司法合作方式下,《美洲人权公约》的成员国应当遵守公约规定的人权义务。因此,"在引渡程序中,应当遵守相关国家在人权方面的国际义务,以及应有的程序的要求,同时,这一法律手段不能被用作逃避惩罚的途径"。②

为了确定引渡黄海勇将使秘鲁政府承担的责任,法院必须专门分

---

① 参见判决第 119 段。
② 参见判决第 119 段。

析秘鲁关于保证自称的受害人的生命和人身安全权利的义务，以及在面对声称会威胁到这些权利的辩护时遵守不予推回原则的义务。

具体来说，在本案中，原告方声称，对黄海勇而言，有三种不同程度的危险：一个是因请求引渡的罪行而被执行死刑的危险，一个是被秘密执行死刑的危险，还有一个是遭受酷刑或残忍、非人道或有辱人格对待的危险。原告方代表指出，"中华人民共和国向秘鲁政府提交的所谓不执行死刑的担保不可信"；由于中国存在所谓"有实施酷刑的背景"，秘鲁政府"也应当要求提供不会遭受酷刑或残忍、非人道或有辱人格的对待的担保"；而且，"担保本身不能对避免残忍对待提供应有的保护"，秘鲁政府应当对中国的人权现状和黄海勇先生的特殊情况进行分析。[1]

秘鲁政府则坚持认为其履行了与尊重并保障黄海勇生命权、人身安全和司法保障相关的国际义务。秘鲁政府强调，最高法院和宪法法庭均评估了迄今为止其决定采纳的担保。遗憾的是，美洲人权委员会没有对这些方面进行评估。秘鲁政府强调，法院应当考虑在法院起诉时的情况，并且对委员会和原告过期或者至少不完整的信息来源进行谨慎的评估。另外，秘鲁政府指出，虽然《美洲人权公约》和《美洲地区预防和惩治酷刑公约》为了防范和处罚酷刑的不遣返原则，只要推断（不是没有证据的单纯的断言）相关人员可能面临生命危险或可能遭受酷刑、非人道或有辱人格的对待，就适用不遣返的原则，但是在本案中，推断没有得到证实。秘鲁政府强调，其最高法院已经收到中国外交部门和最高人民法院提交的不执行死刑的担保，并且将其视为一项不可回避的承诺。另外，秘鲁政府特别指出，"请求国现在的背景并非像委员会和代表试图确认的那样"。[2]

---

[1] 参见判决第 122 段。
[2] 参见判决第 123 段。

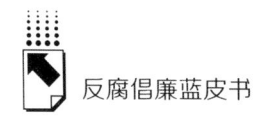

美洲人权法院认定，尊重并保障权利的一般义务衍生出特殊的义务，可以根据权利主体的特殊保护需求确定这些义务，这种需求可以根据其个人的情况或是其所处的具体情况确定。法院认为，在本案中，秘鲁政府在面对黄海勇的引渡请求时，有义务保障《美洲人权公约》第4条（生命权）和第5条（人身安全权利）中指出的权利，以及与第1条第1款有关的权利，加上《美洲地区预防和惩治酷刑公约》第13条规定的不遣返原则。这可以从联合国普遍性人权机制和欧洲区域性人权机制的法理与案例中获得支持。[1]

原告方声称的是一种可能发生的风险。法院认为，由于《美洲人权公约》的最终目的是实现人权的国际保护，因此，应当允许在发生侵权之前对这种案例进行分析。因此，需要法院对相关人员被引渡后遭遇这些伤害的可能性做出论断。在这个意义上，由于尚未完成引渡，法院应当有条件地审查秘鲁政府的责任，从而确定，如果被引渡，是否将侵犯所谓的受害人的生命权和人身安全权利。[2]

（二）法院对涉及引渡的死刑风险的判断

美洲人权法院指出，原告方代表对请求国违反程序风险的主张主要指的是所谓的严刑逼供和缺少《美洲人权公约》所要求的保护，甚至最终导致强制执行死刑。因此，法院在与酷刑以及残忍、非人道或有辱人格待遇风险相关的问题上审查了所辩称的风险，以及所辩称的强制执行死刑的风险；如有必要还将针对请求国可能出现的公然拒绝司法的情况进行相应的考量。[3]

法院认为，在分析黄海勇在请求国可能面临的风险时，应该考虑并评估目前可用的所有信息，包括在秘鲁最高法院二审之后中国立法

---

[1] 参见判决第125、131~135、143段。
[2] 参见判决第142段。
[3] 参见判决第136段。

的进展情况,以及在秘鲁宪法法庭作出判决之后中国提交的外交担保。要考虑终审判决时存在的危险情况,如有必要,还应当分析所声称的侵犯司法保护权的情况。①

黄海勇被通缉的罪行之一——普通货物走私罪,在其被羁押和被请求引渡时,按当时的中国刑法,是可以适用死刑的。但是2011年5月1日,同年2月颁布的中国《刑法修正案(八)》开始施行。根据专家证人赵秉志在庭审过程中的解释和德国马克思-普朗克研究所的司法报告,中国《刑法》第12条承认有利于当事人的刑事追溯原则。因此,请求引渡黄海勇的走私罪消除了判处死刑的可能。②

针对原告方所谓的存在"被秘密执行死刑的危险",法院强调,美洲人权委员会和相关代表并没有对该项所谓的危险提供具体的信息。"一般来说,作为与请求国执行死刑相关的背景因素,委员会和代表指出,对执行死刑的数据和统计都不是公开的,据说是作为国家机密处理的,没有分类的数据指出被秘密执行死刑的人员的数量,对此,请求国自身也是确认了的。不过,本庭认为,根据该信息,不能推断出黄海勇先生如果被引渡到中国就可能面临真实的、可以预见的人身危险。"③ 正因为在中国按照法律普通货物走私罪不适用死刑,法院认为不论原告方提到的有关中国适用死刑的犯罪的报告以及适用死刑的犯罪数量,还是秘鲁方面强调的中国在这方面的进展或者改善,都是无效信息,或者与法院在本案中的评估要求不相符合。④

(三)法院对涉及引渡的酷刑风险的判断

法院认为,在审查可能面临剥夺一个人的生命或者自由权危险而

---

① 参见判决第141、154段。
② 参见判决第147~149段。
③ 参见判决第121、153段。
④ 参见判决第154段。

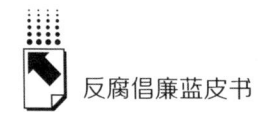

适用不推回原则时，要确定这种危险应当是真实的、可以预见的结果。因此，在程序义务上，秘鲁政府应当进行单独的审查，核实并评估。如果相关人员陈述可信、确凿或者能够证明其可能面临的危险情况，就当遵守不遣返原则。①

法院参考了联合国和欧洲区域人权机制的法理。在这方面，联合国人权事务委员会已经采用了实际危险标准，即，结果是必然并且可以预见的；而联合国禁止酷刑委员会已经指出，危险必须是可以预见的、真实的和个人的。欧洲人权法院也已经表达了该标准，并且指出，应当有根据地提供理由，从而确信的确存在违反酷刑与残忍对待禁令的真实的危险。法院同意这些标准，并且认为，"为了确定是否存在残忍对待的危险，应当审查将申请人遣返至接收国后可以预见的后果，同时，考虑该国的整体情况，以及申请人的个人情况"。②

在审查所辩称的在请求国的危险时，法院应当审查认为存在所辩称的危险的国家的情况，并且将提交的信息与《美洲人权公约》规定的标准进行对比，不过，法院指出，这并不意味着对请求国国家情况的判定，也不意味着确定请求国的相关责任。③

判决认为，在审查被引渡人在目的国可能面临的危险情况时，应考虑该国的实际情况，而不只是官方报告的情况，仅仅批准条约并不能确保不会遭受酷刑。同时，虽然国内存在一些确保人权或禁止酷刑和其他残忍、非人道或有辱人格折磨的标准，但这不足以确保实现适当的保护，防止有悖于《公约》的情况发生。另外，法院指出，在分析目的国可能存在的危险情况时，仅仅参考该国整体的人权状况是不够的，需要证明被引渡人的特殊情况（在这些情况下其将面临真实的、可以预见的个人危险，并且在被引渡后遭受酷刑或残忍、非人

---

① 参见判决第 129、155、156 段。
② 参见判决第 157、160 段。
③ 参见判决第 169 段。

道或有辱人格折磨的危险），例如，隶属于一个受迫害组织、请求国之前存在酷刑或残忍折磨的先例、导致请求引渡的罪行等一些目的国的特殊情况。①

法院引用了欧洲人权法院的判词："仅仅参考某个国家人权情况的整体情况，不能找到驳回引渡的依据。如果法庭可以使用的资料介绍了整体情况，一个特殊案例中的申请人的具体主张，应当参考能够证明其害怕受到残忍对待的个人情况，用其他证据来佐证。仅在一些最极端的案例中，法庭不需要这些个人情况的证据；在这些案例中，目的国整体的暴力情况的强度，会使遣返至该国的人毫无疑问地面临违反（《欧洲人权公约》）第3条规定的实际的危险。"②

法院注意到，在引渡程序的卷宗中有国际非政府组织的新闻和报告，指出并收集了中国违反酷刑和其他残忍、非人道或有辱人格对待禁令的做法。③ 法院还认为，在审查一个人在引渡目的地国的管辖范围内可能面临的人权危险时，可以使用国内的报告，也可以使用国际组织或者非政府组织的报告。④

在本案中，对于可能存在的酷刑或残忍、非人道或有辱人格折磨的危险，美洲人权委员会和代表辩称，不同的国际组织和代表（如联合国禁止酷刑委员会和前联合国酷刑或其他残忍、非人道或有辱人格折磨问题报告专员曼弗雷德·诺瓦克）以及非政府组织（如"国际大赦"组织和"人权观察"组织等）已经表达了对酷刑相关法规缺陷的关注，并且对刑讯逼供、中国的羁押情况以及缺乏对酷刑责任

---

① 参见判决第172、173页。
② 欧洲人权法院案例：尼所穆克宏·杜拉亚尔诉俄罗斯案，第31890/11号，2013年10月3日判决书，第110段。另见：德斯阿克斯贝尔格诺夫诉乌克兰案，第12343/10号。2011年2月10日判决书，第37段；玛塔库洛夫和阿斯卡洛夫诉土耳其案，第46827/99和46951/99案。2005年2月4日判决书，第73段。
③ 参见判决第161段。
④ 参见判决第171段。

人的调查、起诉和处罚情况持续进行了指控。但是，法院认为，委员会和代表所依据的信息指的是中国整体的人权情况。根据这些情况，不足以认为黄海勇将面临酷刑或其他残忍、非人道或有辱人格虐待的真实的、可预见的个人危险。代表和委员会均没有提供辩词、证据或依据来证明，这种整体情况将根据黄海勇的特殊情况对其带来个体和具体的人身危险。代表提到的有关所谓被指控犯有恐怖主义罪行的人员、人权捍卫者、政治犯以及维吾尔族人员的人权情况，与黄海勇先生一案没有丝毫关系。①

同时，法院确认，2014年中国方面提供的最新的防止酷刑危险的外交担保是"令人满意的"。②

综上，法院判定：目前，请求引渡黄海勇的走私普通货物犯罪不存在依法适用死刑的可能；另外，没有证据证明引渡黄海勇将使其面临违反酷刑或其他残忍、非人道或有辱人格虐待禁令的真正的、可以预见的人身危险。因此，法院的结论是，在目前的情况下引渡黄海勇，秘鲁政府没有违反《美洲人权公约》中与其第1.1条有关的第4条和第5条载明的确保其生命权和人身安全权利的义务，也没有违反《美洲地区预防和惩治酷刑公约》第13条第4款规定的不遣返义务。③

（四）法院确定本案可以使用的证据

美洲人权法院注意到关于证据材料的时间要求。它认同欧洲的司法机构在引渡问题上惯用的法理，即为了确定一个国家的责任，应当对被请求国在引渡时可以了解或应当了解的信息进行分析，如果没有发生引渡，则应当对欧洲司法机构进行审查之时可用的信息进行分

---

① 参见判决第175、176段。
② 参见判决第177~186段。
③ 参见判决第187、188段。

析。①

当后发生的证据与更早出现的事实材料所显示的事实有不同或者有差异的时候,显然应该以后面产生的证据为准。本案中原告方无视中国法治与人权进步的具体事实,提供的证据或者不具有相关性,或者不符合法院审理案件当时的中国法治与人权的状况。在这里,时间因素是考量证据的重要方面。

本案中,秘鲁政府对美洲人权委员会使用的、作为所谓的请求国人权的危险情况依据的某些信息提出了异议。具体指出"委员会引用的某些人权机构以及联合国某些专题报告员发现的情况,都是多年以前的情况,不能反映今天的现实"。在确定中国的相关情况时,法院判定,应当考虑秘鲁政府的这项意见。②

本案的审理因为当事方声称的是可能面临的侵犯人权的风险,举证时以人证为主。法院在判决中专门列明,"法院还收到了声称的受害人黄海勇以及证人 Kin Mui Chan 与 He Long Huang 在公证人面前作出的声明(证明),以及 Carmen Wurst de Landázuri、Ben Saul 和 Geoff Gilbert、柳华文和 Jean Carlo Mejía Azuero 作为专家的意见。对于听证会期间获得的证据,法院听取了专家赵秉志、孙昂和 Víctor Oscar Shiyin García Toma 的意见"。③

法院在多处提到了秘鲁政府推荐并获得法院认可的专家证人的证言。赵秉志教授关于中国刑法的证言为法院认定。④ 柳华文研究员的证言也获得关注。比如,法院在判决正文中提到:"秘鲁政府在卷宗中提供了专家柳华文的意见,强调了在维护酷刑与其他残忍、非人道或有辱人格虐待的禁令,以及排除严刑逼供方面的改善情况,新的控

---

① 参见判决第 140、141 段。
② 参见判决第 170 段。
③ 参见判决第 37 段。
④ 参见判决第 147~149、151 段,注 199、201、202、203、207。

制、通报和监管情况,以及在中国羁押人员受到的待遇情况。"① 判决在注释中专门提到:"上述专家强调,《刑法》《刑事诉讼法》和《人民警察法》明文禁止酷刑和虐待,新《刑事诉讼法》已经明确了排除非法获得证据(例如,通过酷刑或其他暴力行为和威胁获得证据)的法规。另外证言称,有多项标准明确了调查对羁押人员非法取证或严刑逼供以及体罚应当遵循的步骤,如《刑事诉讼法》《行政监察法》《人民警察、公安机关纪检委员会管理法》和《人民检察官法》。另外澄清说,有快速通信途径可以指控或投诉酷刑或虐待,如调查和审讯过程使用录音和录像方法,经常对羁押人员进行体检,也强调了为了防止酷刑而正在推动使用的方案。"②

又比如,法院在判决中提到:"委员会表示,没有司法机制来执行上述担保。不过,法院注意到专家孙昂的意见。他说,根据中国《引渡法》第50条,'在中国外交部提供外交担保之后,这些担保对中国所有司法机构都是有效力的'。法庭认为,在本案的特殊情况下,担保以及提供的监测方法是充分的。"③

一般的判决中较少使用大量文字引用专家意见,此次中国专家的证言获得引用,并且有肯定的判定,这说明,此次中国专家证人参与诉讼是非常成功和有效的。

四 案例意义与价值

(一)本案是美洲人权法院引渡第一案

判决承认,本案是美洲法院在引渡程序框架内对《公约》成员

---

① 参见判决第175段。
② 参见判决注233。
③ 参见判决第186段。

国义务进行的第一次宣判。对此,秘鲁政府对"引渡"作狭义理解,反对首开先河地应用到驱逐出境、避难或驱逐的案例中。但是,法院不同意这一意见,而是做了扩张性的解读。法院指出,保障生命权与人身安全权利的义务,以及面对酷刑和其他形式的残忍、非人道或有辱人格的对待的危险,或是生命权危险时的不遣返原则,"适用于将一名人员遣返至另一国的所有方式,包括引渡"。①

该案被称为第一案,可以说它在美洲人权法界具有开创性的意义。而且,因为本案在审理和判决过程中,相当程度上参考了联合国人权条约机构处理相关申诉的个案和欧洲人权法院受理相关案件的法理,所以本身在实质上并非全然地创新;更为准确地说,它是处理相关引渡、遣返案件与人权保障关系时当下国际法法理的最新总结与体现。

(二)本案对其他国际人权司法机构的影响

美洲人权法院认为,应当考虑欧洲区域性的国际法院相关问题广泛采用的法理,以及联合国《公民权利和政治权利国际公约》框架下人权事务委员会和《禁止酷刑和其他残忍、非人道或有辱人格的待遇或处罚公约》(以下简称《禁止酷刑公约》)及其任择议定书框架下禁止酷刑委员会的观点和决定。② 法院的态度如此明确,表明了虽然从法律上说,美洲、欧洲和非洲等区域性人权机构和组织互不隶属,它们与联合国等普遍性国际组织的人权机制在法律上各自独立,但是作为人权国际保护的权威和专业机构,它们在国际人权法的法理上具有相通性、一致性。至少,客观上,这些机构和机制在努力追求和保持一种整体性和统一性。黄海勇诉秘鲁案体现了这一点。

美洲人权法院在黄海勇诉秘鲁案的判决中大量引用了欧洲人权法

---

① 参见判决第130段。
② 参见判决第131段。

院的案例的判决及其推理逻辑和观点,也引用了联合国人权条约机构的推理逻辑和观点,体现了国际法作为一个整体发挥作用的特点和趋势。① 实际上,这反映的正是美洲人权法院近年来工作的一个特点。它一贯引用自己的先例,同时也常常提及其他人权机构的调查和决定,其中包括联合国人权事务委员会、特别报告员、禁止酷刑委员会以及欧洲人权法院的判例法。② 法院曾引用《维也纳条约法公约》第31条第2款和第3款来支持它的这种做法,并将其解释为需要考虑相关的整个国际制度。③ 它也曾指出:"总体来看,当代人权条约,特别是《美洲人权公约》,都不是传统类型的那种为了缔约国之间的利益而实现对待交换的多边条约。"④

反过来,美洲人权法院在本案的判决,也必将对其他区域性国际人权司法机构和人权机制的工作产生相互借鉴和影响的作用。这种借鉴和影响,并非严格的法律义务,从形式上说,不存在有法律根据的法律效力,而是理论和参考意义上的辅助渊源,应该说是有实质上的、重要的价值和意义。

(三)本案对国内司法机构处理人权问题的影响

黄海勇在美洲人权法院获得判决之后,在秘鲁国内做了最后一次努力,再次将案件诉至秘鲁宪法法院。但是美洲人权法院的判决对作为《美洲人权公约》的缔约国以及接受法院管辖的秘鲁的国内司法机构来说,具有重要的影响;从以往的经验来看,包括秘鲁在内的相关国家拒绝履行法院判决的情形是罕见的。⑤ 2016年5月23日,秘

---

① 柳华文:《论法律作为一个整体促进人权》,《人权》2013年第5期,第10~15页。
② 〔美〕托马斯·伯根索尔等:《国际人权法精要》(第4版),黎作恒译,第216页。
③ Case of Tibi, Judgment of the Inter-American Court of Human Rights, September 7, 2004.
④ Case of La Cantuta, Judgment of the Inter-American Court of Human Rights, November 29, 2006.
⑤ Héctor Faúndz Ledesma, The Inter-American System for the Protection of Human Rights, pp. 853–855.

鲁宪法法院重审此案后最终判定，秘鲁政府可以引渡黄海勇回中国。① 这最终扫除了引渡黄海勇回中国的法律障碍，也是秘鲁通过完成国内法律程序，作为缔约国实施美洲人权法院判决的重要行动。

本案的判决是终局性的裁决，对当事人和当事国家来说具有法律约束力，对于美洲人权委员会和接受美洲人权法院管辖的国家来说同样具有重要的法律效力。美洲人权法院对于美洲国家国内立法、司法的影响越来越大，甚至在特殊情况下，有人以《美洲人权公约》为根据在国内进行诉讼。② 对于这些国家以外国家的效力，主要是基于人权法宗旨与原则以及相关法理的统一性而产生的参考与参照意义。

相关事项并不复杂，因此在目标和宗旨既定的情况下，处理问题的关键在于运用同样的法理和逻辑推理标准，对具体国家和具体个案进行适用和判断。

不能说再遇有类似事实的案件，都做出引渡或者遣返判决是不违反相关国家批准、加入的国际人权条约产生的保障人权的义务，但是可以肯定的是，相关的判断必须考虑适用较为统一的法理和逻辑标准。

而且，对于同一个国家来说，在没有明确、可信的相反的证据证明的情况下，不应该做出相反或者明显不同的判断。

（四）本案对于国际社会的影响和启示

在国际社会，原则上，人权的国际保护已经成为法律和实践两方面的现实。但是，如何具体地开展国际的人权交流与合作，特别是开展具体的行动，是不无争议的，也远远谈不上成熟或者发达。在欧洲、美洲的区域性人权机制下，人权的国际关注和司法干预走得相对

---

① 2016年5月23日，秘鲁宪法法院判决第01522-2016-HC号。
② Héctor Faúndz Ledesma, *The Inter-American System for the Protection of Human Rights*, p. 941.

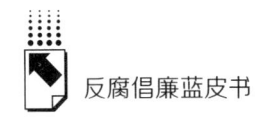

较远，也较为典型。

更为经常的是，我们看到，美国、英国等西方国家自设话语权，定期发布他国的人权国别报告，对他国的人权保障一般和专门领域的状况评头论足。一些西方非政府组织，如"大赦国际""人权观察"等，同样是自诩人权卫士，通过公开发布报告的形式批评包括大量发展中国家在内的各国的人权状况。

目前的国际社会是以民族国家为基本单位的，国界本身也是当下国际社会治理的现实边界。在全球化的今天，各国之间无疑会发生更频繁和深刻的互动，比以往任何时候都更需要沟通、交流、了解和信任。如何判断这其中的人权因素，考虑到何种程度才是客观、公正、正常、正确的？国际司法协助、引渡与遣返中的人权因素和问题就典型地反映了这种需求。

本案中美洲人权法院的法官们在判决中较为严格地遵守了当下国际法，包括国际人权法的相关法理，审慎、客观地评估各种证据材料和各方主张，体现了较强的专业精神。

值得注意的是，虽然判决中提及了国际组织及其特别报告员、一些非政府组织对中国反酷刑状况的批评，提到了原告方提出的发生在中国国内的一些所谓的严重侵犯人权的个案，但是法院坚守严格的法律逻辑，认真评估相关材料与本案的真实关系。这并不容易。任何时候，法律推理都不应该简单地感情用事，更不能带着偏见和歧视性的态度来判断。法院没有给予这些批评和个案多少权重，体现了他们冷静的头脑和在国际司法程序上的慎重。

中国作为发展中人口大国，近年来经济发展和社会进步迅速，法治和人权事业不断取得进步。这也是美洲人权法院判决原告方相关主张无效的重要基础。这也可以给那些不分青红皂白、一味诋毁和抹黑中国的外国政府和非政府组织一种启示：应对中国怀有善意，尊重事实，至少不能将政治对抗和法律以外的因素带入司法程序。

五 结论和建议

在联合国层面，受理酷刑申诉的场合除了联合国《禁止酷刑公约》及其议定书的条约机构禁止酷刑委员会之外，还有《公民权利和政治权利国际公约》的条约机构人权事务委员会等。[①] 中国已经签署但是尚未批准《公民权利和政治权利国际公约》；中国虽然批准了《禁止酷刑公约》，但是没有接受有关个人申诉的程序。基于中国关于人权条约的一贯立场，联合国的条约机构不能受理来自中国国内的个人申诉案件。

但是，当中国公民因为腐败等犯罪行为逃至国外，却可以因为其所在国是相关国际人权公约的缔约国并且接受有关条约机构或者区域性人权司法机构的管辖，提起反对遣返或者引渡的个人人权申诉或者诉讼。

这种申诉或者诉讼本身在宗旨上是为了更好地通过个案保障人权，但是实际上却容易被滥用，被当作拖延和阻挠遣返或者引渡的法律手段。加上当事人利用所在国国内司法程序所做的拖延和阻挠，极大地增加了中国境外追逃的时间、物力和人力成本。即使中国和相关国家之间在外交等政治领域取得较强的互信，比如黄海勇案所涉及的秘鲁——两国外交关系良好并且已经签订引渡条约多年，法律领域的诉累仍然可能是程度惊人的耗时、耗力。

因此，客观上，必须重视境外追逃、遣返引渡工作中的人权因素，逐渐提升中国国内相关工作的应对水平。随着中国国内法治和人权事业的进步，应该更好地加强国际交流与合作，并努力让国际社会

[①] 王强军：《酷刑：非法移民遣返的瓶颈——兼评赖昌星遣返案》，载赵秉志、张磊编著《赖昌星案件的罪与罚》，中国台湾新学林出版股份有限公司，2015，第223页。

包括相关国家的行政和司法部门了解和信任中国的法治与人权保障水平，为境外追逃创造更为有利的环境和条件。

中国境外追逃追赃工作是反腐工作中的重要环节和内容，需要在案例积累的基础上，不断总结和推进。① 黄海勇诉秘鲁案典型地反映了境外追逃，特别是遣返、引渡工作中遇到的人权因素。美洲人权法院的司法判决反映了国际人权法在相关领域的法理发展，更表现出该区域性人权司法机构相关的权威性和专业性。我们参与诉讼的成功经验值得总结，该案的案例价值值得推广。

---

① 参见黄风主编《中国境外追逃追赃：经验与反思》，中国政法大学，2016。

B.8
社会组织的腐败问题及其治理

王红艳*

摘　要： 改革开放以来，伴随着社会组织的增长其在不同范围内、不同程度上出现了用人方面、资金管理使用方面以及活动事务方面的腐败，而且各类社会组织的腐败还表现出一些个性化特征。党的十八大以来，有关职能部门进一步加大了建章立制的力度以规范社会组织日常行为和预防腐败发生，进一步加大了完善社会组织架构的力度以铲除社会组织腐败土壤，进一步加大了开展专项行动的力度以治疗社会组织腐败病灶，社会组织正风反腐工作取得了一定成效。展望未来，社会组织存量腐败问题暴露的可能性、发生增量腐败的可能性以及社会各界关注社会组织及其腐败问题的程度可能进一步增加。针对这些情况，我们务必纠正"社会组织腐败问题不大"的偏向而更加重视社会组织正风反腐工作，同时，进一步抓好分类推进社会组织反腐倡廉建设的工作，发挥好社会组织作为腐败治理主体的独特作用。

---

* 王红艳，中国社会科学院政治学研究所副研究员。

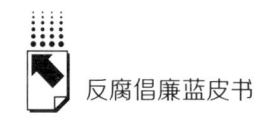

关键词： 社会组织　腐败　治理

党的十八大以来，社会组织的党风廉政建设和反腐败工作被提上重要议事日程。这是因为，一方面，这一时期反腐力度明显增强，"打虎""拍蝇""猎狐"三管齐下的布局已然形成，反腐锋芒逐步有序伸向包括社会组织在内的基层领域，反腐斗争的压倒性态势正在形成之中。另一方面，这一时期社会团体、基金会、民办非企业单位三类社会组织继续保持较快增长，而且，社会组织内部良莠不齐已然成为不争的事实，关涉社会组织的负面信息时有爆料，其中不少与腐败相关。

一　社会组织存在的主要腐败问题

综合各种途径的信息来看，关涉社会组织的负面信息主要包括两类：一是关于官方认定的三类社会组织的；二是关于山寨协会和离岸社团的。后者不仅使社会公众上当受骗、蒙受损失，而且使前者形象和利益受到侵害，更将导致社会公众质疑政府部门的监管能力，影响极坏。本文在此搁置关于欺世盗名的山寨社团的讨论，主要考察三类社会组织的腐败问题。这三类社会组织在不同范围内不同程度上均存在用人方面的腐败、经济方面的腐败以及事务方面的腐败，但就具体而言，各类社会组织的腐败也呈现一些个性化的特征。

从社会团体来看，截至2012年底，全国共有社会团体27.1万个，比上年增长6.3%[①]；截至2014年底，全国共有社会团体31.0

[①] 《2012年社会服务发展统计公报》，民政部门户网站，http://www.mca.gov.cn/article/sj/tjgb/201306/201306004747469.shtml，2013年6月19日。

万个,比上年增长 7.2%①。这其中,有的存在兼职未办理报批手续的情况,有的存在逾期未换届的情况,有的存在负责人超龄、超届任职的情况,有的存在兼职领导违规领取报酬的情况,有的存在没有独立账户的情况,有的没有执行非营利会计制度,有的存在超出章程规定的宗旨和业务范围开展活动甚至是营利性经营活动的情况,有的存在事先未征得同意而强制党政机关等参加活动的情况,有的存在强制企事业单位接受服务并擅自设立收费项目、扩大收费范围、提高收费标准的情况,有的存在未经批准而举办评比达标表彰活动的情况,有的存在借评比达标表彰之机非法敛财的情况,有的存在未经本人同意而利用党政机关领导干部个人名义进行宣传的情况,等等。

从基金会来看,截至 2012 年底,全国共有基金会 3029 个,比上年增长 15.9%,公募基金会和非公募基金会全年共接受社会各界捐赠 305.7 亿元②;截至 2014 年底,全国共有基金会 4117 个,比上年增长 16.0%,共接受社会各界捐赠 374.3 亿元③。这其中,有的不按章程召开理事会、不按期换届,有的存在法定代表人超龄、超届的情况,有的存在工资福利、办公经费支出不合规定要求的情况,有的存在公益活动开展较少、公益事业支出未达到规定要求的情况,有的忙于追求专项基金扩张而忽视对其监管,以致有的专项基金不顾不具独立法人资格的事实而以独立组织的名义开展活动,有的专项基金忽视公开透明,有的专项基金背离了捐赠人和受助人的需求,还有的专项基金偏离了公益宗旨甚至沦为个人或企业牟取私利的工具,"公益项目缩水""善款放贷""善款投资"等丑闻时有出现。

---

① 《2014 年社会服务发展统计公报》,民政部门户网站,http://www.mca.gov.cn/article/sj/tjgb/201506/201506008324399.shtml,2015 年 6 月 10 日。
② 《2012 年社会服务发展统计公报》,民政部门户网站,http://www.mca.gov.cn/article/sj/tjgb/201306/201306004747469.shtml,2013 年 6 月 19 日。
③ 《2014 年社会服务发展统计公报》,民政部门户网站 http://www.mca.gov.cn/article/sj/tjgb/201506/201506008324399.shtml,2015 年 6 月 10 日,。

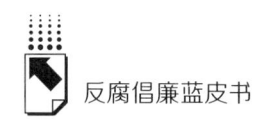

从民办非企业单位来看，截至2012年底，全国共有民办非企业单位22.5万个，比上年增长10.1%[1]；截至2014年底，全国共有民办非企业单位29.2万个，比上年增长14.7%[2]。这其中，有的存在现有净资产低于开办资金的情况，有的存在内部机构设置不合理、管理欠规范的情况，有的存在变更场所、法定代表人、业务范围和增设内设机构时没有及时办理变更手续的情况，有的存在将奖补资金用于个人福利性支出的情况，有的存在挪用资产或抽逃资金的情况，等等。

值得注意的是，有的中央部门主管的社会组织依托行政资源不当牟利，出现关涉社会组织的腐败"大案""要案"。例如，中华医学会在2012~2013年期间，先后召开了160次学术会议，通过租赁广告展位、制定医生通讯录和发布注册信息等手段共计收取医药企业赞助费8.2亿元。此外，该学会还违规收取资格考试复训费1965.04万元，违规将继续教育培训费1.14亿元存放账外。再例如，中国城市科学研究会在2013年绿色建筑标识评价过程中违规收取参评单位评审费1418.55万元[3]。这两个案件均被写入审计署发布的年度审计工作报告之中。

此外，从城乡社区社会组织来看，其绝大多数处于自生自灭状态，不少组织存在"小腐小败"的情况，也应引起足够的重视。

二 治理社会组织腐败问题的主要举措

党的十八大以来，根据社会组织滋生蔓延腐败呈现的特点，有关

---

[1] 《2012年社会服务发展统计公报》，民政部门户网站，http://www.mca.gov.cn/article/sj/tjgb/201306/201306004747469.shtml，2013年6月19日。
[2] 《2014年社会服务发展统计公报》，民政部门户网站，http://www.mca.gov.cn/article/sj/tjgb/201506/201506008324399.shtml，2015年6月10日。
[3] 《国务院关于2013年度中央预算执行和其他财政收支的审计工作报告》，审计署门户网站，http://www.audit.gov.cn/n5/n26/c64269/content.html，2015年12月30日。

职能部门加大了治理力度，推出了新的治理举措，其中既有指向具体腐败问题的，也有指向具体行为主体的。

（一）进一步加大建章立制的力度，规范社会组织日常行为

《社会团体登记管理条例》《基金会管理条例》以及《民办非企业单位登记管理暂行条例》，是现阶段我国加强社会组织监管和服务的框架性、原则性法规文件。党的十八大以来，针对社会组织行为活动方面存在的一些问题，有关职能部门依据上述三个法规以及相关法律法规和政策规定，制定和颁布了一系列针对性和操作性更强的文件，用以指导各级各类社会组织开展活动、规范行为以及防范腐败的发生。

1. 出台《社会组织举办研讨会论坛活动管理办法》，进一步提高社会组织举办研讨会论坛活动的规范化程度

全国清理和规范庆典研讨会论坛与民政部活动工作领导小组在2012年3月联合出台了《社会组织举办研讨会论坛活动管理办法》（民发〔2012〕57号），对社会组织发起活动、举办方式、内部管理、外部监督等事项做出了明确规定，并强调指出："社会组织剧本研讨会、论坛活动有违法违规情形，对推动工作失去实际意义或者造成社会负面影响、群众反映强烈的，登记管理机关视情节依法予以警告、罚款、没收违法所得、责令撤换直接负责的主管人员、限期停止活动、撤销登记等行政处罚。构成犯罪的，依法移交司法机关追究刑事责任。"[①]

2. 出台《社会组织评比达标表彰活动管理暂行规定》，进一步提高社会组织举办评比达标表彰活动的规范化程度

2012年3月，全国评比达标表彰工作小组协调小组发布了《社

---

① 《关于印发〈社会组织举办研讨会论坛活动管理办法〉的通知》，国土资源部门户网站，http://www.mlr.gov.cn/zwgk/flfg/xgflfg/201205/t20120517_1099357.htm，2012年5月17日。

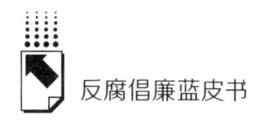

会组织评比达标表彰活动管理暂行规定》（国评组发［2012］2号），对组织开展社会组织评比达标表彰活动有关问题提出了明确要求。随后不久，民政部发布了《关于贯彻落实〈社会组织评比达标表彰活动管理暂行规定〉的通知》（民函［2012］125号），严肃指出各级有关部门必须充分认识规范社会组织评比达标表彰活动的重要意义，其中，业务主管单位要切实履行管理职责，建立健全相关制度，登记管理机关要切实加强相关信息数据库建设、评比达标表彰活动监管以及违法违规问题的调查处理①。

3. 出台《关于规范基金会行为的若干规定(试行)》，进一步提高基金会行为活动的规范化程度

民政部于2012年7月发布了《关于规范基金会行为的若干规定（试行）》（民发［2012］124号），对基金会接受和使用公益捐赠、交易合作、保值增值以及信息公布等方面做出了明确规定，同时强调指出："对于违反有关法规和政策规定的基金会，登记管理机关应当视情节轻重依法给予基本合格或不合格的年检结论，有评估等级的可以降低评估等级；情节严重的，应当依法给予行政处罚。"② 此外，2015年12月，民政部发布了《关于进一步加强基金会专项基金管理工作的通知》（民发［2015］241号），提出了严把设立关口、规范名称使用、全面加强管理、落实信息公开以及定期清理整顿等几项严格且具体的要求③。

---

① 《转发〈社会组织评比达标表彰活动管理暂行规定〉及民政部关于贯彻落实〈社会组织评比达标表彰活动管理暂行规定〉的通知》，江苏省人民政府网，http：//www.jiangsu.gov.cn/jsgov/sx/shengxs/zhenjiangs/201210/t20121031_189500.html，2016年3月11日。
② 《民政部关于印发〈关于规范基金会行为的若干规定（试行）〉的通知》，民政部门户网站，http：//www.chinanpo.gov.cn/2351/55627/index.html，2012年7月30日。
③ 《民政部关于进一步加强基金会专项基金管理工作的通知》，文化部门户网站，http：//www.mcprc.gov.cn/whzx/zxgz/shzzgl/shzztzgg/201602/t20160205_460584.html，2016年2月5日。

4. 出台《关于规范社会团体开展合作活动若干问题的规定》，进一步提高社会团体开展合作活动的规范化程度

2012年9月，民政部发布了《关于规范社会团体开展合作活动若干问题的规定》（民发〔2012〕166号），明确规定社会团体开展合作活动必须做到五个"应当"，即应当遵守相关法律法规和政策规定，应当履行内部民主议事程序，应当签订书面合作协议，应当对合作方的资质、能力、信用等进行甄别考察，应当在接受年度检查时向登记管理机关报告上一年度开展合作活动的情况[①]。

必须指出的是，为了切实提高社会组织行为的规范化程度和法治化水平，不少地方政府有关部门根据上述政策规定，同时结合地方实际，相应地制定和出台了系列文件，其中，安徽省于2015年12月发布的《关于加强和规范社会团体管理的意见》（皖社管组字〔2015〕4号）[②]，以及广东省正在酝酿的《广东省社会组织条例（草案）》[③]，尤其值得关注。

（二）进一步完善社会组织架构，铲除社会组织腐败土壤

我国社会组织架构完善程度参差不齐是不争的事实。有些腐败问题的发生与组织架构不够完善有着密切的关系。切实改善社会组织的架构，逐步提高社会组织治理结构的现代化水平，是铲除社会组织腐败土壤的有效举措。2012年以来，有关职能部门更加重视社会组织的架构完善，重点抓好了以下两项工作。

---

① 《民政部关于印发〈关于规范社会团体开展合作活动若干问题的规定〉的通知》，民政部门户网站，http://www.mca.gov.cn/article/zwgk/tzl/201210/20121000363066.shtml，2012年10月10日。
② 《关于加强和规范社会团体管理的意见》，安徽社会组织信息网，http://www.ahnpo.gov.cn/thread-16873-1.html，2015年12月14日。
③ 《广东拟出台全国首个社会组织地方性法规》，中国社会组织网，http://www.chinanpo.gov.cn/1921/88977/newsindex.html，2015年7月30日。

1. 稳步推进社会组织与党政机关的分离，提高社会组织自主发展的能力

推进社会组织与党政部门分离，旨在厘清政府与社会的边界，提高社会组织自主发展的能力，更加充分地发挥社会组织的独立作用。这不仅有利于推进政府职能转变，促进党政部门更加集中和有效地发挥监管和服务职能，也有助于防治政府在社会组织监管中的腐败行为。1994年所启动的重点关注全国性社会团体人员分离的工作，可谓是社会组织与党政机关分离的较早探索[①]。1998年后，有关职能部门着手推进社会团体、基金会领导人与党政部门领导人分离的工作[②]。党的十八大以来，有关职能部门开始积极探索行业协会商会等社会组织与党政部门全面分离的工作。具体情况如下。

第十二届全国人民代表大会第一次会议（2013年3月14日）批准通过的《国务院机构改革和职能转变方案》指出："要改革社会组织管理制度，加快形成政社分开、权责明确、依法自治的现代社会组织体制，逐步推进行业协会商会与行政机关脱钩，强化行业自律，使其真正成为提供服务、反映诉求、规范行为的主体。"[③] 中国共产党第十八届中央委员会第三次全体会议（2013年11月12日）通过的《中共中央关于全面深化改革若干重大问题的决定》指出，必须限期

[①]《国务院办公厅关于部门领导同志不兼任社会团体领导职务问题的通知》，中国社会组织网，http://www.chinanpo.gov.cn/1202/16040/preindex.html，2003年10月24日。

[②]《中共中央办公厅、国务院办公厅关于党政机关领导干部不兼任社会团体领导职务的通知》，中国网，http://www.china.com.cn/aboutchina/zhuanti/shtt/2008-04/15/content_14954039.htm，2008年4月5日；《民政部关于对中共中央办公厅、国务院办公厅〈关于党政机关领导干部不兼任社会团体领导职务的通知〉有关问题的解释》，中国社会组织网，http://www.chinanpo.org.cn/index.php?m=content&c=index&a=show&catid=97&id=302，1998年11月3日；《民政部办公厅关于转发中组部〈关于审批中央管理的干部兼任社会团体领导职务有关问题的通知〉的通知》，中国社会组织网，http://www.chinanpo.gov.cn/1202/16063/index.html，2003年10月24日。

[③]《国务院机构改革和职能转变方案》，中国网，http://www.china.com.cn/news/2013lianghui/2013-03/14/content_28245220.htm，2013年3月14日。

实现行业协会商会与行政机关的真正脱钩①。

2015年7月8日，中共中央办公厅、国务院办公厅发布了《行业协会商会与行政机关脱钩总体方案》。方案包括总体要求和基本原则、脱钩主体和范围、脱钩任务和措施、配套政策、组织实施五个方面的内容，提出了"五分离、五规范"要求②。值得注意的是，此次分离采取的是试点先行、稳妥推进策略。中央层面于2015年下半年启动第一批试点工作，试点范围包括中国价格协会、中国交通运输协会、中国高校校办产业协会等148个行业协会、商会。2016年被确定为总结经验、扩大试点阶段，2017年则被确定为试点范围扩大阶段，试点工作将向不同行业、部门和类型稳步推开③。

为了配合行业协会商会脱钩试点的稳步推进，有关部门对纳入脱钩范围的全国性行业协会商会的中央财政支持方式改革事宜进行了部署。中央财政对原来有财政预算支持的行业协会商会按原经费管理渠道继续给予支持，但将以2015年财政拨款数为基数，以2016~2017年为财政拨款退坡过渡期，逐年减少直接拨款额度，直至2018年取消直接拨款。但是，中央财政将通过购买服务等方式支持行业协会、商会在过渡阶段的发展④。

---

① 《中共中央关于全面深化改革若干重大问题的决定》，新华网，http：//news. xinhuanet. com/2013-11/15/c_118164235. htm，2013年11月15日。
② "五分离、五规范"，即机构分离，规范综合监管关系；职能分离，规范行政委托和职责分工关系；资产财务分离，规范财产关系；人员管理分离，规范用人关系；党建、外事等事项分离，规范管理关系。
③ 《民政部、国家发展改革委关于做好全国性行业协会商会与行政机关脱钩试点工作的通知》（民发〔2015〕150号），中国社会组织网，http：//www. chinanpo. gov. cn/2351/89291/index. html，2015年8月12日；《行业协会商会与行政机关脱钩联合工作组关于公布2015年全国性行业协会商会脱钩试点名单的通知》，民政部门户网站，http：//www. mca. gov. cn/article/zwgk/tzl/201511/20151100877489. shtml，2015年11月24日。
④ 《关于行业协会商会脱钩有关经费支持方式改革的通知（试行）》，中国社会组织网，http：//www. chinanpo. gov. cn/2351/90929/index. html，2015年10月28日。

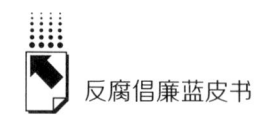

与此同时，民政部出台有关规定①，明确提出"全国性行业协会商会负责人不再设置行政级别"，也"不得由现职和不担任现职但未办理退（离）休手续的公务员兼任"。即使"已退（离）休的领导干部，在三年内也不得到行业协会商会兼职，如果确属工作需要，应当按照干部管理权限报组织审批后才能兼职"。而"退（离）休三年后到行业协会商会兼职的，也须按干部管理权限审批或备案"。

从地方层面来看，各级地方政府根据党中央和国务院有关精神启动和加强了社会组织与党政部门的分离工作。例如，河南省、海南省等地于2014年初先后启动了行会商会与行政机关脱钩的试点工作②。北京市在2015年6月之前启动了"地毯式"的离退休干部兼职社会团体的清理工作③。安徽省于2013年11月制定和出台了《安徽省关于从严控制和规范管理党政机关领导干部兼任社会组织领导职务的暂行规定》④。

2. 积极推进社会组织党组织的建设工作，进一步增强社会组织健康发展的能力

抓好社会组织党组织的组建工作以及开展党的活动，对于增强党的群众基础和夯实党的执政基础，具有重要意义。同样值得注意的是，推进和加强社会组织党组织建设工作，一方面，有助

---

① 《全国性行业协会商会负责人任职管理办法（试行）》（民发〔2015〕166号），中国社会组织网，http://www.chinanpo.gov.cn/2351/89972/index.html，2015年9月9日。
② 《河南省启动行会与行政机关脱钩试点》，中新网，http://www.chinanews.com/sh/2014/02-18/5849835.shtml，2014年2月18日；《海南出台行业协会商会与行政机关脱钩试点方案》，中新网，http://www.chinanews.com/sh/2014/03-30/6008742.shtml，2014年3月30日。
③ 《北京启动离退休干部兼职社团"地毯式"清理》，新华网，http://news.xinhuanet.com/politics/2015-07/02/c_127974149.htm，2015年7月2日。
④ 《安徽省关于从严控制和规范管理党政机关领导干部兼任社会组织领导职务的暂行规定》，安徽社会组织信息网，http://www.ahnpo.gov.cn/thread-15438-1.html，2013年11月22日。

于监督社会组织内部党员切实履行义务，维护和执行党的纪律，进而有助于促进社会组织党组织自身的反腐倡廉建设；另一方面，有助于传播和建设廉洁文化，引导和教育党员群众自觉抵制不良风气，坚决抵制包括腐败问题在内的各种违法犯罪行为，进而有助于全社会的反腐倡廉建设。但是，毋庸讳言，社会组织的党组织建设工作之于反腐倡廉建设的实质性功效还有待进一步跟踪观察和分析。

我国有关部门高度重视社会组织党组织的建设工作。1994年9月召开的党的十四届四中全会提出："针对各种新建经济组织和社会组织日益增多的情况，全国各地需要从实际出发建立党的组织、开展党的活动，加强和改进党的基层组织建设。"[①] 1998年，有关部门尝试从社会团体入手加强社会组织党的建设工作，要求"常设办事机构专职人员中凡是有正式党员3人以上的社会团体，应建立党的基层组织"[②]。次年扩展到所有类型的社会组织，要求常设机构专兼职人员中凡是有正式党员3人以上的"'民间组织'，2000年6月30日以前，也都必须建立起党的组织"[③]。

到2007年，社会团体党组织建设全覆盖的理念已然显现。当年7月，中组部发文指出："对正式党员不足三人的，或将其与同一业务主管单位所属的其他社会团体、其他邻近单位建立联合党支部，或将党员组织关系转入其业务主管单位或挂靠单位的党组织；对暂不具备建立党组织条件的社会团体，或由上级党组织向该团体选派、输

---

① 《中共中央关于加强党的建设几个重大问题的决定》，新华网，http://news.xinhuanet.com/ziliao/2005-03/16/content_2705439.htm，2016年1月4日。
② 《中共中央组织部、民政部关于在社会团体中建立党组织有关问题的通知》，新华网，http://news.xinhuanet.com/ziliao/2005-10/18/content_3637783.htm，2016年1月4日。
③ 《中共中央办公厅、国务院办公厅关于进一步加强民间组织管理工作的通知》，法律教育网，http://www.chinalawedu.com/news/1200/22598/22602/22667/2006/3/zh91771533297360021365-0.htm，2015年12月25日。

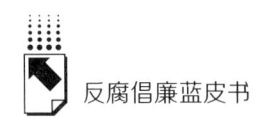

送、推荐符合条件的党员，或由有关部门指派党的建设工作联络员。"①

党的十七大要求必须全面推进新社会组织等基层单位的党组织建设②。两年之后召开的党的十七届四中全会（2009年），提出了实现党组织和党的工作全社会覆盖之目标，其中强调要加大在中介机构、协会、学会以及各类新社会组织中建立党组织的力度，选好配强新社会组织等党组织的负责人③。社会组织全覆盖的理念充分显现。

党的十八大以来，除了继续坚持社会组织全覆盖主张之外，中央进一步加大了社会组织党组织建设的力度和深度。具体而言，党的十八大（2012年11月）指出，务必加大社会组织党建工作力度④。2015年6月，中共中央发布了《中国共产党党组工作条例（试行）》，明确指出："全国性的重要文化组织、社会组织，经党的中央委员会批准，可以设立党组。"⑤ 2015年9月，中共中央办公厅发布了《关于加强社会组织党的建设工作的意见（试行）》，在强调党建工作必须全领域有效覆盖之外，表现出以下四大亮点。其一，首次明确界定了必须纳入建设范畴的社会组织类型，即社会团体、民办非企业单位、基金会、社会中介组织以及城乡社区社会组织五大类型；其二，首次明确指出社会组织党组织应当承担保证政治方向、团结凝聚群众、推动事业发展、建设先进文化、服务人才成长、加强自身建设

---

① 《民政部办公厅关于转发中共中央组织部〈关于加强社会团体党的建设工作的意见〉的通知》，中国社会组织网，http：//www.chinanpo.gov.cn/1202/16067/preindex.html，2003年10月24日。
② 胡锦涛：《高举中国特色社会主义伟大旗帜　为夺取全面建设小康社会新胜利而奋斗——在中国共产党第十七次全国代表大会上的报告》，新华网，http：//news.xinhuanet.com/newscenter/2007-10/24/content_6938568.htm，2007年10月24日。
③ 《中共中央关于加强和改进新形势下党的建设若干重大问题的决定》，中央政府门户网站，http：//www.gov.cn/jrzg/2009-09/27/content_1428158.htm，2009年9月27日。
④ 胡锦涛：《坚定不移沿着中国特色社会主义道路前进　为全面建成小康社会而奋斗》，光明网，http：//www.gmw.cn/sixiang/2012-11/18/content_5725672.htm，2012年11月18日。
⑤ 《中国共产党党组工作条例（试行）》，《人民日报》2015年6月17日。

六项职责；其三，明确提出按行业、按区域加强社会组织党的建设工作的新思路；其四，明确指出各级党委（党组）要将社会组织党的建设工作纳入党建工作总体布局，县级以上地方党委要依托党委组织部门和民政部门建立社会组织党建工作机构，按照全面从严治党的要求从严从实抓好各项任务落实①。

这一时期，全国各地各级有关部门根据中央精神，推进社会组织党的建设各项工作。尤其是2015年后各地的推进力度明显加大。例如，广西壮族自治区于2015年5月发布了《关于开展非公有制经济组织和社会组织党组织组建百日攻坚大行动的通知》②；四川省成都市于2015年6月前后出台了《关于建立社会组织党建工作指导团（站）的意见》，在全市范围内开始试点推进社会组织党建工作指导团（站）的工作③；广东省深圳市于2015年7月前后启动实施社会组织党建"燎原计划"④；等等。

（三）进一步加大开展专项行动的力度，治疗社会组织腐败病灶

改革开放三十多年以来，我国政府有关职能部门先后部署和开展了系列社会组织腐败治理行动。党的十八大以来，继2009～2010年所开展的社会团体"小金库"专项治理行动之后⑤，中央启动了以下

---

① 《关于加强社会组织党的建设工作的意见（试行）》，新华网，http://news.xinhuanet.com/politics/2015-09/28/c_1116702753.htm，2015年9月28日。
② 《广西："两新"党组织组建进入百日攻坚》，中国共产党新闻网，http://dangjian.people.com.cn/n/2015/0805/c117092-27415918.html，2015年8月5日。
③ 《成都首批社会组织党建工作指导团（站）在锦江区启动》，中国社会组织网，http://www.chinanpo.gov.cn/1921/85430/index.html，2015年3月27日。
④ 《深圳市实施社会组织党建"燎原计划"》，中国社会组织网，http://www.chinanpo.gov.cn/3501/90382/index.html，2015年9月29日。
⑤ 《社会团体"小金库"专项治理实施办法》，中国保险监督管理委员会门户网站，http://www.circ.gov.cn/web/site0/tab4195/info140630.htm，2010年9月9日。

三次重要行动,其中既有专项性的也有综合性的。

1. 2012~2013年开展的公益类社会组织、行业协会、市场中介组织违法违规突出问题整治行动

这是国家预防腐败局发起和部署的一次整治行动,而且,将公益类社会组织违法违规突出问题写入国家预防腐败局年度工作要点尚属首次[1]。全国不少地区按照部署开展了这项工作。实地调研发现,湖北省于2013年8月部署了"市场中介领域突出问题专项治理"工作,要求重点整治"监管不到位,财务混乱""政社不分,垄断服务""权力寻租,滋生腐败"和"不择手段,恶性竞争"四类突出问题,同时,重点查办"国家工作人员利用公权插手、干预中介服务谋取私利,勾结中介组织套取国家资金、索贿受贿的行为""在工程建设、金融信贷、土地矿产资源配置、财税优惠政策执行过程中和国企生产经营等领域发生的权钱交易行为""中介组织通过商业贿赂、价格欺诈、合同欺诈、串通投标、提供虚假证明文件和报告为严重经济犯罪提供服务的行为"和"无执业资质、未经合法登记的中介组织所开展的活动"四类案件。[2]

2. 2015年7~8月开展的社会组织乱收费专项整治工作

这是根据中央党的群众路线教育实践活动领导小组办公室所发布的《关于印发〈关于进一步整治乱摊派的实施方案〉的通知》以及民政部所发布的《关于进一步整治社会组织乱摊派的实施方案》而部署的一次治理行动,旨在重点整治"行业协会、学会、研究会等社会团体强制企事业单位入会并收取会费的行为""社会组织向企事业单位派捐索捐、强拉赞助等行为""社会组织强制企事业单位接受

---

[1] 《国家预防腐败局印发2012年工作要点》,新华网,http://news.xinhuanet.com/lianzheng/2012-02/09/c_122679509.htm,2012年2月9日。

[2] 笔者于2015年6月8~11日前往湖北就反腐倡廉工作进行了专题调研。文中分析湖北社会组织腐败治理工作所引用的数据材料均由湖北省纪委提供。

服务，并擅自设立收费项目、扩大收费范围、提高收费标准等行为"以及"社会组织强制企业付费参加各类会议、培训、展览、评比表彰等行为"①。全国各地有关部门根据中央精神部署了相关工作。资料显示，贵州省于2015年6月前后出台了文件，启动了行动②；浙江省社会组织管理局于2015年7月前后发布了《关于做好行业协会商会收费专项清理规范工作的通知》，要求省本级直接登记的行业协会商会对涉企收费行为进行自查，对强制企业入会并收取会费、强制企业赞助、捐赠、摊派等不合理收费项目进行统一清理规范③；广西壮族自治区南宁市于2015年9月前后开展了社会组织乱摊派整治工作④。

3. 2014年底以来开展的社会组织腐败治理行动

这是由民政部和财政部共同发起的。为此，两个部门联合发布了《关于加强社会组织反腐倡廉工作的意见》，要求有关部门应从健全社会组织民主机制、加强社会组织财务管理、规范社会组织商业行为、实行社会组织信息公开制度、强化社会组织审计和执法监督以及加强社会组织廉洁自律教育六个方面加强社会组织反腐倡廉工作⑤。全国各地根据这一文件精神，同时结合当地实际有序推进了这项工作。关于该项治理行动的全国总体情况虽然不得而知，但是，不少资料表明，全国不少地区已经启动了这项工作。实地调研发现，湖北省于2015年初启动了社会组织反腐倡廉专项检查工作，重点检查七项

---

① 《关于进一步整治社会组织乱摊派的通知》，新疆民政网，http://www.xjmca.gov.cn/article/tzgg/201507/20150700842953.shtml，2015年7月2日。
② 《贵州出台方案整治社会组织乱摊派、乱收费等问题》，中国社会组织网，http://www.chinanpo.gov.cn/1921/87756/index.html，2015年6月12日。
③ 《浙江全面启动行业协会商会收费专项清理规范工作》，民政部门户网站，http://www.mca.gov.cn/article/zwgk/dfxx/ttxx/201507/20150700851912.shtml，2015年7月21日。
④ 《南宁开展社会组织乱摊派整治工作》，中国社会组织网，http://www.chinanpo.gov.cn/1921/89903/index.html，2015年9月7日。
⑤ 《民政部财政部关于加强社会组织反腐倡廉工作的意见》，民政部门户网站，http://www.mca.gov.cn/article/zwgk/fvfg/mjzzgl/201411/20141100730654.shtml，2014年11月20日。

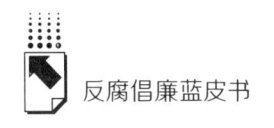

工作（简称七个"是否"），即"社会组织重大决策是否经过民主程序""是否设立独立账号""是否执行非营利会计制度""是否存在违规收费""是否存在违规开展评比表彰的行为""是否存在侵占社会组织资产""购买服务项目执行是否正常"。截至目前，该省此次治理行动取得了扎实成果，总计发现八大类31个问题，涉及121个社会组织。而湖北省民政厅已对51个长期未开展活动的"僵尸型"社会组织及存在其他违法行为的社会组织做出了撤销登记的处罚，另对32个社会组织做出了责令限期整改的处置。

三　未来的趋势判断与对策建议

总体说来，党的十八大以来，针对社会组织领域出现的腐败问题，我国有关部门主要采取了三类应对措施。这些举措，对于增强社会组织制度预腐能力、铲除社会组织腐败土壤，以及治疗社会组织腐败病灶，毫无疑问发挥了不可或缺的重要作用。而且，在制度设计上表现出更加细化的特点，在组织架构完善上表现出力度更大的特点，在治理行动上表现出指向更明确的特点。今后一段时期，社会组织腐败问题必定依然存在并呈现新的特点。对于这一问题，我们应该密切加以关注和研究，及时提出有效的治理对策。

（一）三种可能

至少未来五年里，社会组织腐败问题发展可能呈现以下几个新特点。

1. 社会组织存量腐败问题暴露的可能性将进一步增加

伴随着党政领域反腐力度的不断加大和深化，以及社会组织与党政部门真正脱钩分离工作的逐步有效推进，社会组织，尤其是一度充当某些体制内单位"藏污纳垢"处所的社会团体与基金会，既有的腐败问题势必逐渐批量暴露。

2. 社会组织发生增量腐败的可能性将进一步增加

一方面，在社会组织政策话语基本不变的情况下，社会组织必将保持两位数的增长速度，即便在发生腐败的概率不变的情况下，社会组织发生腐败的绝对数值也可能增加。另一方面，伴随着稳步推进政府向社会组织购买服务以及积极鼓励公益创投等工作的落实，社会组织发挥作用的平台将进一步增加，获得资助的机会将进一步增加，面临的诱惑和挑战也将进一步增加。

3. 社会各界关注社会组织及其腐败问题的程度可能进一步增加

这是因为，一方面，社会组织覆盖人群将进一步增加的势头不会改变，势必受到更多的关注。这是社会组织继续发展的必然结果。资料显示，截至2014年底，全国共有社会组织60.6万个（比上年增长10.8%），吸纳社会各类人员就业682.3万人（比上年增加7.2%)[①]。另一方面，社会组织影响民众生活的程度将进一步增加的势头不会改变，势必受到更多的关注。这是推进社会组织承接政府转移职能工作的必然结果。而伴随着反腐锋芒向基层延伸，社会组织作为基层领域的一个重要治理主体和受体，势必受到更多的关注。

（二）几点建议

基于以往社会组织腐败治理实践以及社会组织腐败未来发展的可能态势，我们在继续抓好建章立制、架构完善和治理行动的同时，应该重点关注以下三个问题。

1. 务必更加重视社会组织正风反腐工作

如上所述，我国近年来越来越关注社会组织正风反腐工作。2014年底，民政部和财政部联合发布了《关于加强社会组织反腐倡廉工

---

① 《2014年社会服务发展统计公报》，民政部门户网站，http://www.mca.gov.cn/article/sj/tjgb/201506/201506008324399.shtml，2015年6月10日。

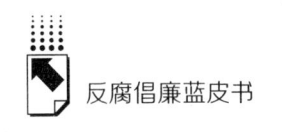

作的意见》。一些地方政府根据这一精神积极部署了社会组织腐败治理行动。但是，调研表明，不少地方政府并未真正启动这项工作，"社会组织腐败问题不大"等论调也在一定范围内、一定程度上流行。因此，有必要进一步提高政府对社会组织正风反腐工作必要性和重要性的认识。

首先，加强社会组织正风反腐是巩固阶级基础与优化政权基础的需要。世界不少国家的实践反复证明，在利益分化较为严重、群体需求趋于多元的现代社会，社会组织是服务社会的最佳主体，这是因为它相对党政部门而言具有第三方（中立）性优势，相对企业而言具有非营利性优势，相对城乡社区而言具有专业性优势。正因为如此，绝大多数政党选择通过社会组织向民众提供社会服务从而获得政治回报。可见，社会组织在"民心工程"方面（可以）担负重大责任，发挥重要作用。而民心是最大的政治，正义是最强的力量。为了确保"民心工程"的顺利实施，任何一个英明的执政党都不应该容许社会组织腐朽破败。

其次，加强社会组织正风反腐是保障经济社会稳定持续发展的需要。我国和世界上其他许多国家的实践反复表明，各级各类社会组织是推动经济社会发展一支不可或缺的重要力量。一旦社会组织自身不再健康，其对于经济社会发展的价值和贡献势必大打折扣。

再次，加强社会组织正风反腐是控制腐败跨界蔓延的需要。伴随着"打虎""拍蝇"行动在党政领域轰轰烈烈的开展，腐败顽疾可能转移至社会组织等社会领域以及社会与其他领域的交接地带。因此，加强社会组织正风反腐工作，是遏制腐败跨界发展以巩固既有反腐成果的需要，是落实"全覆盖、无禁区、无上限"反腐原则的实际治理行动。

最后，加强社会组织正风反腐是加强党的基础工程建设的需要。新时期下，社会组织党组织被赋予在基层地区履行我党职责的重要使命，承担保证政治方向、团结凝聚群众、推动事业发展、建设先进文化、服务人才成长、加强自身建设六项职责，逐渐成为我党重要的"形象代言人"，其所作所为势必影响我党执政绩效，其一举一动势必影响我党形象权威。因此，加强社会组织党组织正风反腐工作，是加强我党基础工程建设的题中之意，绝对不能放松和马虎。

2. 务必分类推进社会组织反腐倡廉建设工作

由民政部和财政部于 2014 年底联合发布的《关于加强社会组织反腐倡廉工作的意见》，是我国改革开放以来第一份明确的、综合性的指导全国各地开展社会组织腐败治理行动的文件，具有不容置疑的重大意义。但是，这份文件也有其局限性，没有区别对待社会组织。而实际上，社会组织本身是一个"群"的概念，或者说，社会组织是一个"大家庭"，组织具有不同类型且特色各异，必须对其加以区别对待。唯有如此，社会组织反腐倡廉建设工作才能事半功倍。

根据现行有关规定，"社会团体是指中国公民自愿组成，为实现会员共同意愿，按照其章程开展活动的非营利性社会组织"[①]。按照社会团体的性质和任务，可以分为学术性社会团体、联合性社会团体、行业性社会团体和专业性社会团体。而"基金会是指利用自然人、法人或者其他组织捐赠的财产，以从事公益事业为目的的非营利性法人"[②]，可分为面向公众募捐的基金会（即公募基金会）和不得面向公众募捐的基金会（即非公募基金会）两种类型。"民办非企业单位是由企业事业单位、社会团体和其他社会力量以及公民个人利用非国有资产举办的、从事社会服务活动的社会组织。"[③] 根据依法承

---

① 《社会团体登记管理条例》，中国社会组织网，http://www.chinanpo.gov.cn/1202/15483/index.html，2003 年 10 月 24 日。
② 《基金会管理条例》，中国社会组织网，http://www.chinanpo.gov.cn/1203/15502/index.html，2004 年 3 月 19 日。
③ 《民办非企业单位登记管理暂行条例》，中国社会组织网，http://www.chinanpo.gov.cn/1202/15508/index.html，2003 年 10 月 24 日。

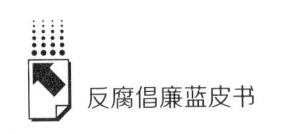

担民事责任的不同方式,可分为法人类、合伙类和个体类三种;根据主体功能,可分为教育、卫生、科技、文化、劳动、民政、体育、中介服务和法律服务等十大类。

总体说来,社会团体、基金会和民办非企业单位三类社会组织均有非营利性、非政府性、独立性、志愿性、公益性等基本特征。但是,不同的社会组织与党政部门的关系强度不同、诱发腐败的土壤不同、易发腐败的环节领域不同、所发腐败的类型不同等。这些类型化问题,在推进社会组织反腐倡廉建设工作过程中均应给予认真考虑和严正对待。此外,在试行社会组织退出机制过程中,应规范退出程序,强化财务审计,警惕"问题"社会组织"浑水摸鱼",以退出方式来逃避责任追究。

此外,还有活跃在我国各地的境外社会组织和国际社会组织,以及在乡镇/街道备案或者没有备案的数量巨大的城乡社区社会组织。它们同样各有特点,必须认真加以研究。根据它们的特点以及当前工作情况,必须注意两个问题:第一,应将城乡社区社会组织纳入正风反腐范畴,不能因为它们既小又散就忽视这一群体。这是因为,这一群体根植于社区、服务于社区,与社区居民生活息息相关,其清明健康深刻影响社会风气以及(与之割舍不开的)地方党政形象。第二,应警惕有关单位、组织、个人与境外社会组织和国际社会组织之间进行利益输送问题。这一问题,伴随全球化进程的加快,国际合作的深化,以及国内反腐斗争的深入,必定有所凸显。

3.务必重视和发挥社会组织作为腐败治理主体的独特作用

组织引导社会力量参与反腐倡廉建设,已然成为一种趋势。有的地方甚至正在尝试构建形成社会力量参与主体明确清晰、参与途径畅通规范、参与效果扎实明显的工作体系,努力实现从无序参与到有序参与、从随机参与到常态参与、从浅层参与到深层参与的三大转变，加快社会力量参与反腐倡廉的制度化、规范化、程序化建设。不过，社会力量既包括处于原子化状态的个体，也包括已经组织化的各级各类社会组织。而动员和引导社会组织参与反腐倡廉建设可能是未来发展的可取方向。因为后者的规范化和有效性可能要高于前者。

从当前正风反腐的工作情况来看，社会组织更多地被看作是治理受体（如上所述，这项工作也需加强）而非治理主体。事实上，社会组织既是治理受体也是治理主体，其作为主体的角色和功能必须得到重视和使用。正因为如此，我们讨论社会组织与反腐倡廉时必须坚持两个视角：第一，社会组织本身的倡廉建设与反腐败，第二，社会组织介入其他领域，参与反腐倡廉建设。而且，因为社会组织具有非营利性、非政府性、独立性、志愿性、公益性等特点，在正风反腐工作，尤其是在促进廉政文化建设、良好社会风气养成以及党政部门工作作风转变等方面，具有不可替代的积极作用。

令人欣喜的是，有些地方在探索社会组织作为腐败治理主体方面迈出了坚实的步伐。深圳市龙华新区廉洁社会促进会是个有力的样本。该促进会是深圳市乃至全国第一个以廉洁社会建设为主要职责的非营利性社会组织，业务范围包括加强廉洁文化探索研究、壮大廉洁社会建设力量、传播廉洁社会价值理念、分享廉洁社会建设成果等。目前，该促进会有166名个人会员和7个单位会员，其中个人会员由党政机关与办事处工作人员、事业单位人员、企业人士、传媒人士、文艺人士、律师以及社工机构人员组成；单位会员也涵盖了文化、医疗、教育、传媒、实业等领域[①]；在宁波的调研也了解到，该市通过

---

① 《深圳首个倡廉社会组织在龙华新区成立》，中国社会组织网，http://www.chinanpo.gov.cn/6000/73991/shzzdtvindex.html，2014年1月14日。

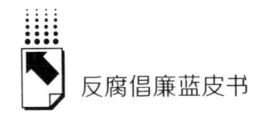

购买"城市啄木鸟"(即宁波市老年摄影协会)的服务,短时间内既经济又有效地督促有关党政机关和企事业单位转变了工作作风,迅速解决了城市霓虹灯残缺问题[①]。这些实践表明,社会组织在促进廉政文化建设以及督促党政部门等加快作风转变方面的确大有可为,值得深入研究和推介。

---

① 2016年4月,笔者前往浙江宁波调研。

B.9
高校党风廉洁建设与反腐败工作的现状、进展及对策

罗新远 鲁洋 高翔*

摘　要： 本报告对当前中国高校党风廉洁建设和反腐败工作的现状、进展、对策等问题进行了系统的梳理和分析。报告认为目前高校反腐倡廉建设亟待解决的主要问题包括：部分高校领导抓廉洁建设"精气神"不够；重点领域权力寻租问题突出；集体腐败，窝案串案多发；属地与垂直管理交叉导致监管真空等。报告建议：高校要结合自身实际，重视高校廉洁生态建设，完善权力制约机制；践行"四种形态"，健全和完善追责问责机制；改进纪检监察工作机制，建立教育、网络、文化反腐一体化的运行机制。

关键词： 高等院校　反腐倡廉　纪检监察体制　廉政风险防控　廉洁文化

高等院校作为科学研究、人才培养、服务社会、文化传承创新的机构，向来被认为是一方"净土"。但是，随着市场经济的发展和高

---

* 罗新远，西北政法大学廉政文化研究中心主任，教授，博士；鲁洋，西北政法大学廉政文化研究中心研究员，副教授，博士；高翔，西北政法大学廉政文化研究中心研究员，硕士。

等教育体制改革的不断深入，这一方"净土"也不可避免地被来自社会上的各种消极腐败因素所侵袭。近年来，高校腐败现象也呈现多发态势。基于高等教育的特殊性，人们对高校的腐败现象往往更为关注，容忍度更低，因此，高校的反腐倡廉建设更应该引起高度重视。

一 中国高校党风廉洁与反腐败的现状及问题

根据教育部 2016 年统计数据，无论是全国普通高校的数量，还是其所拥有的教职工人数都是非常庞大的。而在这样一个庞大的群体里面，其腐败问题却往往被人们所忽视。我国研究生培养机构、高等院校数量及普通高等学校教职工人数见表 1、表 2。

表 1　我国研究生培养机构及高等院校数量

机构	数量
研究生培养机构	830 个（普通高校 548 所，科研机构 282 家）
普通高等学校	2879 所，本科院校 2595 所（包括独立学院 266 所），高职（专科）院校 1341 所，
成人高等学校	284 所
民办的其他高等教育机构	734 个

表 2　我国普通高等学校教职工人数

单位：万人

职工	人数
普通高等学校教职工	236.93
普通高等学校专任教师	157.26

相对于社会其他领域的腐败而言，高校的腐败问题，既具有共性又有其行业特殊性，必须对其进行客观分析。共性表现为腐败通常滋生在

某些权力相对集中的领域,如基建、管理、财务等领域;行业特殊性表现在学术腐败、科研经费管理、招生录取、校办产业管理等方面。

中纪委监察部公布的数据显示,从2013年3月至2015年12月,被中纪委通报的101位高校领导中,2013年被中纪委查处的高校领导干部为18人,一年之后这一数字攀升到42人。2015年,全国有42所高等院校66名校领导被中纪委点名通报,至少已有9人被"双开"。几乎每周都有1人被通报,仅12月份,就有15人被通报。2015年12月1日,曾经一度达到单日通报10人的峰值。被通报高校所属的省份、地域覆盖范围较广,曾涉及23个省份之多。其中,北京成为被通报人数最多的地区,2015年被通报人数为23人,占被通报总人数的34%。其后依次是黑龙江、四川、陕西、湖北、河北、吉林、山东、安徽、广东、重庆、贵州、湖南、福建、江西、广西、浙江、河南、辽宁、新疆等。

高校腐败案件多发,并且呈现高发的态势。仅2015年高校领导就有66人被通报,37人被查处。在被查处的高校领导中有27%的人是因"利用职务便利、收受钱款",还有16%的人在"利用职务便利、收受钱款"的同时还"与他人通奸",影响极其恶劣。2015年全国一本院校成为高校腐败的重灾区,被通报的人数为37人,占被通报总人数的55%,而其中最为严重的为985、211院校,占到通报总人数的近四成。另外,被查处的高校领导干部出现腐败问题的原因也是多样的。如收受钱款、收受钱款且与他人通奸、公款旅游、违规超标用车、违规兼职、办公用房超标以及违规为子女操办婚礼等。除此之外,还有一些人虽然没有贪污受贿等行为,却因责任缺失导致被通报、查处。

我们应当清楚地看到,高校腐败问题由于其社会关注程度高,腐败问题社会影响面大,其潜在的社会危害性远远大于其他行业。因此,这也决定了高校反腐倡廉工作的要求与社会其他行业相比较应该更为重视和严格。从近几年高校反腐倡廉工作的实践来看,高校党风

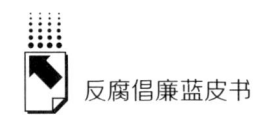

廉政建设总体呈现良好的发展态势，取得了较为明显的新成效，但也存在不少问题。

(一)部分高校领导抓廉洁建设"精气神"不够，"一把手"腐败的比重较大

十八大以来，全面从严治党，党风廉政建设反腐败工作形成高压态势，绝大多数高校党委都非常重视党风廉政建设和反腐败工作。但仍有部分高校党委对党风廉政建设不同程度上存在着"不愿抓、不会抓、不敢抓"的现象，导致招生徇私舞弊、基建工程贪污、科研资金挪用、国有资产流失等腐败问题频频出现。另外，目前高校领导干部中"双肩挑人员"占有相当比例，导致高校党政领导存在着工作精力不足、重科研轻管理、对反腐倡廉建设重视不够以及缺乏自我约束警醒等问题。2013年3月至2015年底，共有一百多名高校领导因违纪问题被中央纪委通报，其中55人是高校"一把手"。这些"一把手"们在实际生活中大多独断专行、作风霸道，大搞"一言堂""一支笔"。由于缺乏相应的监督制约机制，"一把手腐败"现象在高校腐败案件中尤为明显。

(二)高校腐败隐蔽性较强，重点领域权力寻租问题突出

自1998年实施《高等教育法》以来，高校办学的规模和自主权力不断扩大。某些高校民主管理制度不健全，权力运行透明度不高。高校作为一个"小社会"相对封闭，使得高校腐败具有一定的隐蔽性。高校在教学、招生、科研、后勤、基建、财务、学生管理及资产管理中存在的隐形腐败问题成了高校腐败的新特点。高校腐败的隐蔽性还在于腐败行为主体呈现年轻化、高层次、高学历的趋势。当前，一些高校的腐败分子借助互联网等先进技术手段进行违法活动，表现为预先设置反侦查手段和措施，使其腐败活动更具隐蔽性，加大了发现和惩处的难度。

高校管理是一个较为复杂、相对封闭的系统，不仅涉及的管理环节较多，事务庞杂，而且高校扩招以后师生数量与管理人员不相匹配，加之后勤、基本建设、物资采购等敏感岗位又非高校的主业或主要岗位，一般不会引人关注。大多数人不愿交流到这些岗位工作，因而后勤、基建工作人员长期固定，最终导致这些涉及财物的关键岗位权力寻租问题突出。目前，可以说，从基建工程、后勤修缮到物资设备采购，从招生录取、学习考试到研究生推免，从学术诚信到科研经费，腐败几乎渗透到了高校所有关键领域和环节，主要集中在权力集中者和敏感岗位负责人等方面，且级别跨度大，小到一般办事人员大到校级领导。

（三）腐败共同体作案持续时间长，窝案串案频发

高校相对封闭，具有关键、敏感岗位人员通常较为固定等特点，这就为腐败分子相互勾结、形成利益共同体创造了条件，极易导致窝案串案。以某部属高校的经济犯罪案件为例，此案涉案金额达600多万元，涉案人员达33人，其中处级干部11人，科级干部12人；四川某高校的"教材腐败系列案"也是如此，小小的教材科，上至科长，下到普通职工，几乎被"一网打尽"；云南某大学的系列腐败案件，涉案人员数十人，学校原党委书记等6人均被移送司法机关处理。

（四）高校纪检监察体制不顺，监察工作缺乏"上位法"依据，专业人才匮乏

目前，高校在腐败案件的查办过程中，办案条件、手段和专业人才方面都存在着诸多不足。虽然大多数学校都在廉政风险防控方面有所作为，但在深化和加强内控机制建设方面，大多数还停留在用文件落实文件上。第一，从办案条件看，高校在办案过程、惩治腐败过程中易受到客观软硬件条件的制约，达不到《中国共产党纪律检查机关案件检查工作条例》《中国共产党纪律检查机关控告申诉工作条

例》的要求。高校纪委是在同级党委的领导下工作，因此，往往缺乏独立性和权威性。纪委如何履行监督职责，尤其是对"一把手"监督会变得比较困难。第二，从办案手段看，高校纪检监察制度在信访、办案、监察等方面存在制度空白，造成某些领域或环节无章可循，无法可依；或者制度还不够完善，缺乏相应的配套措施或实施细则，导致在具体操作中难度较大，甚至难以执行。第三，从办案人员的专业角度看，存在着专业不对口、职数配备不足的问题。如许多高校纪委专职干部都是非专业对口人员，且人员配置不足，缺乏相关理论知识和岗位实践经验，导致办案效果不佳。从监督来看，纪检监察部门往往是进行事后监督，而对于事前监督和事中监督显得较为乏力，难以提出有效的防范措施。另外，监督体制不顺和监督方式单一也是造成监督乏力的重要因素。高校的监察工作监察效果不尽如人意，原因在于缺乏上位法等可操作性的制度作指导以及受到体制的限制。目前大多数高校实际中主要采取现场监督和年终检查两种监督方式，因此，监督机制的不完善、监督方式的单一使学校纪检监察工作的独立性、可操作性、权威性受到削弱。

（五）垂直和属地管理并行导致出现管理的"真空地带"

依照现行的体制，我国的高校都设有一定的行政级别。国家985工程重点建设的大学（31所），副大军区级的国防科技大学都属于副部级高校；除去副部级的所有一本、二本院校，包括211工程大学属于厅局级高校；高职高专院校、有公办民助性质的独立学院均属于副厅局级的高校。

从中央纪委监察部网络通报的情况分析来看，985、211工程大学及部属高校发案率高，究其原因是垂直管理和属地管理并行出现管理"真空地带"。部属高校行政级别较高，业务由部垂直管理，但党风廉政建设和反腐败工作、基本建设及招投标工作多为属地管理，这样极易造成主管部委管不到、属地部门不愿管的现象,在管理上出现"真空地带",导致许多腐败问题长时间不被发现。

(六)横向科研项目相关管理制度不健全

科研经费管理目前已成为高校资产管理的一个热点难点问题。2015年,全国高校的科研经费有1223亿元,其中420亿是来自与企业单位合作研发项目的经费,主管部门与其他政府部门专项经费660亿元,承担各类课题有39.75万余项。尤其是近些年来,随着校企合作的加强,各类社会资金纷纷进入高校科技领域,从而使得高校横向科研经费呈现大幅增长趋势。然而,由于当前高校的横向科研管理制度不完善,不严谨,朝令夕改,管理出现过于宽松、成本核算不规范等问题,科研经费管理矛盾突出。比如一边是挤占挪用、虚列支出,一边是管得太死,挫伤科研人员积极性。预算在执行的过程中缺乏灵活性,对劳务费等支出的限制较多,往往导致科研主持人的付出在科研经费中难以得到体现,容易挫伤研究人员的工作积极性,从而导致科研动力不足、效率低下。各高校横向科研经费管理各高校管理制度的不健全不完善导致了腐败隐患明显高于纵向科研经费。

(七)腐败有向普通教职工、学生群体蔓延的趋势

有些高校受到社会风气的影响,如学生会内部官场潜规则盛行,一些学生向教师、辅导员、行政干部行贿,以换取入党、评优、推免等各种照顾。这些问题必须引起高校的高度重视,其社会影响大,危害深。

二 中国高校党风廉洁和反腐败的新进展

党的十八大以来,一系列有关高校反腐倡廉建设的制度相继制定

出台。如《中共教育部党组关于进一步加强直属高等学校领导班子建设的若干意见》(2013年)、《严禁教师违规收受学生及家长礼品礼金等行为的规定》(2014)、《国务院关于改进加强中央财政科研项目和资金管理的若干意见》(2014年)、《中共教育部党组关于落实党风廉政建设主体责任的实施意见》(2014年)、《中共教育部党组关于深入推进高等学校惩治和预防腐败体系建设的意见》(2014)、《教育部改进作风二十项措施》(2014年)、《高等学校领导班子及领导干部深入解决"四风"突出问题有关规定》(2014年)、《高等学校领导人员廉洁从业规定》(2015年)、《推进简政放权　严格依法行政　持续深化教育改革》(2016年)、《教育部党组学习贯彻国务院第四次廉政工作会议精神》(2016年)、《切实增强"四个意识",坚决落实全面从严治党要求,努力打造风清气正的教育政治生态》(2016年)。

上述制度为遏制高校腐败滋生、蔓延,推动高校反腐倡廉建设奠定了良好的制度前提和基础。各高校在此基础上,结合自身实际,围绕相关重点环节和领域的反腐倡廉制度建设进行了各项有益的探索。

(一)落实"两个责任",打造风清气正的教育政治生态

落实高校党风廉政建设责任制方面,部分高校采取了责任分工和责任到人的方式。如湖北省高等学校按党委主体责任70%、纪委监督责任30%的比例进行综合评价和年度考核;西北政法大学推出了《中共西北政法大学委员会关于落实党风廉政建设党委主体责任纪委监督责任的实施意见》及《西北政法大学纪委书记约谈办法》;西安建筑科技大学也采取了责任分工、责任到人的方式。

在广西大学举办的驻邕公办高校党委履行党建责任和党风廉政建设责任现场考核,是广西在各行业中的首次尝试。武汉大学制定了《武汉大学党风廉政建设责任制实施办法》,落实党风廉政建设责任

制，要求坚持党委统一领导，党政齐抓共管，纪委组织协调，部门各负其责，依靠群众的支持和参与。要坚持集体领导与个人分工负责相结合，谁主管、谁负责，构建一级抓一级、层层抓落实的党风廉政建设责任体系。

净化教育政治生态，应当从营造良好的教育环境入手，打破恶性循环。开展高校反腐倡廉建设，除了进行相应的制度建设以外，还存在着一个净化教育政治生态的问题。要充分发挥廉政文化的教育、引导、渗透功能，使高校的领导干部、教师等形成普遍且持久的共同廉洁认知态度与价值取向，从而使腐败者置身于一种强大的社会舆论压力和个人心理压力之中。

高校廉政文化制度建设方面，清华大学成立了廉政研究室，形成了以"三个注重"为核心的校园廉政文化建设机制，即注重思想教育、注重制度建设、注重监督检查，开启了我国高校廉政文化研究序幕。中共陕西省委高等教育工作委员会整合全省高校廉政文化研究资源，在西北政法大学挂牌成立"陕西高校廉政文化研究中心"。广州大学制定了《广州大学廉政文化进校园活动试点工作方案》。广西百色学院等依托红色资源优势，打造特色廉政文化。目前，据不完全统计，全国高校各类廉政研究机构已有114个。其中，经中央纪委批准，建立了中央纪委第一批理论研究联系点。包括北京大学、清华大学、西安交通大学、广州大学的研究中心和廉政研究所。

四川省形成了干部廉洁从政、教师廉洁从教、学生倡廉崇洁三位一体的工作格局。陕西省高教系统开展党风廉政建设主题教育63场次，受众12600余人。在廉政教育宣传方面，西安工程大学开展廉政宣传教育月，举办廉政文化作品展和廉政书籍展、廉政文化图片展。西安财经学院举办"第二届党风廉政宣传作品大赛"。在廉政教育内容方面，上海交通大学修订完善了《上海交通大学校领导学习制度》；武汉工程大学编写了《大学生廉洁文化简明教程》。

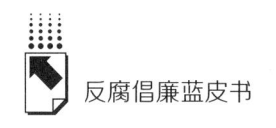

（二）针对重点部位、环节及关键岗位出台廉政风险防控管理办法

2015年，教育部发布《教育部直属高校和直属单位基本建设廉政风险防控手册》，对基本建设项目的建设流程和可能产生的廉政风险点进行逐一梳理，明确提出每个廉政风险点的防控措施和责任主体。目前全国大多数高校针对重点部位、环节均制定了本校的廉政风险防控管理办法，通过采取前期预防、中期监控、后期处置等措施，对预防腐败工作实施科学管理。通过廉政风险防控管理工作，理清管理事项，分析查找权力运行的风险点和薄弱环节，明晰重点领域、关键环节，提高干部和重点岗位工作人员接受监督、参与监督和化解廉政风险的意识，形成廉政风险防控管理的监督体系。例如，首都医科大学制定、实施的《重点部位和关键环节监督体系》针对该校14个热点和焦点部位的工作进行重点监督，确定了84个监督指标。构建校内、校外联动反腐模式，发挥反腐的合力，已成为一些高校反腐倡廉的新举措。如北京大学纪委、北京科技大学纪委、北京外国语大学纪委、中国农业大学纪委和海淀区人民检察院制定了《五所高校、海淀区人民检察院预防职务犯罪工作联席会议规程》，建立了"五校一院"预防职务犯罪工作联席会议。绍兴文理学院与绍兴市人民检察院合作建立了预防职务犯罪教育研究基地。

（三）重视发挥高校巡视工作利剑作用，充分利用络资源创新高校反腐倡廉建设

第一，加大巡视力度，明确巡视职能定位。东南大学完善巡视工作举措。一是完善领导体制和工作机制。二是完善巡视程序和步骤流程。第二，强化巡视结果运用。一是运用到推进院系党风廉政建设中。二是运用到加强干部选拔任用和监督管理当中。三是运用到源头

预防和治理当中。

十八大以来，中央巡视组和教育部巡视组已先后巡视了教育部、中国人民大学、复旦大学和5所直属高等学校，通过巡视诊断发现，目前高校腐败主要发生在七个重点领域：招生录取、基建项目和物资采购、财务管理、校办企业、科研经费和学术诚信。

在违规招生方面，以中国人民大学为典型的49起违规问题和案件被查处，47人被移送司法机关，114人受到党纪政纪处分，14人受到谈话提醒和组织处理。在基建项目和物资采购领域方面，根据2012年度全国教育系统职务犯罪情况统计，基建工程案件占到总数的24%。在高校物资采购领域的腐败案例也有很多，涉及教材、实验器材、后勤事务、宿舍卧具采购等方面。在校办产业方面，如巡视组指出复旦大学的"校办企业管理中'一手办学、一手经商'现象突出，监管制度不健全，校辖附属医院摊子大、权属杂、监管难，极易诱发腐败"。上海理工大学原校长许晓鸣在兼任上海交大昂立股份有限公司、上海交大产业投资管理（集团）有限公司、上海交大南洋股份有限公司等董事长、总经理期间，非法收受钱款总计人民币113万余元，并利用职务之便，为他人谋取利益。

针对上述巡视发现的问题，教育部印发了《关于进一步加强高校自主招生信息公开和监督管理工作的意见》《关于进一步规范工商管理硕士专业学位研究生教育的意见》，正在制定出台《高等学校学术不端行为处理办法》《高等学校哲学社会科学繁荣计划专项资金管理办法》等制度。各省高教工委根据国家的法律法规，结合省内高校实际，制定出台了相关管理规定和制度措施。如陕西省委高教工委在全省高校推行高校纪检监察综合信息平台建设，通过平台内的采购监察系统、任前廉政考试、党风廉政教育、政策法规库等模块，加强对高校采购活动的监督，提升监督实效，完善高等院校干部任前廉政考试制度，实现在线廉政教育，从而积极推进全省高校系统纪检监察

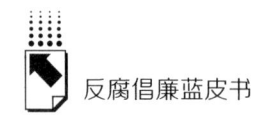

工作信息化建设。同时，在全省高教系统组织开展"主体责任"和"监督责任"约谈1949人次，任前廉政建设谈话1361人次，诫勉谈话159人次，领导干部述职述廉6755人次，函询65人次。其中，工委领导围绕"两个责任"约谈高校副校级以上干部89人次。共组织党风廉政专项检查226次，检查单位1863个，提出整改意见和措施7638条。全省高教系统共受理纪检监察信访举报637件次；初核103件，同比增长45.1%；立案22件，同比增长120%；组织处理26人，党政纪处分30人，刑事处理7人，责任追究18人，挽回经济损失692万元，保持了严惩腐败的高压态势。

目前，网络资源已成为不少高校进行反腐倡廉建设的新平台。如杭州师范大学开通了"廉洁杭师大"微信平台以及廉政手机报，绍兴文理学院启动了"预防腐败网络监管平台"，华南理工大学建立"清风园"网，大连理工大学建立"大学生廉政教育网"，湖南大学廉政研究中心建立"中国大学生廉洁教育在线"网站，辽宁工学院建立"清风校园网"，东北大学建立"东大廉政网"，等等。

三 进一步加强高校党风廉洁与反腐败的思考与建议

（一）重视高校廉洁生态建设，完善权力制约机制

高校作为意识形态领域的重要高地，社会对高校的腐败问题关注度比较高。高校风清气正的政治生态对于高校自身和社会风气的进步都是至关重要的。党风、校风、教风、学风是影响高校政治生态的重要因素。因此净化高校政治生态，关键在于培育廉洁的校园环境。解决高校腐败问题，应从净化高校政治生态系统入手，打破恶性循环，涤荡贪腐的堕落风气。运用生态学原理，系统论的方法，

从教育、惩治、制度建设、廉洁文化建设等方面进行全方位、系统的廉洁高校建设。

除此之外，完善权力制约机制亦是约束高校腐败的重要手段。高校应当建立健全权力清单和责任清单，依法依规履行职责，推进清理高校内部各单位权力事项，依法依规划定行为边界。同时加强对各单位"一把手"的监督，完善"三重一大"决策制度和领导班子议事制度，扎紧扎牢制度的笼子，加强对考试招生、科研项目、政府采购、教材出版、学校基建、校办产业等重点领域和关键岗位的治理和监管，防止权力滥用。全面推行信息公开、自主管理、建设依法办学、民主监督、社会参与的现代大学制度。

（二）加强监管监督，减少管理"真空地带"

针对由于垂直管理和属地管理出现的管理"真空地带"而导致的许多腐败问题，第一，应当明晰垂直管理和属地管理双重责任主体，由谁主管就由谁负责，理清责任关系，明确双方分工，截堵因高校行政级别高属地"不敢管、不能管、不便管"的问题，尽可能减少管理出现"真空地带"。第二，要理顺高校的法人治理结构，更加强调高校民主治校，使高校的教职员工能够充分参与到高校的重大决策中去，包括对校长的任命，保障全体教职员工的知情权、参与权、表达权和监督权。第三，加强监管，除了任命高校领导的教育部门之外，要发挥其他相关部门的监管作用，如发挥高校审计监督的"免疫作用"。进一步加强直属高等学校内部审计工作，健全内部审计工作领导机制，充分保障内部审计机构的独立性，深化经济责任审计，加强重点领域审计，拓宽内部审计范围，加强审计整改和责任追究，推进结果公开。第四，要积极推行校务公开，加大学校内部监督，同时要加大高校预算、招生、办学质量等向社会公开的力度，改变高校封闭运行缺乏社会监督的现状。

（三）完善高校内部治理结构，建立预防和惩治并重的反腐败体系

高校应坚持标本兼治、综合治理、惩防并举、重在预防的方针，严格贯彻和执行《关于坚持和完善普通高等学校党委领导下的校长负责制的实施意见》。通过章程的制定，对各项规章制度进行完善，尤其是要健全干部选用、基建、后勤、招生等腐败易发领域的规章制度，让管事、管钱、管物的人照章办事、依法办学、依规理教，保障广大师生和人民群众的知情权、参与权和监督权，用制度管好权力、用好权力。

高校党委要切实履行主体责任、挑起担子，把党风廉政建设和反腐败工作纳入学校发展总规划，既要管事更要管人，履行好"一岗双责"，一级抓一级，层层加压，管好班子，带好队伍。高校应当建立健全权力清单和责任清单，依法依规履行职责，推进清理高校内部各单位权力事项，依法依规划定行为边界。全面加强二级学院党委的主体责任，健全二级学院纪检监察组织、人员及责任清单，推行信息公开，自主管理、民主监督、全员参与的反腐倡廉机制。

高校要深入开展纪律教育，组织党员干部认真学习贯彻《准则》和《条例》，教育引导其牢固树立党章党规党纪意识。践行监督执纪四种形态，用好教育批评、组织监督、纪律检查和立案审查。要用铁的纪律整治各种面上的顶风违纪行为，做到执纪必严，违纪必纠，有责必问，问责必严。要发挥案件查办的震慑作用，对违反中央八项规定精神问题保持高压态势，加大对隐身变异的违反八项规定的问题深挖细查，使其无处藏身。高校党委和纪委要自觉担负起党风廉政建设的"两个责任"，落实好"两个责任"，高校党委是全校党风廉政建设和反腐败工作的责任主体，是党风廉政建设的领导者、执行者、推动者，应始终将反腐倡廉工作摆在更为突出的位置。

(四)改进高校纪检监察工作机制,建立教育、网络、文化反腐一体化的运行机制

高校纪检监察工作普遍存在着自我监督的通病,作为学校的内部监督机构,在上下级和同级监督中受到诸多约束和限制。尤其是从近年来查处的高校腐败案件来看,绝大多数涉案者是高校的党委(副)书记、(副)校(院)长。高校的纪检监督机构缺乏独立性,对领导班子缺乏强有力的监督。教育主管部门要着眼顶层设计,解决好高校纪检监察制度层面的完善、对接、统一和协调问题。高校纪检监察部门要聚焦主责主业,强化监督、执纪、问责三大职能,更好地发挥党内监督专门机关的作用,促进高校党委主体责任的落实。要重视离任审计的震慑作用,改变只能由组织部门委托才能启动对干部离任审计的做法,使"先审后离"成为领导干部离任审计制度的一项基本原则。同时高校纪检监察要重视高校作为思想道德高地的建设,不断加强校内反腐倡廉思想教育,包括廉洁从政教育、理想信念教育、廉洁奉公教育和职业道德教育等。采取典型案例教育、廉政课程培训等方式,可利用网络、信息、智能化校园的技术平台等新技术、新手段,注重发挥廉洁文化的优势,建立教育、网络、文化反腐一体化的运行机制。

专题报告

Special Reports

B.10
扩权背景下四川乡镇干部预防腐败的实践探索[*]

四川省社会科学院课题组[**]

摘　要： 近年来，强镇扩权和扩权强镇成为农村地区基层政府改革和权力配置的必然趋势。通过改革，镇一级党委政府在事权、财权、人事权等方面都取得了传统乡镇一级政府不可比拟的权力。权力与责任相匹配。乡镇扩权后，要加强对乡镇党委书记的监督制约，完善党的基层纪律检查体制，重视运用互联网技术，推行清单制度，完善党务政务公开，健全对镇乡干部的激励

---

[*] 本文为四川省哲学社会科学规划重点项目（SC14A016）的阶段性成果，感谢香港中文大学中国研究服务中心、四川省纪委监察厅党风廉政建设研究中心对本文调研和写作提供的帮助。

[**] 课题组成员：李后强、陈井安、吴翔、廖冲绪、孙鹏、宋玉霞；执笔人：吴翔。

机制，重视对镇乡干部的廉洁教育。

关键词： 扩权改革　乡镇干部　预防腐败

乡镇是中国农村地区最基层的行政建制单位，是目前正在大力推行的新型城镇化战略的重要支撑极[1]，其管辖范围从几十平方公里到几百上千平方公里不等，管辖区域由较小面积的场镇和广袤的乡村组成。随着权力配置的改革，一些乡镇的管辖范围扩大，干部手中的权力增加，如何加大监督力度，防止群众身边腐败行为和不正之风的发生，是特别需要及时关注的问题。

一　乡镇一级的扩权改革

改革开放以来，随着家庭联产承包责任制的推行，农村劳动生产率大幅度提高，闲置劳动力增多，加之政府对社会经济活动的管制减弱，整个国家工作重心转移到经济建设上来，这些闲置劳动力开始离开土地，在场镇附近从事第二、第三产业的开发，农村各地离土不离乡的乡镇企业蓬勃兴起，务工经商的农民向场镇大量集聚，各地的场镇特别是那些在撤销片区之前曾作为过县级政府派出机构——片区所在地的区域中心镇，凭借其长期的行政对经济活动的吸附能力以及相对优越的地理位置得到了长足的发展。这些镇在非农产业的开发、场镇面积、风貌打造以及交通建设、医疗卫生、中小学建设等公共基础设置等方面逐渐与普通乡镇拉开了差距，其对周边乡镇居民的吸纳能力和吸引能力进一步提升。

---

[1] 吴翔：《镇的起源与流变》，《学术论坛》2015年第11期，第83页。

20世纪末21世纪初,随着交通条件和通信方式的改善,"政府的行政管理能力和能够承接的行政管理幅度大幅度提升,加之裁减冗员、转变政府职能的呼声不绝于耳,成为官方和民间的共识,全国各地普遍实施并加快了撤区(片区)并乡的步伐,加大了对小乡小镇的撤并力度",[①] 从而使得各地的中心镇辖区面积、管辖人口、场镇规模进一步加大,中心镇的管理幅度、管理难度、管理方式以及上级政府对这些镇的管理要求与一般的乡镇出现了较大的区别。于是,各地相继对普通的乡镇和中心镇采取实施了有所区别的行政管理体制,总的方向是对中心镇进行扩大权力式的改革,改革包括强镇扩权和扩权强镇两种情况。在实践中,首先进行强镇的扩权改革。一些经济社会发展水平较高的镇随着经济社会发展程度的深化,其场镇规模、非农产业发展程度、社会管理的难度都远非一个镇级的行政机构能够管理得过来的。于是,在社会管理、公共服务、市场监管等政府职能的行使上出现了典型的"小马拉大车"的局面,"权力在上、责任在下",权责之间出现了严重的不匹配现象。以安全生产监管为例,镇级政府没有执法权和处罚权,但对安全生产又具有属地管理责任。一旦出现安全生产事故,镇党委政府得承担很大的责任。对于场镇的违章建筑、私搭乱建的管理也是如此,镇政府虽能第一时间发现,却无权查处,上级规划部门有行政执法权,但人手不足,又不能及时发现制止。镇级政府机构在政府职能的行使上举步维艰。

在职责同构的行政体制带来的繁重事务和上级政府绩效考核的双重压力下,这些强镇被迫从政府权力的拥有和使用上寻求突破,在不涉及行政区划层级调整的情况下寻求扩权改革,将一部分属于县级政府的经济社会管理权力通过延伸派驻机构、下放人财物到镇等形式赋予镇政府,以便更好地推进当地的经济社会发展。当这些

[①] 吴翔:《镇的起源与流变》,《学术论坛》2015年第11期,第86页。

强镇的扩权改革进行到一定的时候，积累了一定的经验，上级政府就会选取某些处于农村地区的中心镇开展扩权强镇的试点。目的是通过扩权，带动一大批农村地区中心镇的城镇化建设，促进农村地区的就地城镇化。

浙江、广东、江苏、山东、重庆、四川等地纷纷对中心镇的扩权式改革进行了不同程度的探索。在实践中，各地的一些县级派出部门[①]开始从普通乡镇收缩、撤离，同时将人员转移至中心镇，用充实后的中心镇的机构管理附近区域内乡镇的相关业务。各地开始加大中心镇党委政府对县级政府部门派出机构的管理、考核、监督权限，给予中心镇更多的行政事业编制、人员配备，更多的税收分成、返还和非税收入分成，中心镇的党政主要领导的行政级别也开始与普通乡镇主要领导拉开差距，一些地方开始对经济实力强大的中心镇主要领导行政级别高配为副县（处）级，甚至规定这些镇的党委书记进入县委常委序列。

在各地探索的基础上，国家层面也开始重视中心镇的扩权式改革。2011年，中央编办会同中农办、发改委、公安部、财政部等部门，在河北、山西、吉林、江苏、浙江、安徽、福建、山东、河南、湖北、广东、四川、陕西13个省开展经济发达镇行政管理体制改革试点工作，初步确定进行试点的镇共计25个。[②] 在国家试点镇的基础上，各地又自行确定了一批试点名单，试点的总体方向是向镇一级

---

① 这些部门通常被称为"条"的部门，以与乡镇政府本身的内设机构"块"相对。
② 在文件通知中将这25个镇称为经济发达镇，但实际选点的时候考虑了不同地域、不同经济发育程度的镇的代表性，所选取的镇并不一定是当地经济发育程度最高、聚集人口最多的镇，从这个意义上来说，称其为中心镇更为合适。这25个试点镇名单如下：河北省高碑店市白沟镇、山西省介休市义安镇、吉林省磐石市明城镇、江苏省昆山市张浦镇、江阴市徐霞客镇、兴化市戴南镇、吴江市盛泽镇、浙江省义乌市佛堂镇、余姚市泗门镇、安徽省无为县高沟镇、天长市秦栏镇、福建省晋江市陈埭镇、南安市水头镇、山东省广饶县大王镇、河南省安阳县水冶镇、信阳平桥明港镇、湖北省钟祥市胡集镇、谷城县石花镇、广东省增城市新塘镇、佛山南海狮山镇、东莞市长安镇、四川省大竹县庙坝镇、新津县花源镇、陕西省岐山县蔡家坡镇、南郑县大河坎镇。

政府放权、放人、放机构、放设备、放资金,做实做强镇一级政府,提升镇级政府的公共服务能力、社会管理能力、市场监管能力、区域事务的统筹协调能力、周边辐射区域经济社会发展的带动能力以及就近吸纳农业人口的能力。① 一系列改革措施的相继出台和实施有力地促进了中心镇的快速发展,全国各地涌现出了一大批经济实力雄厚、非农产业发展较好、人口聚集众多的中心镇。国家发改委城市和小城镇改革发展中心2014年9月的信息显示:我国现有超过10万人的镇就达152个,其中人口规模在10万~20万的,达到小城市规模的就有142个。人口规模在20万~50万的,达到中等城市规模的有10个。特别是东南沿海地区,一些特大镇的财政收入年均可达几十亿元,按照现有的标准早已是市了。②

四川省于2010年6月正式启动了新津县花源镇、大竹县庙坝镇两个镇的扩权改革试点工作。与此同时,四川所属的一些地级市也在积极探索扩权强镇改革。2013年,成都市在花源镇改革试点的基础上,将改革试点范围扩大到全市除主城区以外的全部14个县(市)共14个镇,同时,四川也在全省范围内启动了扩权强镇试点,自贡、宜宾、资阳、德阳、广元、广安等市根据发展需要和各地实际,选取部分镇开展了改革试点探索,并积累了具有当地特色的试点工作经验。2013年底,省委编办会同省经济发达镇行政管理体制改革试点工作指导小组成员单位研究起草并印发了《关于创新体制机制推动全省百镇建设发展的若干意见》,在全省范围内启动了创新体制机制推动百镇建设发展相关工作,将经济发达镇扩权改革试点与省委、省

---

① 如四川省于2013年启动百镇建设试点行动,选取区位优势明显、交通条件好、有一定产业和规模基础及发展潜力的工业型、商贸型、旅游型中心镇进行试点,力争通过2~3年的努力,明显增强其吸纳能力、承载能力和辐射能力,带动全省小城镇每年就近就地转移50万左右的农业人口,降低人口转移成本。
② 李文姹:《镇改市好处显而易见》,《广东建设报》2014年9月24日。

政府中心工作紧密结合起来,进一步丰富了镇级行政体制改革的内涵、拓展了改革的外延,使此项改革在与时俱进中得到巩固深化。

二 扩权后镇一级权力行使的主要变化

通过扩权改革,镇一级党委政府在事权财权人事权等方面都取得了传统乡镇一级政府不可比拟的权力,权力的覆盖范围、实施手段大大增加,行权效果改善,通过扩权,有效地促进了镇域经济社会的良序发展。

(一)事权增大

作为最基层的政府,镇政府最主要的职能就是满足当地群众的基本公共服务需要和社会管理需要,由此,事权的下放成为各地扩权改革的首要目标。新津县按照"权责一致、依法下放、能放则放"的原则,将14个县级部门共96项行政管理事权以及与城乡居民生活密切相关的公共服务事项下放给花源镇。[①] 花源镇则将所有行政许可和政务服务事项向镇便民服务中心集中,并依托村村通电子信息政务网络向村(社区)延伸,在所有村(社区)设立便民服务室,实行"一站式"服务,将劳动、民政等6个部门的28项涉农服务事项向村(社区)便民服务室延伸,免费为群众提供诸如求职登记、申请低保、申领独生子女证等事项的代办服务。大竹县将111项县级经济社会管理权限以及与城乡居民生活密切相关的公共服务事项下放到庙坝镇,并细化了下放权限的内容、办理时限和责任主体。成都、广元、自贡、宜宾、资阳等地,也相应下放部分县级行政审批和社会管

---

① 《改革试出新活力 多点多极新天地——记四川省经济发达镇行政管理体制改革试点》,中国机构编制网,http://www.scopsr.gov.cn/bbyw/dfjgbzxxkd/dfts/201607/t20160722_288699.html,2016年9月22日。

理权到试点镇,实现了大部分与法人和自然人相关的政务服务事项就近就地办理。2010年以来,自贡市在19个乡镇开展了扩权强镇改革试点,把该给试点乡镇的权限全部下放,重点将面向基层和群众的社会管理、公共服务权力事项分类扩权到乡镇。[①] 2013年成都市金堂县按照依法下放、应放尽放,分类下放、分批实施,权责一致、强化民生的原则,向淮口镇下放了两大类权限:一是涉及产业发展、项目投资、规划建设、市政交通、环境保护方面的规划、建设、城管、环保、交通等部门的部分县级行政权限;二是涉及民生和公共服务的民政、卫生、文化、社保、公安户籍等方面的县级行政权限。一共13个县级部门的660项行政权力下放到淮口镇;此外,县公安局、房管局等6个部门的45项行政权力采取延伸的形式落地到淮口镇,后根据淮口镇的实际需要进行动态调整,共计下放行政权力609项、派驻延伸审批服务事项69项。

(二)财权增大

按照财力与事权相匹配的原则,各试点地区进一步理顺县(市、区)与试点镇财力分配关系,积极探索建立和完善有利于经济发达镇发展的财政体制。在试点中,通过将县级部分超收收入通过转移支付安排给试点镇,并在土地净收入和城市基础设施配套费返还,产业、社会事业和基础设施项目建设以及用地指标等方面对试点镇给予倾斜,扩大了试点镇财权,确保试点镇有钱办事。通过加大财政支持力度,近年投入试点镇的基础建设、产业发展、新村及场镇建设等经济发展和民生工程的资金逐年增长。新津县明确将花源镇域内地方财政收入县级所得部分全额留镇,同时,县财政每年还专门划拨2000万元经费用于花源镇基础设施建设,并将镇域内土地有偿使用收入净

[①] 《"一改三放"扩权力 扩权强镇添活力》,《四川日报》2015年3月26日。

收益的11%划拨镇财政用于社会管理和公共服务支出。① 大竹县按照"财事匹配、放财活血、促进发展"的原则,坚持"一级政府一级财政"的改革方向,对庙坝镇实行"镇财镇管镇用县监管"的财政管理制度和独立预决算,县财政按季度全额返还城市基础设施配套费和土地出让金县级分享部分,返还社会抚养费的80%,返还上缴国税地方留成部分25%的4个百分点、地税县级分享部分的30%,②用于庙坝镇的经济社会事业发展。

（三）人事任命权增大

传统的乡镇管理体制采取的是条块分割的方式,镇党委政府仅仅对所属内设机构的工作人员具有一定的人事任免权,对于那些上级政府部门派驻到镇上的机构工作人员则不能干预其人员配置、工作运转和绩效考核,这在很大程度上造成了基层政府的"条块分割"局面,对镇党委政府工作的有效开展造成了很大的影响。扩权改革以来,镇党委政府在配备镇领导班子成员、任免派驻机构主要负责人、选拔任用中层干部、优先选用新进人员等方面都具有了一定的权限。一是试行灵活的用人制度。成都、宜宾等地立足试点镇近年来职能职责增加对人才需求迫切的实际,在适当调剂增加试点镇人员编制、充实试点镇工作力量的同时,通过赋予其采取公招、遴选和从高校选拔等方式引进或聘用急需紧缺人才的权力,有效地优化了人员结构,有力地推进了政府工作。二是改善镇干部的使用管理。明确镇班子成员配备提拔需听取镇党委意见;中层干部由镇党委任免并报组织人事部门备案;工作人员招录调动须事先书面征求乡镇党委意见;打破试点镇行

---

① 《一个改革试点乡镇的"五变"》,人民网,http://politics.people.com.cn/GB/70731/17839010.html,2016年9月22日。
② 孟秋菊:《农村社会治理创新视域下的基层政府社会管理创新路径探析——以四川省大竹县庙坝镇为例》,《农村经济与科技》2015年第3期。

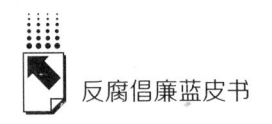

政事业干部身份，根据个人特点和工作需要统一调配使用等。通过上述方式，既提高了试点镇党委对干部管理的话语权，又调动了乡镇干部的工作积极性。三是探索实行"县管镇用"的管理模式。在编制、人事关系不变的基础上，宜宾、广元等试点地区将县级部门派驻乡镇机构人员的日常管理和考核权下放到乡镇，由乡镇根据工作表现进行考核，主管部门仅对乡镇进行工作考核，不再考核到个人，进一步强化了乡镇对县级派驻部门人员的管理，提升了乡镇统筹管理的能力。

三 对扩权后镇级干部预防腐败的若干思考

权力是滋生腐败的本原条件，扩大了的权力导致腐败风险的扩大。在强镇扩权和扩权强镇成为基层政府改革与权力配置必然趋势的情况下，加强对权力行使者——镇干部群体的监督制约，健全相应的预防腐败体制机制是完善国家治理体系，提升治理能力的现实选择。

（一）加强对镇党委书记的监督制约

在镇一级，从组织架构和权力配置来看，党委书记都是整个镇级机构的核心。一些扩权镇的党委书记通常高配为副县级，一些重要的大镇的党委书记甚至进入县委常委行列，镇长从行政级别上来说则很少高配。党委书记一人在整个镇的党政序列中地位最高，没有任何人可以与其相当。加之党政合署办公，党政一体化，党委书记权力的含金量大且集中。如果党委书记以权谋私、滥用职权，不仅会造成巨大的经济损失，还会严重影响党在人民群众心目中的形象。要防止权力的滥用，完全依靠掌权者的"信念、忠诚和其他优秀的精神品质，这在政治上是完全不严肃的"，[①] 必须建立和完善对镇党委书记的监

---

① 列宁：《俄共（布）中央委员会政治报告》，《列宁选集》第四卷，2012，第679页。

督制约体制。

为此,要加强上级纪委和监察部门对镇党委书记的监督。认真落实上级纪委书记同镇党委书记谈话制度,对镇党委书记在思想作风、工作作风、领导作风和生活作风等方面存在的突出问题及时进行提醒和教育,做到早打招呼早防范。上级纪委和监察部门要时时提醒镇党委书记加强对其配偶、子女等近亲属和其他特定关系人的教育和管理,防止他们打着自己的旗号牟取私利。要建立对镇党委书记的"全天候""全方位"监督机制,加强对镇党委书记重要节假日和工作时间之外生活情况、人际交往情况的监督,防止他们利用手中权力编织权钱交易网。为避免上级纪委和监督部门的监督"走过场",要建立上级纪委和监督机构的责任追究制度,凡是监督不力导致镇党委书记以权谋私、滥用职权的,要追究上级纪委和监督部门的相关责任。

要认真落实"三重一大"制度。对重大决策、重要干部任免、重要项目安排、大额资金的使用等,严格执行领导班子集体议决制和投票表决制,镇党委书记在议决过程中实行末位发言,在投票表决中,只能拥有一票。同时,镇纪委应按照有关规定和程序对集体议决和投票表决的全过程进行监督,并将监督情况上报上级纪委备案。特别是要加强对镇党委书记的人事任命权的监督,防止镇党委书记利用人事任命权安插亲信、排斥异己,在干部队伍中搞小圈子和小集团,防止镇党委书记利用手中的权力随意突破编制数量的限定,违规使用编外人员。

针对扩权镇的落地项目多,财政自主支配权力大,应建立和落实镇党委书记不分管财务和建设工程招投标的制度,同时,要加强对镇党委书记的经济审计,坚持"以权定责,以责定评",重点审计党委书记是否有利用手中的权力进行寻租的行为,是否有违规使用资金的行为,是否有直接干预财政资金使用的行为。对审计中发现的重大问题要深入分析原因,及时形成专报上报相关部门。

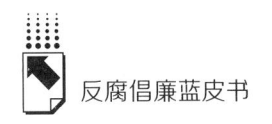

要落实党风廉政建设的主体责任，镇党委书记必须承担起所在镇的党风廉政建设的第一责任。建立健全对扩权镇党委书记的风险预警、纠错整改、内外监督、考核评价和责任追究机制；形成一整套行之有效的廉政风险防控体系。

（二）完善党的基层纪律检查体制

"党的各级纪律检查机关是党内监督的专门机关，纪律检查体制是否科学有效，关系重大。"[1]《中国共产党章程》第四十三条明确规定："党的地方各级纪律检查委员会和基层纪律检查委员会在同级党的委员会和上级纪律检查委员会的双重领导下进行工作。"[2] 为此，应探索完善符合基层实际和特点的纪检监察体制机制，进一步整合配强基层纪检监察力量，明确查办腐败案件以上级纪委领导为主，线索处置和案件查办在向同级党委报告的同时必须向上级纪委报告，强化上级纪委对下级纪委的领导权和提名权，镇纪委书记、副书记的选拔和任命由上级纪检监察机关会同组织部门决定。镇纪委工作人员包括书记、副书记等均实行异地交流任职，并从制度上规定任职满一定期限必须进行重新交流，纪委工作人员不得兼任镇上的其他职务，不得从事与纪检监察无关的工作，确保专职专干。纪委办公场地单独设置，工作人员的工资福利与办公经费由上级财政部门单独拨付，与镇党委政府完全脱钩，做到人、财、物三个方面的独立性，摆脱监督主体受监督对象制约的局面，保障纪检监察的独立性和有效性。同时，基层纪检监察机构还要搞好与公检法司、审计等相关机构和部门的协调、沟通和配合，与这些机构和部门一道推进镇级党风廉政建设和反腐败斗争。纪检监察部门对违反相关规定的基层干部要严肃处理，该

---

[1] 赵洪祝：《进一步强化权力运行制约和监督体系》，《人民日报》2013年11月27日。
[2] 《中国共产党章程》，人民出版社，2012，第55~56页。

组织处理就组织处理，该纪律处分就纪律处分。要重视发挥纪委巡查组的作用，加强对扩权镇党政领导干部和工作人员的巡查督查工作，保证巡查经费的独立性，做到巡查时间的灵活性，增加巡查次数，加快巡查节奏，充分利用多样化的巡查方式加强巡查工作，及时向巡查对象反馈巡查结果并限时整改，强化巡查成果的运用。

（三）强化对镇干部的法律监督、舆论监督，重视运用互联网技术进行监督

镇干部处于社会管理和公共服务的第一线，滥用权力对人民群众造成的伤害最直接、最具体，也是引起农村群体性事件、降低基层政府公信力的重要原因。随着扩权改革的深入推进，镇干部对基层社会事务管理的权力大大增强，许多权力的运用都涉及人民群众的切身利益，为此要综合运用各种监督渠道加强对镇干部的监督制约。

一是加强法律监督。强化镇人大代表通过询问、质询、执法检查、听取和审议工作报告等形式进行监督。人大代表应利用法律赋予的权力，将监督检查伴随政府工作的方方面面。强化事前监督，镇党委政府在进行行政决策、开展行政行为之前，应充分听取人大代表的意见和建议；强化事中监督，以有效的监督尽量减少镇干部在工作中出现的各种失误；强化事后监督，帮助镇干部改进工作方法，提升行政效果。此外，还应强化司法机关独立公正地行使检察权和审判权，查处镇干部的违法违纪行为。

二是要强化舆论监督。"舆论监督是人民群众行使监督权的一种直接方式，具有其他监督手段无可替代的作用"，[1] 基层纪检监察部门应拓宽舆论收集的渠道，既可以明察暗访、进村入户搜集相关舆情，也可以利用现代信息技术搜集相关信息。当前，互联网和移动互

---

[1] 赵洪祝：《进一步强化权力运行制约和监督体系》，《人民日报》2013年11月27日。

联网已经下乡进村,微博、微信已经普及到乡村,通过微博微信等技术,老百姓能够很方便地参与基层社会事务的管理,参与对基层干部履职行为的监督工作。为此,基层纪检干部应深入田间地头,向老百姓宣传反腐、信访相关知识,发放信访举报卡,积极引导和培育民间反腐力量,建立与人民群众的直接联系。同时,应建立健全网络舆情收集、研判、处置机制,及时处理和回复网络举报和网上反映的各种情况,推动公众监督走上法治化、规范化、制度化的轨道,不断提升监督的质量和效果。要大力推行网络问政,充分发挥书记、镇长信箱的功能和作用,充分调动新闻媒体的舆论监督作用,通过网络、信箱、宣传栏等及时回复人民群众关心的各种问题,在基层形成一个立体化、多面化、全方位的预防腐败体系。

相对于一般乡镇而言,虽然扩权镇行政区划面积较大,流动人员较多,但在一定程度上还是一个熟人社会,人情文化、面子观念依然存在,为使社会公众的监督有效化,提升监督的质量和水平,应尊重举报人、问题反映人的意见,对于不愿意实名制举报的,要保护举报人、问题反映人的隐私,防止被举报对象的打击报复,使举报者消除后顾之忧。

(四)在镇一级全面推行清单制度,完善党务、政务公开

公开是最好的监督,权力公开透明运行能够有效防止腐败。清单制度是公开的最好载体,要全面推行权力清单、责任清单和负面清单制度在扩权镇的落地生根。通过三项清单在基层的实施,使老百姓了解哪些事情是镇党委政府该做的,哪些责任是镇党委政府必须承担的,哪些事情是镇党委政府不该干涉的。镇党委政府要对掌握的各项公共权力进行全面统计,对于每一项公共权力,都应明确权力项目的名称、实施依据、行使机构、行使规则、运行流程、责任事项、追责情形、廉政风险点、监督投诉渠道等,并以列表清单的形式公之于

众，主动接受社会公众的监督。同时，镇党委政府的所有公职人员都要对具体承担的职责进行"签字背书"和公开承诺，对工作中敷衍塞责、失职渎职、消极不为的，纪检监察部门要严格按照规定处理和处分。

镇党委政府要完善党务公开、政务公开制度，认真落实《政府信息公开条例》，深化财政预决算、重大建设项目和社会公益事业信息公开改革。在公开内容上，凡是涉及群众切身利益的事项、群众普遍关注的事项、容易发生腐败问题领域和环节的事项，都要做到及时全面准确地公开，主动回应社会关切；在公开形式上，要采取通俗易懂的形式，将复杂的数据、深奥的道理简单化，使得老百姓真正知晓明白，防止公开工作中的形式主义；在公开手段上，要充分运用互联网技术，大力推进互联网+政务建设，加强政府网站建设，加快政府微信公众平台建设，推进政务微博建设，推动行政权力公开透明运行，让老百姓能够方便快捷地通过网络了解到最想了解的信息，不断提高人民群众的满意度。

（五）建立健全对镇干部的激励机制

从行政层级上来看，镇干部处于行政的最低层级，其级别最低、收入最低，由于其收入低、职务级别提升无望，相当一部分镇干部在工作中不作为，少数镇干部置党纪国法于不顾，铤而走险，以身试法，深陷贪污腐败的泥沼而不能自拔。为此，要有效预防镇干部的消极腐败，还必须建立健全对镇干部的激励机制。

首先，要提升镇干部的收入水平，建立健全镇干部正常的收入增长机制。一是，大幅度提高镇干部的基本工资，建立乡镇公务员和事业单位人员基本工资标准正常调整机制。原则上，今后的基本工资标准每年或每两年调整一次，而不是长期不变，调整的主要依据是这类人员与企业相当人员工资水平的调查比较结果，并综合考虑国民经济发展、财政状况和物价变动等因素，最终确定乡镇公务员和事业单位基本工资标准的调整幅度。二是，实施倾斜性、差异化的津补贴制度，调动镇干部的工作积极性。在严格规范镇干部津补贴的同时，建立镇干部下乡津补贴制度，根据各地生活水平、物价水平、各乡镇管辖服务范围远近和交通难易程度等设立区别性的下乡津补贴制度，以提高镇干部多下乡、多向边远地区服务的积极性。

其次，大力推行职级并行制度，拓宽和畅通镇干部的晋升通道。在我国的公务员体系里，职务晋升一向被视为最大的激励。职务对工资水平具有决定性作用，担任了什么领导职务，就是什么级别，职务和级别直接挂钩，而职级的功能被明显弱化。在镇一级，行政职务本来就处于职务层级的低端，即使有行政职务的领导干部，其行政职级往往也不高，很多没有行政职务的基层公务员其行政职级就更低了，而要去挤行政职务，无异于是"千军万马过独木桥"，很多基层公务员工作多年，也无法晋升行政职务，提高薪酬待遇，各种消极腐败现象就此产生。为此，应大力推行职级并行制，从制度设计上，允许乡镇公务员从级别上可以上升到处级公务员相应的级别序列，而非止步于科级序列。实行职务和级别并行以后，乡镇公务员可以获得职务、职级双重晋升的机会，这样，"既能够为担任领导职务的乡镇公务员保有职务晋升的动力，又为踏实工作的普通干部预设了正常的职级晋升阶梯，使职务和职级成为基层党政干部相互独立、互不干扰的职业发展双阶梯"。[①] 同时，应强化职级对乡镇公务员薪酬待遇的影响，随着职级的提升，乡镇公务员的经济待遇会获得相应的提升。通过职级并行制的推行，使得每一个乡镇公务员只要在工作岗位上认真努力，做出贡献，就都能够通过职务或职级的晋升提高相应的待遇回报。

---

① 《不当领导也可享受干部待遇 公务员"双梯制"破题》，《统计与管理》2014年第11期，第96页。

再次，要建立对扩权镇干部的提拔使用制度。通常，扩权镇是当地县域经济发展的排头兵，是人口大量集聚的小城镇，镇域的治理难度较之一般乡镇大，镇干部的工作难度和强度都比一般乡镇大。在扩权镇工作一段时间后，这些干部的知识结构、工作能力和水平，特别是处理复杂问题的能力和水平都会得到明显的提升。在干部的使用上，上级党委政府应将重点培养的干部放到扩权镇去任职。在干部的提拔上，应着重考虑扩权镇，注重从扩权镇的优秀干部中提拔使用。同时可以考虑建立县域内的干部必须到扩权镇培养锻炼一段时间才能够被提拔使用的人事制度，充分发挥制度的导向作用，鼓励优秀人才流向扩权镇，优化扩权镇的干部队伍，调动扩权镇干部干事创业的积极性。

（六）重视对镇干部的廉洁教育，创新教育方式，提升自律意识

廉洁自律与外部监督犹如车之双轮、鸟之两翼，"是我们党保持全心全意为人民服务宗旨和保持党员领导干部素质的一对有力武器，是相互联系、相互作用、相互影响的"，[1] 是有效预防腐败的有力武器。随着权力的下放、机构的扩大、人员的增加、经济的发展和各种项目的落地实施，对于扩权镇的干部们而言，在对其进行有效外部监督制约的同时，他们更应该自觉加强自身修养，提高自身品行，自觉树立坚定的拒腐防变观念，自觉抵制各种消极腐败思想的影响，自觉远离权钱交易、权色交易的圈子，自觉践行"亲""清"的新型政商关系。

在强调自觉自律的同时，相关组织和机构也应加强对扩权镇干部的廉洁教育，不能以工作忙、事情多为借口，将对镇干部的廉洁教育

---

[1] 林幹：《廉洁自律与权力监督》，《广州市财贸管理干部学院学报》2004年第2期，第48页。

形式化、边缘化，搞成口头上重视、形式上走过场，实际上不重视。要采取请进来、走出去、自己干三维立体的方式，强化廉洁教育的实效。上级纪检监察部门的领导应该亲自到扩权镇进行廉洁教育，镇纪委应采取聘请专家讲、邀请领导讲、纪检干部讲、镇干部自己讲等形式，在扩权镇开展"廉洁大讲堂"，丰富廉洁教育的内容，延伸廉洁教育的深度。当然，在时间上，相关机构必须充分考虑扩权镇干部工作忙、事情多的具体事实，将廉洁教育与其他工作充分结合，充分利用"三会一课"、中心组学习等时间进行廉洁教育，充分利用现代网络媒体如微信、微博、政务平台等进行廉洁教育，通过创作廉洁教育心灵鸡汤、廉洁教育群发短信，以令干部们轻松愉悦的形式，实现教育的目的，将干部们工作之余浏览花边新闻的时间拉到浏览廉政段子上来。要经常性地组织党员干部到革命烈士墓、红色教育基地、廉政教育基地等接受革命传统教育和警示教育。要向镇干部推荐廉政教育阅读书目，要挤出时间在镇干部中开展"读廉政教育书籍，谈心得体会"活动，要建立和强化同事之间的互教、互帮体制机制，同事之间要经常性地红红脸、出出汗，常扯衣袖，常打预防针，做到防微杜渐，对党员领导干部和普通党员身上可能存在的廉政风险，用民主生活会或者个别谈心等方式加以化解，同时，要认真贯彻落实《干部教育培训工作条例》，加强和改进对扩权镇干部的廉政教育培训，将干部们分批分次送到专门的教育机构接受教育培训，强化党员干部的廉洁自律意识。

为政清廉才能取信于民，秉公用权才能赢得人心。基础不牢，地动山摇，"蝇贪"之害不弱于"虎"。在扩权改革的背景下，随着镇干部手中权力的增大，必须抓好镇一级干部的廉政建设，做好预防腐败工作，坚决惩处存在于基层的各种滥用权力的行为，真正把权力关进制度的"笼子"里，切实增进基层党委政府在人民群众中的公信力，永葆党的生机与活力。

B.11
黑龙江佳木斯市推进全面从严治党向基层延伸的实践与启示

顾百文 谢宝禄 陈静

摘　要： 全面从严治党是"四个全面"战略布局之一，也是实现其他"三个全面"的重要保障。本文从推动全面从严治党向基层延伸的路径探索入手，通过研究基层群众身边易发多发腐败问题的表象和指征，分析推动全面从严治党向基层延伸的关键因素，梳理了推动全面从严治党向基层延伸的具体路径。通过总结落实全面从严治党向基层延伸的主要成效，形成了实践全面从严治党向基层延伸的思考和建议。

关键词： 黑龙江　佳木斯市　全面从严治党

党的十八大以来，随着全面从严治党力度不断加大，从严治党逐步从关键少数向基层延伸、向全体党员延伸，这是维护党的形象与威信、切实维护群众利益的现实要求，也是保持党的先进性，巩固中国共产党的执政地位、团结带领全国人民实现中华民族伟大复兴的"中国梦"的必然要求。习近平总书记在十八届中央纪委六次全会上指出："推动全面从严治党向基层延伸，对基层贪腐以及执法不公等问题，要认真纠正和严肃查处，维护群众切身利益，让群众更多感受到反腐倡廉的实际成果。"[①] 习近平总书记的重要讲话从推进全面从严治党战略的高度聚焦基层腐败问题，表明了坚定的治党决心，彰显了鲜明的问题导向。黑龙江省佳木斯市认真贯彻党中央的战略部署，把全面从严治党的要求落实到基层党建的各项工作中，把管党治党的触角延伸到基层、下移到基层，强化基层党组织建设，坚决查处、惩治基层贪腐，切实维护人民群众的根本利益，让全面从严治党不留死角。

一 推动全面从严治党向基层延伸的路径探索

以黑龙江省佳木斯市为例，当前，基层党风廉政建设的压力较大、任务繁重。近几年来，佳木斯市各级纪检监察机关受理、查处发生在基层和群众身边的腐败案件呈逐年上升态势。2013～2016年9月末，全市共受理信访举报7677件，其中反映基层问题的3170件，占41.29%。查办案件1576件，处分1987人，其中查处基层案件1426件，占90.48%，处分1815人，占91.34%。问题涉及的领域不断扩大，涵盖基层党风政风、社会生活的各个领域。而且，基层腐败的主体从"一把手"蔓延到具有其他行政职权的关键岗位，从县（市）区职能部门延伸到基层站所，从乡镇干部扩大至村干部。要解决这些问题，就必须把全面从严治党延伸到基层，彻底解决基础性问题，把全面从严治党不断引向深入。

（一）基层群众身边易发多发腐败问题的表象和指征

结合佳木斯市近年来大力惩处群众身边腐败问题的实践，通过梳

---

① 《习近平在第十八届中央纪律检查委员会第六次全体会议上的讲话》，《中国纪检监察》2016年第10期。

理分析执纪审查案例发现,当前在基层群众身边,有几个方面的腐败问题易发多发。

1. 欺上瞒下,骗取国家补贴补偿资金

采取虚报土地面积、虚报补助户数、编造子虚乌有的工程项目等方式,直接或变相骗取国家各种财政补贴资金、救济款、补助金。如1999~2012年,富锦市大榆树镇福合村书记徐庆山、福仁屯会计张贵林受大榆树镇政府委托,从事测量、上报、发放松花江干堤富锦市东堤防洪工程福合村福仁屯占地补偿款工作。两人利用职务之便,在测量、上报防洪工程占地面积时,多报占地27垧,套取国家占地补偿款10.8万元。又如,2013年,富锦市向阳川镇东风村原会计杨刚利用负责申报审核农户土地农业保险理赔工作的职务便利,虚报本人及部分农户灾情面积,骗取国家政策性农业保险理赔金6.8万元。

2. 内外勾结,贪污侵占和套取国家惠民资金

有的国家公职人员与申请人之间、村委会成员之间,甚至基层干部与不法商人勾结起来,共同贪污侵占或套取国家惠民资金。如2016年,桦南县在审查新农合资金时,在明义乡发现乡卫生院在2014年7月至2015年8月期间,通过虚增患者住院天数和伪造患者住院手续、门诊统筹报销病历等手段,多次套取新农合资金,共计70216.83元。该县还通过数据信息比对,查出13名国家公职人员与乡卫生院医护人员内外勾结,既参加医疗保险又参加农村合作医疗,套取新农合资金48253.34元的问题。又如,2012年,富锦市第二医院原医生赵广借用5名低保患者新型农村合作医疗证、低保证等证件,以开具假处方、假诊断等手段,套取新型农村合作医疗补偿资金和农村医疗救助资金51966.73元。

3. 勒索卡要,不给好处不办事

有的国家公职人员利用贷款、宅基地申请、计划生育指标分配、房照办理、经营审批等方面的职务便利,向群众索要各种"回扣"

"手续费""辛苦费"。如富锦市头林镇农村信用社原主任刘彬利用向农民发放贷款的职权索要好处。每贷款1万元就要收取100元的"好处费",不给好处就不发贷款,在两个贷款季刘彬就收受贿赂121.5万元。又如,2014年,富锦市大榆树派出所,要求所辖村屯带麻将馆的食杂店必须按月上缴赞助费,不交缴赞助费就不让经营麻将馆。又如,2012年春,郊区敖其镇兴隆村村团支部书记、民兵连长周宝春,在对33户村民泥草房改造统计、上报过程中,以照相费、复印费、表格费、手续费的名义,违规向28户村民每户收取费用150元,共收取了4200元。

4. 私设关卡,乱执法乱罚款

一些行政执法部门,部门利益刚化,违背国家法律政策,设卡执法罚款,严重破坏经济发展环境,损害群众利益。如2015年5月7日,汤原县交警大队第二中队原中队长汝有林及协警张明军、刘贵宝在上路治超执法中,在不具备检查超载处理规定和条件的情况下,仅凭目测就对22辆货车做出超载违法行为的处罚决定。又如,郊区道路运输管理站沿江稽查队队长于2013年3月至2014年4月在非管辖区域设卡执法收费,违规处罚47900元。

从佳木斯市的情况看,在农村,基层党员干部在扶贫救济、土地征收流转、惠农补贴、低保医保、旧村改造资金管理、"三资"管理方面以权谋私、虚报冒领、贪污侵占问题仍然不断发生。而这些问题,正是目前让广大人民群众最为痛恨的损害其切身利益、影响其感受经济社会发展收获感的腐败问题。

推动全面从严治党向基层延伸,目的就是要解决基层存在的贪污腐败不作为、消极怠政慢作为、执法不公乱作为等诸多问题。推动全面从严治党向基层延伸,既要通过传导压力、严肃问责,落实"两个责任",同时也要通过构建咬耳扯袖、红脸出汗的常态载体,实现抓早抓小,更要通过保持惩处的高压态势,严肃查处损害群众利益的问题。只有把全面从严治党推向基层,才能彻底解决这些问题,才能让人民群众真真切切地感受到党的先进性、纯洁性,才能使人民群众更好地团结在党的周围,凝聚起改革发展的巨大力量。

(二)推动全面从严治党向基层延伸的决定性因素

习近平总书记强调,实现党的十八大确定的各项目标任务,进行具有许多新的历史特点的伟大斗争,关键在党,关键在于从严治党。当前,中国正处在经济发展转型升级的关键时期,广大党员干部忠诚于党、忠诚于事业,坚持有所为、有所不为,把群众工作做深做细做透,以实干求实绩,以实干求发展。只有将全面从严治党的重心向基层延伸,才能够促进各级各部门党员干部整体作风进一步提升,用作风建设的持续改善凝聚党心、民心,为经济社会发展夯实基础。

1. 推动全面从严治党向基层延伸关键在于管人、管事、管权

管党治党是全党共同的政治责任,只有把基层干部管好、管牢、管廉,才能真正地把权力关进制度的笼子,强化权力运行监督。只有把管党治党的触角延伸到基层,才能不断完善事务公开、科学议事、民主决策的规则和程序,让权力在阳光下运行;只有把管党治党的触角延伸到基层,不断完善监督预防体系,才能对重要工作、重大项目、重点领域实施风险评估机制,从决策、立项到实施,强化监督跟进,变事后监督为事前、事中全过程监督,确保权力运行规范有序;只有把管党治党的触角延伸到基层,才能切实加大干部问责力度,切实做到有错必纠、有责必问,使权力监督真正成为带电的"高压线"、干部的"保护区";只有把管党治党的触角延伸到基层,同步建立开放式、全方位的管理监督机制,才能充分发挥舆论监督、社会监督和群众监督等各方面的力量,让"为官不为"者随时被发现、随时被问责;只有把管党治党的触角延伸到基层,认真贯彻落实中央《推进领导干部能上能下若干规定》,建立健全群众评价机制,才能让政治素质高、干

事能力强、群众基础好的干部上得去,让群众意见大的干部没位子。

2. 推动全面从严治党向基层延伸关键在于惩贪、正风、肃纪

把管党治党的要求向基层延伸是坚持铁腕反腐、"零容忍",保持有腐必反、有贪必肃的高压态势,坚持"老虎""苍蝇"一起打的现实要求。新时期的纪检监察工作,既要严肃查处领导干部违纪违法案件,又要切实纠正发生在群众身边的不正之风和腐败问题。基层干部密切联系群众,每天处理的都是直接关系民生和群众切身利益的大事小情、家长里短,所以必须要坚持把严守纪律、严明规矩挺在前面,坚持抓早抓小、抓细抓实,注重抓小错、抓小案、抓小节。从党纪党规教育入手,教育基层干部弄清楚什么能做、什么不能做,对党员干部多敲打、多提醒,经常红红脸、出出汗、扯扯袖子、咬咬耳朵。切实加强日常监督和管理,发扬"钉钉子"精神,在"常"和"长"二字上下功夫,坚持不懈地敲下去,坚持作风建设常态化,发现反弹及时严肃处理。

3. 推动全面从严治党向基层延伸关键在于练兵、正己、自律

"打铁还需自身硬",把从严治党的重心下移,有利于锤炼各级纪检监察干部队伍,提升纪检监察工作整体水平。要打造一支政治强、业务精、敢担当、作风正的纪检监察干部队伍,基层是最好的"练兵场",加强对纪检监察干部队伍的综合培养,应在实践中把工作重心向基层倾斜,使纪检监察干部在基层实践中接地气、增底气,不断提高履职尽责能力,使他们理想信念更坚定、责任意识更强烈、自我约束更严格,在严于律己、以身作则的同时,进一步提升基层纪检监察工作实效,更好地服务基层党风廉政建设工作。

(三)佳木斯推动全面从严治党向基层延伸的主要路径

面对推动全面从严治党向基层延伸的形势任务要求,黑龙江省佳木斯市结合党风廉政建设制度建设、宣传教育、检查考核和群众身边腐败问题专项治理，树立责任意识，坚持常抓不懈，在路径探索上做出了积极尝试。

1. 坚持以规范制度固化责任

佳木斯市出台了《关于落实党风廉政建设党委主体责任和纪委监督责任的实施意见（试行）》等一系列制度性文件，为有效落实"两个责任"提出了明确要求和考核标准。此外，佳木斯市纪委还组织9个单位10名市管党政主要领导向市纪委全委会述责述廉述作风，现场接受市纪委委员廉政质询和民主测评，先后约谈84名党政一把手，督促其承担全面从严治党的责任，推动党员干部廉洁从政。

2. 坚持以宣传教育明确责任

2016年5月19日，佳木斯市开展了亮身份、践承诺的"党员纪律日""党员固定活动日"活动。旨在通过开展此次活动加强党的纪律建设，不断提高基层党组织的创造力、凝聚力和战斗力，唤醒党员的党章党规党纪意识，做讲政治、有信念，讲规矩、有纪律，讲道德、有品行，讲奉献、有作为的合格党员。以佳木斯市桦南县为例，全县139个共驻共建单位党员领导干部参加了此次活动，县处级领导干部也积极深入到所在社区参加党员承诺活动并认领服务岗位，充分发挥了党员的先锋模范作用。该县结合"党员纪律日""党员固定活动日"活动，规定了17个"规定主题"＋若干个"自选主题"。在职党员在"八小时之外"到居住地所在社区"亮身份、展身手"，党员根据自身的能力、条件和特长，加入"党员服务中心""志愿者服务队"，立足社区所需、居民所急、自己所能，开展志愿服务，认真履行党员义务，塑造党员率先垂范、诚信守诺的良好形象，使广大党员联系群众有"平台"，服务群众有"目标"。活动当天共有1000余名在职党员认领了环境卫生、法律咨询、医疗服务、敬老爱老等服务岗位，并签字承诺，为社区居民提供全面、便捷、高效、优质的服务。该县在立足群众所需和党员作风转变的同时，注重加强党员党纪党规的学习和"八小时之外"党员干部纪律情况的监督,聘请了30位退休老干部、老党员作为义务监督员,并颁发义务监督员聘书,让广大党员随时处于人民群众的监督之下,使党员自觉做到守纪律、讲规矩、知敬畏、存戒惧,追求廉洁自律高标准,远离违纪违规红线,永葆共产党员清正廉洁的政治本色。

3. 坚持以考核检查强化责任

佳木斯市把严明党的纪律作为督促主体责任落实的重要切入点,在全省率先开展了党的纪律建设专项监督检查,整合党委、政府、纪委监督资源,对10个市属单位政治纪律、组织纪律、财经纪律和廉洁纪律执行情况开展专项检查,发现问题57个,并限期整改,跟踪问效,用纪律保证主体责任落实,得到了省纪委和市委的认可。佳木斯市各派出(驻)纪检监察机构加强了对驻在单位的日常监督检查,尤其是把领导干部离任审计以及专项审计报告中反映出的问题作为监督检查的重点,督促其对存在的问题进行及时整改。"2015年,各派出(驻)纪检监察机构共开展专项检查10项、日常监督200余次,发现并督促整改问题90余个,立案调查54件。"①

4. 坚持以追责问责落实责任

佳木斯市在全市组织开展了"责任追究年"活动,注重在纪律审查、重点督查、专项检查和集中整治中,查找因责任缺失、履职不力造成影响和损失的问题,强化责任追究,下追到底、上追到顶。"2015年,共实施问责94件,追究责任204人,给予党纪政纪处分114人。"② 2016年佳木斯市集中开展了群众身边腐败问题专项治理工作,在开展专项治理工作中保持了对腐败违纪问题惩处的高压态

---

① 《十二届市纪委六次全会工作报告》,佳木斯市纪委监察局网站,http://www.jmsjjw.gov.cn/html/2308/hzs_ wangsa_ 20160104093747.html,2016年11月10日。

② 《十二届市纪委六次全会工作报告》,佳木斯市纪委监察局网站,http://www.jmsjjw.gov.cn/html/2308/hzs_ wangsa_ 20160104093747.html,2016年11月10日。

势,严肃查处了损害群众利益问题,做到发现一起惩处一起、惩处一起通报一起、通报一起警示一片的作用。通过突出问题强化各级党委和纪检监察机关责任担当,严肃整治一批突出问题,处分一批违纪违法人员,通报一批典型案例,警示教育一批基层干部,真正做到有权必有责,用权必监督,滥权必追究,形成惩治腐败、查处损害群众利益的高压态势。

二 落实全面从严治党向基层延伸的主要成效

随着责任的固化、明确、强化、落实,全面从严治党向基层延伸这项工作在黑龙江省佳木斯市扎下了根,并逐渐枝繁叶茂。近年来,佳木斯市从市委做起,坚决贯彻中央和省委关于全面从严治党的各项要求部署,形成层层负责全面抓,上下贯通从严抓,确保覆盖基层、延伸到位的工作格局。

(一)明确责任分工,构建完善责任体系

1. 落实市委领导班子全面责任

坚持把抓全面从严治党向基层延伸作为党风廉政建设的一项重要工作内容,牢牢牵住落实党委主体责任这个"牛鼻子",认真学习贯彻落实中央和省委部署要求,结合党风廉政建设形势,依托《关于落实党风廉政建设党委主体责任和纪委监督责任的实施意见(试行)》,明确了领导班子、领导干部抓全面从严治党向基层延伸的职责和任务,着力构建了系统完备、规范科学、运行有效的责任体系。市委常委会及时对涉及全面从严治党向基层延伸的重要会议、文件精神进行传达贯彻,对重大决策部署、重要改革举措出台进行集体学习、集体审议、集体决策。年初以来,先后召开8次常委会研究部署全面从严治党向基层延伸有关工作,真正把党委领导班子的全面责任

落实到位。

2. 落实市委书记第一责任

市委主要领导积极担责、主动履责,在认真履行党风廉政建设第一责任人职责的同时,把全面从严治党向基层延伸工作第一责任人职责也牢牢抓在手上。市委主要领导部署重要工作、协调重点环节、过问重大问题、督办重要案件,先后主持召开和参加有关工作会议10余次,就查处群众身边腐败问题、制度机制建设、重大案件等相关工作做出批示或指示30余次,特别是对于重点工作随时听取市纪委工作汇报,对市纪委的案件随报随批,重要案件亲自指导,重要信访件和重要干部线索亲自过问。

3. 落实班子成员"一岗双责"责任

市委常委班子成员立足"抓领导、领导抓",严格按照"谁主管、谁负责"的原则,切实担负起分管范围内全面从严治党主体责任。认真履行"一岗双责"职责,把自己所承担的责任分级、分战线落实到部门,层层抓好落实,干好分内事、深耕"责任田",确保工作职责管到哪里,全面从严治党向基层延伸的责任就延伸到哪里。

(二)压实责任担子,打造闭环落实链条

坚持把纪律和规矩挺在前面,着力打造明责、履责、问责的完整链条,形成各级党组织落实全面从严治党向基层延伸的"闭环效应",让铁规发力、禁令生威,确保全面从严治党在基层落地生根。

1. 抓教育引导知责

结合"两学一做"学习教育,把党中央、中央纪委、省委、省纪委对全面从严治党的有关会议、文件精神作为重要学习内容,通过中心组学习、党委书记讲党课、聘请专家学者讲课等形式,深入学习党章党规党纪,切实增强各级党组织落实全面从严治党要求的思想自觉和行动自觉。在每年的6月30日和12月4日,创新开展了"党员

纪律日"活动，通过学习党规党纪、测试学习成果、做出守纪承诺、开展谈话提醒、进行警示教育等多种教育形式，引导各级党委和"一把手"既要勇于担当种好"责任田"，又要严于律己筑牢"防火墙"，真正做到听党话、讲规矩、守纪律。对落实全面从严治党要求不力受到追责的典型案例进行深入剖析，制作成警示教育片和廉政微电影，组织全市党员干部观看，警示和引导各级党组织和党员领导干部增强紧迫感和责任感。同时，还开展了送新《准则》《条例》下乡活动，在市管干部配偶中开展了廉洁家风"五个一"活动，营造了崇廉尚廉的浓厚氛围，真正做到了廉政教育深入人心。

2. 抓厘清任务明责

着眼于构建横向到边、纵向到底的全面从严治党推进体系，做好"三个结合"。在总分结合上，按照《省委贯彻落实〈中央建立健全惩治和预防腐败体系2013~2017年工作规划〉实施办法》的要求，制定了具体实施意见，确立了市委负全市主体责任，市人大、市政府、市政协党委负本系统主体责任的责任体系。各级党委（党组）还进一步明确了党委（党组）书记为从严治党第一责任人，其他班子成员负领导责任，切实做到了"谁主管、谁负责。"在上下结合上，市委与各县（市）、区、市直各党委（党组），各县（市）区、市直各党委（党组）与下级党组织及班子成员层层签订了《目标管理责任书》，做到了层层明确责任，层层传导压力。在条块结合上，制定了《任务分解意见》，分解细化任务，明确了牵头领导、牵头单位、工作标准和完成时限，将每项工作的责任都落实到具体部门、具体人头，形成了层层有责、人人有责的工作机制。

3. 抓检查考核履责

突出开展了日常监督、专项检查和年终考核，督促各级党组织履责尽职。从市委督查室、市政府督查室、市纪委监察局抽调人员组成5个工作组，开展了常态化、无缝隙、全方位监督检查，发现问题及时整改。同时，还发挥考核在推进工作中的作用，固化检查考核流程、量化细化检查考核内容、统一检查考核标准，于年初组成11个联合检查考核组，对全市9个县（市）区、71个市直党委（党组）落实全面从严治党责任情况进行集中检查考核，并对属于整改纠正的问题通过召开党委扩大会、职工代表大会的方式逐一反馈整改意见，责令限期整改。

4. 抓责任追究问责

坚持失责必追责，倒逼责任落实。加大责任追究查处力度，在纪律审查、重点督查、专项检查、集中整治中查找责任缺失、履职不力的问题，做到有责必问、问责必严。2016年1~9月，实施问责282件，追究责任97人，给予党纪政纪处分42人。针对责任轻重不同，还通过制发督办单、提示书、公开通报以及谈话等形式予以提醒和警示，达到了问责一个、警示一批、教育一片的效果。

（三）坚守责任担当，切实扛起主体责任

党的领导本身就包含着管理和监督。佳木斯市认真履行党章赋予的职责，在思想和行动上紧跟中央部署，切实把全面从严治党作为分内之事、应尽之责，既挂帅、又出征，真管真严、敢管敢严、长管长严。

1. 切实担负起纠风肃纪之责

坚持经常抓、深入抓、持久抓，持之以恒纠正"四风"。抓住重要时间节点、紧盯"四风"苗头和变种，加强日常监督和检查，严肃查处各类违规违纪问题，推动作风持续向好。中央八项规定出台以来，佳木斯市共清理并停办各部门内部发行的简报、自办发行的期刊和出版物71种；封存超标公务用车133台，上收车辆743台，成立市公务用车平台；清理腾退办公用房640间，使用面积达21263.58平方米；清理腾退接待培训中心、基地3处，建筑面积达23703平方米，占地面积达133842.5平方米；市本级"三公"经费支出逐年下降，由2013

年的3441万元减至2015年的2819万元,两年分别下降6.2%、12.6%。2016年1~9月末共查处作风类问题132个,处理175人。

2. 切实担负起反贪惩腐之责

始终紧紧围绕遏制腐败蔓延势头的目标任务,以"零容忍"的态度严惩腐败,先后查处了一大批大案要案,形成了震慑。换届以来,佳木斯市共查处案件2666件,处分违纪人员2582人,涉嫌犯罪移送司法机关63人。应深入分析地区、部门和单位党风廉政建设和干部队伍整体状况,运用好监督执纪的"四种形态",特别是第一种形态,把党的领导融入对党员干部的日常监督管理中来,发现问题及时谈话提醒、警示诫勉,做到抓早抓小,既见"树木"又见森林。

3. 切实担负起党内监督之责

充分发挥巡查监督利剑作用。2016年,佳木斯市成立了巡察办,组建了4个巡察组,深入到环保局、工商局等8个市直部门就执行党的政治纪律、落实中央八项规定精神和优化发展环境三个方面开展专项巡察工作。健全监督机制建设,扎紧制度笼子。督促市政府在全国地级市首先公布权力清单,在全国首创了行政职权运行流程标准化管理。积极推进了行政许可和行政处罚等的信息公示工作,打造透明政府和公信政府。深入开展了廉政风险防控机制建设,全市各单位共制定防控措施7100个。健全党内政治生活,使批评和自我批评成为党内生活的常态,遇到重要或普遍性问题,需要开展批评与自我批评的,及时召开民主生活会,把事情谈透彻、说清楚。接到群众反映,经过查证确有轻微违纪行为的,让该同志在民主生活会上自我检讨,接受大家的批评帮助,起到提醒警示的作用。

三 实践全面从严治党向基层延伸的若干思考

近几年来,佳木斯市纪委监察局在推动全面从严治党向基层延伸

的工作中，大胆创新，勇于实践，探索了一些有效的工作方法，引发了一些思考。

（一）必须下大力气解决基层党组织建设薄弱的问题，真正使主体责任落得实、落得靠

基层党组织是全面从严治党的重要环节。党的基层组织犹如一条纽带，把千千万万的党员组织起来，使全党成为一个统一的整体，哪里党的组织建设薄弱，哪里就会成为一盘散沙，毫无战斗力、凝聚力可言，党的路线方针政策就难以得到贯彻执行。适应新常态的发展，有效破解基层党建薄弱的难题，就必须严格落实党委的主体责任，只有通过细化职责任务、强化履责指导、硬化失责追究、强化保障机制等措施，牢牢牵住基层党建工作的"牛鼻子"，才能使主体责任落地生根。

（二）必须有效解决"最后一公里"的腐败，全面从严治党不留死角

蝇贪成群，其害胜虎，基层贪腐案件发生在百姓身边，直接损害群众切身利益，直接侵蚀党群干群关系，对人民群众的影响更为直观，令人民群众更加深恶痛绝。"全面从严治党向基层延伸，就是要将群众反映强烈，藏身于'神经末梢'的'苍蝇'揪出，绝不允许出现'最后一公里'瓶颈。"① 管党治党向基层延伸，基层腐败得到有效治理，不仅有利于保障群众的切身利益，使中央各类惠民政策和惠民资金真正落地，提升人民群众在正风反腐中的获得感，还有利于进一步增强人民群众对基层党组织的认同感，巩固党的执政根基。

---

① 《反腐绝不能出现"最后一公里"瓶颈》，新华网，http：//news.xinhuanet.com/politics/2016-01/14/c_1117778747.htm，2016年11月21日。

（三）必须严肃问责，解决好在违纪问题处理上失之于宽、松、软的问题

多年来，党风政风问题和腐败问题一直被抓，但还是像割韭菜一样，割了一茬又一茬。很大程度上这是因为在处理违纪问题时我们失之于"宽松软"，一些基层官员无视党纪国法和信仰，纪律和规矩成为"橡皮泥""稻草人"。追本溯源，就是因为严格执行"一案双查""一问三责"的力度不够。《中国共产党问责条例》是全面从严治党的刚性制度"笼子"，释放了失责必问的强烈信号，各级党委党组、纪检监察机关和党的工作部门必须从自身做起，以问责倒逼责任落实，推动管党治党从"宽松软"走向"严紧硬"。

（四）必须抓住基层主要领导，管住关键岗位党员干部

党员干部的言行是人民群众衡量和评判我们党的重要依据，如果基层党员干部存在违规违纪、懒政怠政等行为，将直接影响和危害党在人民群众中的形象。基层干部掌握的权力和资源虽然不多，但在运行过程中，权力运行和资源配置有时并不透明，一些干部手中的权力得不到有效的监督制约，往往容易出现"一言堂"的情况。"全国2800多个县市区，平均每个县近千名科级干部，抓好200多万基层科级干部的党风廉政建设，是基层全面从严治党的中枢环节；全国有57万个行政村和10万个城市、农村社区，抓住这些村与社区党组织书记、村委会、社区主任的党风廉政建设，是基层全面从严治党的坚实基础。"①

（五）必须坚持问题导向，结合实际对症下药，什么问题突出就解决什么问题

全面从严治党的"全面"，在于"类型齐全、不留死角"。从严

---

① 张希贤：《推动全面从严治党向基层延伸》，《学习时报》2016年2月18日。

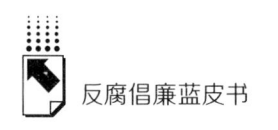

推进基层党组织建设，广泛涉及街道、社区、农村、高校、机关、企事业单位等不同领域，在实践中不可一概而论。而且越到基层，其特点就越明显，差别就越大，全面从严治党的措施不能搞"一刀切"。因此，要坚持"问题导向"，分类施策、因地制宜，找准问题、对症下药，深入分析研究当前各领域基层党组织推进全面从严治党的现实问题，根据不同层级、不同领域基层党组织的具体情况，各有侧重地实施有所差别的政策措施，防止"左右一个样、上下一般粗"。

（六）必须坚持整章建制，规范基层党组织及党员干部的行为模式

在梳理本地区基层党员干部具体工作内容的基础上，编制权力清单、责任清单和负面清单，让百姓享有知情权，规范和明确基层权力运行的程序、环节和责任。让权力行使有依据、有界限、有程序、有责任。"有依据"就是要有明确的确权机制，做到执法有据；"有界限"就是要对部门之间、执法者之间的权力界限进行明确划分，杜绝"不在其位谋其政""在其位不谋其政"等现象的发生；"有程序"就是要对权力运行过程进行规范，防止权力的暗箱操作；"有责任"就是要健全权力的责任追究制度，让行使权力者不再任性用权、肆意用权。

（七）必须建立"咬耳扯袖、红脸出汗"的常态化载体，抓早抓小

要加强对基层党组织及党员干部的日常监督管理，动辄得咎，让失责必问成为常态。要研究制定具体的实施办法，积极推进"四种形态"具体化、规范化、常态化建设。各级党组织、纪检监察机关要建立落实"四种形态"定期报告制度，并将运用情况纳入各级党组织落实党风廉政建设责任制考核内容。要建立"四种形态"监督检查和问责机制,发现问题及时纠正,对认识不到位、落实不力、执行失之宽、松、软的,严肃责任追究。纪检监察干部要树立正确的政绩观,要多当穿木除虫、为树治病的"啄木鸟",少当昼伏夜出、无声突袭的"猫头鹰"。

B.12 四川广元市构建"三同"监督机制的探索与实践

广元市党风廉政建设课题组*

摘　要： 任何权力都面临被腐蚀的危险，执政党永远会面对与腐败的斗争。因此，防腐治腐的关键和核心，就是科学有效制约监督权力。四川广元市针对权力和行权主体这两类监督重点，深入分析权力运行的特点规律，将监督作为一种程序设计，有机地"嵌入"权力运行全过程，并"接入"其他外部监督手段，探索建立监督与权力运行同步同轨同向机制。目前，在实践中取得初步成效。下一步还要加强探索和完善，切实构建起决策科学、执行坚决、监督有力的权力运行体系，形成科学有效的权力制约和协调机制。

关键词： 四川　广元　"三同"监督　权力制约

任何权力都面临被腐蚀的危险，执政党永远会面对与腐败的斗争。因此，防腐治腐的关键和核心，就是科学有效制约监督权力。2015年以来，四川广元市按照十八届三中全会"构建决策科学、执行坚决、监督有力的权力运行体系""形成科学有效的权力制约和协

---

* 课题组成员：范继跃、张勋图、何晓蓉、佘锦。

调机制"的部署要求,以及习近平总书记在十八届中央纪委二次全会上"加强对权力运行的制约和监督,把权力关进制度的笼子里"的讲话精神,探索建立监督与权力运行同步同轨同向机制(简称"三同"监督机制)。

"三同"监督机制坚持"权力运行到哪里,监督就全程跟进到哪里;权力的边界在哪里,监督的触角就伸向哪里"的理念,着眼抓早抓小和源头治理,借鉴运用企业风险管理、过程管理、项目化管理理论,针对权力和行权主体这两类监督重点,深入分析权力运行的特点规律,结合纪检监察机关"三转"后的实际需要,将监督作为一种程序设计,有机地"嵌入"权力运行全过程,并"接入"其他外部监督手段,形成"行权+监督"的闭合系统。同步监督,着眼"精准",确保时间"不晚点";同轨监督,着眼"过程",确保空间"不移位";同向监督,着眼"目标",确保方向"不偏离"。围绕"权力责任清单化、行权流程线性化、监督管理模块化、权力运行公开化",始终把权力运行的起点作为监督运行的起点,把权力运行的轨迹作为监督运行的轨道,把权力运行的方向作为监督运行的指向。2016年该项工作已在全市全面推开,基本实现了"权力定界定岗定责、风险可视可防可控、监督同步同轨同向、贯穿事前事中事后"的目标。

一 基本动因

1. 探索推行"三同"监督机制,是防止"两个责任"不落地的需要

党的十八大以来,以习近平同志为总书记的党中央坚持党要管党、从严治党,不断强化党风廉政建设主体责任和监督责任,形成全党动手一起抓的局面。但在实际工作中,部分单位党委(党组),特别是"一把手"片面地认为落实主体责任就是"支持"纪检监察机关工作,更多地把履行主体责任理解为给钱给物给编制,在涉及一些重点权力和核心利益方面不愿意向自己"开刀";与此同时,纪检监察机关"三转"后,一些地方和部门的纪检机构不知道监督什么、怎样监督,当"甩手掌柜",时间一长,就很容易导致事前、事中的监督缺位。特别是在基层,普遍存在主体责任和监督责任错位的现象,凡是涉及党风廉政建设的事项都被认为是纪检机构的事,都应交给纪检机构办理。构建"三同"监督机制,有效厘清了权力边界,细化了行权流程,清晰了风险点(负面清单)、监督内容和监督跟进措施,每个环节由谁监督、该监督什么、该怎样监督,清晰明确、一目了然,均可"按图施工"。这样,既解决了纪检机构"不会干"的问题,也有效防止了主体责任的"走空"。如果党委(党组)没有按照相应流程决策、行权的,将被追究主体责任;纪检机构监督中没有履职到位、没有发表监督意见的,将被追究监督责任,有效倒逼"两个责任"落实。

2. **探索推行"三同"监督机制,是实践运用"四种形态"的需要**

推动全面从严治党从"宽松软"走向"严紧硬",必须实践好"四种形态",抓早抓小、动辄得咎,让纪律和规矩立起来、严起来、执行到位,成为不可触碰的底线。在以往的监督实践中,我们更注重事后的惩处,而忽略了事前的预防和事中的监督,总是出了问题再追究。事实上,党员干部从"好同志"堕落成"阶下囚",中间都有一个由小到大、由量变走向质变的过程。如果在这个过程中,能够早一点介入,及时咬耳扯袖、红脸出汗,绝大多数党员干部都不会在违纪违法的道路上走得太远。探索推行"三同"机制,就是要在"全程监督"上着力,在"流程跟进"上出招,在"日常管理"上用功,从小处着眼,从细节入手,对苗头性、倾向性问题和轻微违反纪律规矩的问题,及时预警、及早纠正,防止问题升级和蔓延成风。这样,就有效管住了"中间地带",在挖掉"烂树"的同时,注重整个"森林"的健康。这既是对权力运行最有效的"安全护航",也是对干部最大的关心爱护,真正实现监督执纪问责的常态化。

3. 探索推行"三同"监督机制,是破解"同级监督难"问题的需要

依据《党章》,纪委应当加强对同级党委,别是常委会成员的监督,但现实却是党委一些主要领导视纪委为党委的工作部门,自觉接受监督的意识淡薄,致使纪委长期处于"自刀难削自把儿"的尴尬境地。同时,按照"双重领导"体制,纪委在同级党委领导之下,人员编制、工作经费等保障都由同级党委供给,纪委书记虽由上级纪委提名,但纪委其他干部的任免、调动都由同级党委决定,导致纪委难以独立行使监督权。运用"三同"监督机制开展同级监督,让同级党委主动"晒"出权力、亮出流程,并运用现代信息技术"嵌入"监督,自动预警、督促纠偏,编紧织密制度"笼子",有效解决了纪委"何时监督"和"怎样监督"的问题,从根本上避免了纪委监督缺位的现象。特别是对于"一把手",运用"三同"监督机制能倒逼"一把手"依法用权、公开用权、廉洁用权,有效防止了"决策一言堂、用人一句话、花钱一支笔"的现象。

二 具体做法

(一)"两单两图两模块",固化运行模式

1. 梳理权力责任清单和负面(风险和防控措施)清单

按照职权法定、权责一致的要求,从市、县、乡、村4个层面,重点清理单位职责权力、班子成员个人权力和内设机构岗位权力,科学划分行政审批、行政执法、项目管理、资金分配等对外和"三重一大"等对内两大权力类别,按名称、内容、行使主体等要件,摸清职权底数。全市各县区按照领导班子、部门、乡镇、村、社区、学校、医院和国有企业8个类别,共清理配置620项重点权力。围绕这

些职权，坚持权跟岗转、责由岗定、事随责走，逐一对应标定责任主体，形成权力责任清单。以"按人查岗—按岗查事—按事查流程—按流程查风险"的方式，全面查找权力运行过程中的廉政风险点，按照"具体、可操作"的原则制定防控措施，梳理形成权力负面清单。全市围绕重点部门、重点岗位、重要环节，共排查出廉政风险点5万多个，提出防控措施14多万条。

2. 绘制权力运行流程图和监督跟进流程图

按照权力运行轨迹，锁定权力运行的节点，逐一建立固定的权力运行流程图。紧扣权力运行流程和关键节点，结合负面清单，明确跟进监督方式，绘制监督跟进流程图。第一批7个市级部门167项权力的运行流程图和监督跟进流程图全部在网上公示。

3. 固化权力运行模块和监督运行模块

以权力责任清单和权力运行流程图构成"权力运行模块"；以负面清单和监督跟进流程图构成"监督运行模块"。将"权力运行模块"作为各级党委落实主体责任的重要途径，自觉分权、晒权、限权，主动接受监督；把"监督运行模块"作为各级纪委落实监督责任的重要抓手，从风险点切入，定期检查防控措施是否落实，跟进监督。两大模块同时运行，如火车之两条轨道，缺一不可，形成"行权+监督"的闭合系统。同时该系统会及时对接各级党委和纪委的新要求，主动适应形势和政策的变化，与时俱进地调整两个清单，优化两个流程，确保系统的动态性、开放性和可持续性。

（二）运用"互联网+"思维，夯实科技支撑

积极运用"互联网+"思维，借鉴OTO电子商务模式，总结行权电子监察平台建设经验，与复旦大学、成都电子科技大学联合，开发"三同"网络监督平台，全面构建起集监督、执纪、问责、分析和决策支撑为一体的常态化综合监督平台，实现了"把权力交给

机制，把监督交给机器"，深入推进"智慧纪检"建设。实践中，我们将"两单两图两模块"纳入网络监督平台，固化在计算机程序中，由纪检监察机关根据行权流程和风险点位对行权事项是否合规进行监督，在每一个监督点位，均须审核通过后，行权事项才能继续运行，否则将自行中止。对监督中发现的问题，系统将以短信方式发送给行权主体，提醒其在规定时间内整改销号。如果行权主体在规定期限内没有整改该问题，纪检监察机构将按照干部管理权限启动追责。我们同步将所有行权结果进行公示，接受社会和群众的监督，确保对权力的全程监督。为破解网上与网下行权脱节问题，政府明确规定所有权力必须上网运行方有效，仅在线下运行的权力自始无效。

（三）跟进配套措施，强化制度保障

广元市出台了《关于监督与权力运行同步同轨同向的实施意见》等"1+3"制度规定，围绕"三同"监督这个总纲，细化了一系列配套制度机制。

1. 建立科学决策机制

制定《"三重一大"事项监督办法》，明确界定"三重一大"事项范围，凡涉"三重一大"事项，必须经过集体研究。决策全程纪实留痕，纪委负责对同级党委常委会议定事项进行廉洁性审查，并留存备查。

2. 建立"一把手"监督机制

出台《党政正职"四个不直接分管"实施办法》，规定"一把手"不得直接分管人事、财务、工程项目和物资采购，构建"正职监管、副职分管、集体领导、民主决策"的权力运行机制。目前，广元市正在研究制定《加强党政"一把手"监督的具体措施》，试图全方面构建起加强"一把手"监管的制度体系和有效措施。

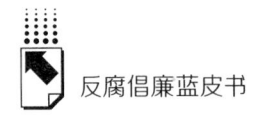

3. 建立权力清单管理制度

制定出台《进一步建立健全行政权力清单制度的实施意见》，清理优化行政职权，完善权力运行流程，健全权力清单动态管理机制，同步建立责任清单制度，加快形成边界清晰、分工合理、权责一致、运转高效、依法保障的行政权力运行体系和科学有效的权力监督、制约、协调机制。

4. 建立廉政风险动态监督管理机制

出台《廉政风险动态监督管理暂行办法》，定期评估、适时调整廉政风险内容和等级，完善防控措施，落实防控责任，逐步建立起岗位职责有标准、防控管理有措施、问责追究有依据的廉政风险防控体系。

（四）统筹管权管人，着力综合施治

在推行"三同"监督机制的过程中，我们发现既要盯紧权力，也应盯紧权力主体；既要"嵌入"监督模块，又要"接入"外部监督措施，多管齐下、综合施治。

试点建立干部纪律作风日常监督网络系统。依托上海同济大学，建立干部纪律作风日常网络监督系统，将干部纪律、作风细化为362项指标固化在系统中，通过群众来信来访、电话反映、网络举报等多渠道收集干部苗头性问题，经核实后给予其扣分处理，根据扣分情况，分别给予提醒、预警、谈话、诫勉、追究五级预警。

1. 打造全媒体监督平台

充分利用"廉洁广元"全媒体八大平台，公开公示权力运行、党员干部纪律作风等信息，主动接受群众监督。同时，利用3D网络技术，依托互联网门户网站，参照实体的警示教育基地设计，打造3D网络警示教育基地，将党章、党纪、党规录入其中，选择部分被查处的典型案例，供网民参观学习、网络体验，强化震慑警示。

2. 建立"三早"预警机制

创新建立领导干部廉洁从政苗头性倾向性问题早发现、早提醒、早纠正预警机制，健全预警线索收集、发现机制，加大预警处置力度，切实做到线索早发现、问题早处置。

3. 创新推进"廉洁细胞"建设

注重基层基础，围绕建设"廉洁城市"目标，以机关、学校、医院、村庄、企业等为重点，融入"两个责任"、廉洁制度机制、廉洁文化、廉政风险防控、社会评价等内容，着力建强预防腐败基本单元。出台廉洁细胞建设标准和考核评价细则，全市首批命名示范单位70个。

三　初步成效

经过一段时间的努力，"三同"监督机制已在全市各级各部门落地生根，取得了较为显著的成效，有效防范了办事"潜规则""吃拿卡要"等现象，群众信访量逐年下降、满意度大幅上升。2015年全市纪检监察机关受理群众信访举报较上年度下降了12%，2016年1~6月较上年度同比下降37%，全市党风廉政建设群众满意度连续五年居全省前3位，风清气正、崇廉尚实、干事创业、遵纪守法的良好政治生态总体形成。

1. 强化了党员干部的廉洁意识

建立"三同"监督机制，明晰了单位的工作职责、权力边界和行权流程，锁定了廉政风险、防控措施和责任主体，强化了动议、决策、执行和结果的动态监督，提高了权力运行事前、事中、事后的透明度，各级干部识别风险、抵御风险、防范风险的能力明显增强。旺苍县共清理县委及10名常委主要权力49项，绘制行权流程38个，

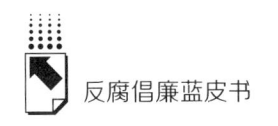

查找风险点115个,明确监督内容157项,制定监督跟进措施110余条;按照统一模板,制作"三同"监督机制运行清单11个,分别设置在县委党务公开栏及每名常委办公室外墙壁上,既起到了时刻提醒行权主体的作用,又方便群众监督。苍溪县纪委向自身权力"开刀",清理出监督检查、信访处置、案件查办等6项外部重点权力和机关干部调配等5项内部"三重一大"权力,梳理出24项班子成员岗位权力和机关各室27项岗位权力,建立权力运行流程,查找廉政风险点194个,制定防控措施320个;对29件信访件、63起违纪案件、23个作风典型问题及处理结果等情况进行逐一公开,让权力在阳光下运行,主动接受群众监督。通过建立"三同"监督机制,让各级领导干部自觉规范用权行为,习惯在清新的风气中生活、在监督的环境里工作、在法治的轨道上用权。

2. 推动了"两个责任"落地

探索运用"三同"监督机制,通过对党政"一把手"进行分权、晒权、限权,主动公开权力、自觉接受监督,激发了其落实主体责任的主动性。同时,将"权力运行模块"作为党委落实主体责任的考核内容,对不按要求公开权力、不按流程行使权力、不按防控措施制约权力的,进行严格追责。将"监督运行模块"的风险节点状态、防控措施执行、跟进监督措施落实作为落实监督责任的考核内容,对落实监督责任不力、单位行权流程不规范、权力运行不公开、廉政风险不预警、防控措施不落地的,坚决追究监督责任。对权力监督实现全程跟进、全程纪实、全程透明,用考核和问责倒逼"两个责任"的全面落实。2015年以来,全市共对4个市级部门和7个县级部门予以问责,取消了12个单位、22名县级干部评先评优资格,对履责不力的10个单位主要负责人进行了约谈,实行"一案双查",对履责不力的542名领导干部予以问责,给予党纪政纪处分94人、免职3人。

3. 较好地解决了同级监督难题

"三同"监督机制及"三重一大"事项监督、党政正职"四个不直接分管"等一系列配套制度的出台，极大地约束了党委（党组）及其成员的自由裁量权，赋予了纪委（纪检组）更加直接的监督权，让同级监督和"一把手"监督不再难。加上互联网监督平台的应用，监督者参与不干预、监督不添堵，监督跟进过程如实记录，录入网络监督平台，对不合规的行权行为，系统自动预警，有效消除了"一把手"的"干扰"，避免了同级监督的"尴尬"。旺苍县纪委"三同"监督平台共录入监督信息1453条，其中县委班子共行权95项，各常委共行权335项；通过监督，对县委班子6项、各常委成员9项、其他干部40项不符合程序规定的行权事项发出预警，并督促及时纠正。市教育局纪检组实行"三重一大"事项廉洁性审查并纪实登记、日常事项行权决策痕迹化纪实管理等制度，对党组15项重大事项进行前置审查，提出监督意见9条。市卫计委纪检组对党组重大事项开展前置审查16项，敢于向党组和"一把手"行权行为说"不"。

4. 初步实现了"挺纪在前"

探索运用"三同"监督机制，聚焦"转方式"，重点在"监督"上着力，在"流程跟进"上出招，切实把苗头性、倾向性问题消除在萌芽状态，实现了抓早抓小抓苗头、防患于未然、止恶于未萌，真正把纪律和规矩挺在法律前面，立起来、严起来。2015年加大预警处置力度，对苗头性、倾向性问题，及时红脸出汗、咬耳扯袖，共预警160个单位1433人。苍溪县针对全县907个单位，清理规范县四大机构25项重点权力、48个县级部门473项重点权力、乡镇13项重点权力、村和社区23项重点权力、学校16项重点权力、医院10项重点权力、县属国有企业12项重点权力，将每个单位行权依据、行权过程、行权结果在互联网上全面公开，实现信息公开零隐藏、群众举报零距离、违纪问题零容忍、核实办理零差错、网上查询零障碍。市交通运输局、市规划建设局、市国土资源局分别公示重大行权事项16、14、13项，让干部群众参与监督，及时叫停3项不合规决定，有效遏制了廉政风险的发生。

5. 防止了"蚁贪"问题蔓延

在推进解决侵害群众利益不正之风和腐败问题过程中，运用"三同"监督机制，让监督跟进资金流向、跟进项目实施、跟进民生问题，切实防止了基层干部"苍蝇式"腐败。利州区三堆镇井田村廉勤监督委跟进监督20余个重点项目，70余个权力寻租的易发点、"暗箱操作"的隐秘点，对4000余万元的项目资金使用情况跟进监督。2015年底，区级部门对井田村项目和资金使用情况进行了严格审计，未发现一起问题，全年无一起群众信访事件发生。利州区东坝街道运用"三同"监督机制，对征地拆迁、征拆资金管理、社区财务管理、低保、重大医疗救助、廉租房、公租房、经适房办理等进行全时段监督、全过程监督、全方位监督，下辖3个社区，各项权力规范有序运行，基本实现矛盾纠纷化解在社区，零信访到区、市、省，无一名干部违纪违规，人民群众对干部满意度不断攀升的目标。东屏社区天立国际、残疾人康复中心、工农棚户区组团5号地块等重点项目征地近800亩均实现快速高效和谐拆迁，安置对象620户，1800人全部平稳安置到位，无一人上访。

四 需注意的问题和未来完善的方向

"三同"监督机制是加强对权力运行制约和监督的探索之举，需要在实践中不断丰富和完善，逐步构建决策科学、执行坚决、监督有力的权力运行体系，形成科学有效的权力制约和协调机制。

1. 要避免越位，需撬动主体责任

主体责任是党风廉政建设的"牛鼻子"，也是推进"三同"监督机制的重要牵引力。各级党委（党组）书记只有自觉增强主体责任意识、严格履职、主动作为，才能把从严治党的要求落实落地，也才能充分调动党委（党组）其他成员履行"一岗双责"的积极性和主动性。实践中，要避免纪检机构"自弹自唱"，即使其设计了很好的方案，做了很多工作，如果党委（党组）书记不熟悉甚至不支持，那么纪检机构就会很被动。所以，在构建"三同"监督机制中，党委（党组）书记既是参与者、推动者，更是首要责任人，必须主动担起担子，切实加强领导，亲自研究、亲自部署、亲自推动。

2. 要避免异化，需动态调整

"三同"监督机制是一个动态的体系，在实际运用中，风险点（负面清单）有增有减，防控措施也要与时俱进进行调整，两个流程也要优化，切忌固化、僵化。避免出现把"两单两图两模块"这个基础性的工作完成了，在网上或墙上展示出来，就认为万事大吉的现象。在实际运用中，还要结合新的内容和要求继续完善，这样才有可持续性。比如，"四种形态"与"三同"监督机制要相互对接，负面清单中的情形要结合《纪律处分条例》《问责条例》等规定提出处罚措施，让行权者有所敬畏。

3. 要避免虚化，需抓细抓实

构建"三同"监督机制是经过实践检验的一项成功探索，切忌浅尝辄止、搞表面文章。首先，把权力清单、负面清单晒出来，把两个流程图梳理出来；其次，就是要下深水抓落实，定期巡查这些风险出现过没有，防控措施落实没有，权力运行中有哪些问题，等等。针对这些问题，提出有针对性的措施和办法。比如，可制定落实纪实留痕制度、定期巡查制度、权力运行定期评估制度。纪检机构要探索对班子成员，特别是"一把手"的权力运行情况定期评估制度，让

"一把手"从评估报告中去体会和把握自己权力运行中的问题，这远比当面提醒效果要好得多，因为这是对权不对人。

4. 避免依赖，需用好常规手段

"互联网+"这一理念运用到监督上是一个创新，但这只是一个手段，而不是目的。不能过分依赖网络和系统。很多具体工作还得在线下完成，还得运用常规手段和常规制度。只有线上线下并举，网上网下互通，并长期坚持，才能真正收到实效。

5. 避免缺漏，需统筹多种监督方法

"三同"监督作为一个"抓总"的机制，仅靠此项机制也不可能解决所有问题。只有统筹各种手段，把实践中一些好的机制办法都运用起来，比如，我们的干部纪律作风日常监督网络系统、全媒体监督平台、"三早"预警机制、"廉洁细胞"建设、干部个人事项报告定期抽查等制度机制，综合施治，才能见到成效。只有多管齐下、共同发力，才能有效加强对权力运行的制约监督。

B.13
湖南永州市坚持以党的建设引领营造良好政治生态

湖南永州市反腐倡廉建设课题组*

摘　要： 近年来，永州市强化党建引领作用，坚持问题导向，夯实基层基础，提升干部队伍执行力，严肃查处各类腐败案件，有效维护了人民群众的切身利益，为营造风清气正的政治生态、建设品质活力永州提供了强有力的组织和纪律保障。

关键词： 湖南　永州　党建　正风反腐　政治生态

近年来，永州市委协调推进"四个全面"战略布局，全面履行管党治党的主体责任，突出从严治党，强化党建引领，持续提升党员干部执行力，严肃查处各类腐败案件，在全市形成了心齐气顺、廉洁清正、干事创业、政通人和的良好政治生态。

一　实施"党建＋"工程，夯实基层基础

基础不牢，地动山摇。永州市委牢固树立"抓好党建是最大政绩"的理念，始终把党的建设作为一切工作的引领和保障，通过深

---

* 课题组组长：杨永；副组长：段联群；成员：唐阳陵、欧阳能上、廖阳迪。

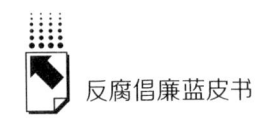

入实施"党建+"工程,推进党建工作与其他各项工作的深度融合,促进各项事业持续健康发展。

(一)全面推进"党建+精准扶贫"

坚持党建引领促扶贫攻坚,加强基层党组织建设,发挥普通党员在精准扶贫、美丽乡村建设上的先锋模范作用。一是党员带头,推动产业扶贫全面升温。按照"四跟四走"模式,大力支持党员,特别是村支两委干部带领群众发展特色农业、农村电商、乡村旅游等富民产业,全市2486个农村专业合作社中,党员带头组织的达2013个,占81%。如2015年江永县黄家村党员带头成立村旅游开发公司,村民以房屋、土地、劳务入股,大力发展乡村旅游业,实现全村70户贫困户、280人整体脱贫。

二是党员发动,抢抓金融扶贫政策机遇。率先组织镇、村党员向贫困户宣传、解释扶贫小额信贷政策,打消贫困户顾虑,发动贫困户积极参与评级授信和扶贫小额信贷申报,通过分贷统还、资产收益和分贷统用统还固定受益模式,将无息的小额信贷资金投入产业发展,获得零风险、高回报的长期收益。仅2016年以来,全市发放小额扶贫贷款15.58亿元,占全省贷款总量的45.8%。

三是党员调纠,促进易地扶贫搬迁步伐。发挥基层党组织和党员的作用,在最短的时间内调处好土地山林权属、补偿安置、征地选址等矛盾纠纷,确保易地扶贫搬迁和整村同步搬迁加快推进。截至2016年9月底,全市易地扶贫搬迁项目已开工建设9304套、建筑面积达56.6万平方米,竣工5295套、建筑面积达40.3万平方米,完成投资15.52亿元,安置贫困人口近7000人,实现省下达投资计划的116.7%,72个集中安置点全部开工建设。

(二)重点推进"党建+网格化管理"

结合全市城乡网格化服务管理工作,创新开展党建网格化管理工作，推动党的建设与社会治理、公共服务、社会管理有机结合。一是搭建服务平台。通过完善组织架构、下沉街道干部等具体措施，最大限度地扩大党的工作覆盖面，不断拓宽党员服务群众的渠道，真正实现零距离为群众服务。全市范围内共调整划分社区101个、网格1400个，将中心城区街道办事处963名工作人员（2/3以上是党员）下沉到社区，面对面服务社区居民。建立了以党工委为核心的"一委一会一办三站"（社区党工委、居委会、综合办公室、综治维稳站、便民服务站、网格管理站）社区组织机构，涉及15个部门69项公共服务事项全部下放到社区办理，初步形成了"步行半小时便民服务圈"。

二是实行区域性大党建模式。把党组织建到网格上，把党员设岗定责在网格中，以网格为单位设立党支部，以楼栋为单位设立党小组，形成了以"社区党工委—网格党支部—楼栋党小组"为基本框架的党组织体系，目前共建立社区党工委101个，网格党支部1600多个，楼栋党小组2000多个。同时，推行"街道大工委制"和"社区兼职委员制"，开展辖区单位党组织与街道、社区党组织共驻共建，2016年统筹安排400多个市县单位与社区结对共建，4.9万名在职党员进社区开展服务。

三是加强精细化管理。对"一委一会一办三站"的工作人员和网格管理员实现精细化管理和导向性考核，以群众满意度为目标，推动党员服务方式由"粗放、机械"向"精细、灵活"转变，由"事后应对"向"事前预防"转变，由群众"找服务"向党员"送服务"转变，真正实现了合格党员建设与服务群众的无缝对接。

（三）探索推进"党建+农村支部书记专职化管理"

为激发农村党员干部，特别是村党支部书记干事创业、服务群众的积极性，市委在充分调研的基础上，出台了《关于农村党组织

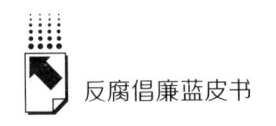

书记专职化管理的意见》,从全市各级机关、企事业单位等党员干部和参加"三类人员"比选落选的村主干中选聘了100名农村专职党组织书记,全部安排到班子建设薄弱村或重点贫困村任职。强化岗前培训,采取到市委党校培训、到浙江"美丽乡村"跟班学习、在浙江大学干部教育培训基地培训的方式,对专职党组织书记开展为期2个多月的任职培训,培训内容包括党的基本理论、农村党建、农村有关政策、农村工作基本技能等,帮助农村党组织书记尽快熟悉情况、进入角色、履行职责。坚持提升农村专职党支部书记的福利待遇,为他们专心工作、干事创业构筑必要的"屏障"。实行坐班办公制,工作时间同党政机关一致,每周一至周五在村"两室"处理日常事务,解决群众问题,并在年底向乡镇党委述职。完善科学管理制度,明确岗位职责,规定权限和责任,实行目标管理,做到任务有指标,奖罚有依据,并建立专职村党组织书记退出机制,对实践能力欠缺、组织号召力不强、工作业绩不突出的专职党组织书记予以及时退出。

二 加强干部队伍执行力建设,树立正确用人导向

永州市委将提升干部队伍执行力作为提升永州软实力的一号工程、灵魂工程来抓,不断创新载体平台,完善体制机制,全市上下形成了重执行、抓执行、严执行的思想共识和行动自觉。

(一)坚持高位推动,注重以上率下带动执行力

市委坚持以上率下、示范带动,一级带一级、一级抓一级,使执行理念内化于心、外化于行、固化于制。一是作为市委重大决策大力推。2014年以来,市委以开展群众路线教育实践活动为契机,将加强干部队伍执行力建设作为一项重大决策来部署落实,相继下发了

《中共永州市委关于加强干部队伍执行力建设的意见》《永州市干部队伍执行力建设公开和考核评估暂行办法》《关于在全市党员中加强执行力建设的指导意见》等文件，专门设立市委"执行力"办公室（市委考核工作管理办公室），执行力建设成为全市干部队伍建设的新常态。

二是市委主要领导亲自推。市委主要领导在不同场合反复强调，要把提升干部队伍执行力作为永州发展的制胜"法宝"，并且带头认领中心城区20个安置小区建设"老大难"问题、带头推动"一把手"督促"一把手"、带头狠抓"城中村"改造和"断头路"整治，通过身体力行、示范带动，为全市党员干部树立了狠抓执行的榜样。

三是各级领导干部示范推。市委常委会向全市人民做出了"八率先八在前"的公开承诺，每名市委常委至少解决一个以上关系群众切身利益的老大难问题。同时，从市级领导抓起，对在职市级领导实行职责公开、任务公开、成效公开。在市委常委及市级领导干部的示范带动下，各级领导班子及成员充分发挥勇于争先、敢于担当的标杆作用，构建了一级抓一级、层层抓落实的执行力建设机制。

（二）坚持科学考核，推行"两卡一公开"考评执行力

着力推行以"两卡一公开"为基础的分级分层全覆盖的领导干部和普通党员执行力考评体系，做到科学设置考核指标、严格考核评价过程、强化考评成果运用。一是科学设置指标，实现考核具体化。出台了《永州市干部队伍执行力建设公开和考核评估暂行办法》《永州市市管领导干部实绩管理暂行办法》等系列管理考评制度，考核范围覆盖副处级以上领导干部和重要岗位的科长（主任）。2016年，进一步将考核范围延伸至全市所有基层党组织和党员。同时，各地各部门根据本地实际制定具体的管理考评细则，对管理权限内的党员干部进行层层管理考评，确保执行力考评纵向到底、横向到边，实现全

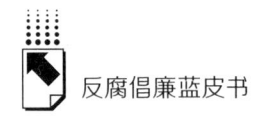

覆盖。

二是严格管理程序，实现考核精准化。市纪委、市委组织部、市委办、市政府办等20余个职能部门联动参与考核评价，对相关领导干部依据工作指标的实绩进行科学评分。此外，扩大考核评价人员的参与范围，建立上级、同级、下级、服务对象"四位一体"的考核评价体系，做到上下联动、立体考核，有效克服了考核主体单一、考核结果片面和失真的问题。考核完成后，积极推行公示制度，公开考核结果。各县区和市直机关事业单位同步将本地本部门领导干部实绩卡和执行力卡在本单位公示栏进行公示。通过晒实绩、亮成效，把政绩置于群众的监督之下，既考出了压力、动力和活力，又使干群信服、社会公认。

三是注重结果运用，实现考核导向化。坚持考评结果与干部奖惩使用挂钩，充分发挥考核"风向标""指挥棒"作用，把干部的聚焦点和正能量引向改革发展的主战场。2014年以来，全市共将55名执行力强的干部提拔重用到重要岗位担任正职，将38名执行力强的乡镇党委书记和县区科局长提拔到县区党政班子或市直单位担任领导职务，对4名执行力考评排名靠后的正职进行了调整（其中3名由正职调整到副职岗位），对9名执行力排名靠后的副职予以调整。树立了干部重执行、组织看执行，靠执行出实绩、凭实绩用干部的良好导向。

（三）坚持一线创业，立足发展主战场检验执行力

注重在发展主战场检验领导班子和干部队伍执行力，将广大党员干部的关注点和注意力引导到服务经济社会发展、推进重大项目建设和到艰苦偏远岗位一线创业上来。一是用执行力提升经济社会发展水平。加强干部队伍执行力建设，有效激发了各级干部以更好的精神状态、更强的素质能力，开创全市转型发展、赶超发展、跨越发展的新

局面。2015年，全市全面小康总体实现程度达到84.6%，比"十一五"末提高15.6个百分点；规模工业总产值突破千亿元大关；城乡居民收入分别是"十一五"末的1.46倍、2.13倍，扶助贫困人口脱贫12万人；GDP达到1418亿元，财政收入完成131.1亿元，分别是"十一五"末的1.85倍、2.45倍。2015年6月，中国社会科学院发布的《2014年中国宜商城市竞争力报告》中，永州位列全国宜商城市竞争力前200名。

二是用执行力积极推进重大项目建设。加强干部队伍执行力建设，充分激发了干部干事创业热情，各项重点工作得到积极推进。全市以建设国家级湘南承接产业转移示范区为抓手，统筹推进各项建设，国家森林城市和国家卫生城市成功创建，海峡两岸交流基地和阳明山国家级生态旅游示范区相继挂牌，湘江源头区域国家生态文明先行示范区和国家历史文化名城已通过国家相关部委评审，这些都得到了群众的高度信任和拥护，党委、政府和整个永州的形象得到了大幅提升。永州市成功入围中国地级市民生发展100强，入选"中国幸福城市"20强，人民群众有了前所未有的满意度和获得感。

三是用执行力激励干部在一线岗位创业。注重在一线和主战场上培养、磨炼干部，在服务群众和急难险重任务中识别考察干部。三年来，中心城区城中村整治、安置小区建设、背街小巷改造取得质的突破，"零陵古城"保护项目全面施工建设，"智慧城市"建设取得突破。主要城市道路及沿街建筑立面综合提质改造相继完成，23条"断头路"全部通车。清理闲置土地1.5万多亩，整治小区103个，补办"两证"10万多本，湘江纸业关停并转，宋家洲综合整治有序推进，市民呼吁十多年的许多历史遗留问题得到解决。县城和小城镇建设全面提速、各显特色，纷纷变大、变美、变新、变绿、变畅，功能更为完善，辐射带动作用更加强劲。

三 强化正风反腐，营造风清气正的政治生态

永州市委认真履行党风廉政建设主体责任，保持坚强的政治定力，旗帜鲜明正风反腐，有效维护了群众根本利益，凝聚了反腐倡廉的强大合力。

（一）动真碰硬，大力整治作风痼疾顽症

把"纠'四风'、治陋习"专项整治作为贯彻全面从严治党的重要抓手，聚焦突出问题，根治痼疾顽症，促进党风政风转变，带动社风民风改善。一是精准发力，确保高质效。聚焦"吃、喝"。市纪委聘请了18名党风廉政监督员和11名特邀监察员对"吃、喝"问题进行监督，组织有关部门对"吃、喝"问题进行高频次地明察暗访。共排查核实违规公款吃喝问题349个，处理59人。2016年上半年，市本级"三公"经费实际支出2836.45万元，同比减少553.86万元，下降16.33%。剑指"财、礼"。组织财政、审计等部门开展财务专项检查8次，共排查核实违规发放津补贴或奖金福利问题1732个，涉及金额3809.49万元，处理522人。排查核实违规收受礼品礼金问题117个，涉及金额112.77万元，处理81人。查办违规操办婚丧喜庆事宜问题30个，处理32人。宣战"赌、毒"。印发《全市党员干部涉赌问题和涉毒问题查禁工作实施方案》，全市公安机关开展专项行动5次，出动警力6245人次，清查重点场所6568处次，排查核实公职人员涉赌问题142个，处理123人；核实公职人员涉毒问题201个，处理171人。

二是铁腕执纪，做到零容忍。对"四风"顽疾和陈规陋习猛药去疴，对顶风违纪行为做到"零容忍"，持续释放执纪必严、违纪必究的强烈信号。2016年来，全市共追责"四风"问题1329人，给予

党纪政纪处分260人，其中厅级干部1人，处级干部4人。10名领导干部因违反作风建设规定在换届中被取消县处级后备干部提名。严格落实"一案三查"制度，既追究当事人违纪违规责任，也追究党委（党组）的主体责任以及纪委（纪检组）的监督责任。全市共查处落实"两个责任"不力案件7件，处理处分16人。5名党政"一把手"因履行主体责任不力被免职，2名纪委书记（纪检组长）因履行监督责任不力被免职。

三是顺应民心，构建新常态。把群众的满意度作为衡量工作的第一标准，发扬"钉钉子"精神，以专项整治"倒逼"党员干部改进作风。既紧盯重要节点又抓日常监督，既坚持"节前通知提醒预警、节中一线明察暗访、节后问责通报曝光"的"三步曲"，又坚持常抓不懈的"主旋律"，既开展本地区、本单位自查自纠，又组织异地交叉检查，构建监督检查无处不在的常态化督查机制。坚持边查边改边立，出台《关于对违反作风建设要求影响工作执行力行为问责的暂行规定》《永州市党政机关国内公务接待管理实施细则》等23项制度，推进作风建设规范化、长效化。

（二）执纪为民，全面整治"雁过拔毛"式腐败问题

突出群众主体地位，扎实推进"雁过拔毛"式腐败问题专项整治。一是传导压实责任。市委把专项整治作为县区基层党建工作考核和党风廉政建设责任制考核等考核项目的重要内容。参照巡视工作的做法，成立6个巡察组，对部分县区专项整治工作开展巡察，及时发现问题线索，督促纠正落实整治责任不力的问题。市纪委在永州电视台、永州日报开办"永州风纪"专栏，专门开设"乡镇纪委在行动""纪检组长有话说"板块，将专项整治工作摆上电视、报纸"晒一晒，亮亮相"，接受群众的监督。

二是从快从严惩处。对发现的问题不护短、不遮羞，认真调查核

实，坚决严肃处理。专项整治开展以来，全市立案查处521件，处理处分1408人，其中给予党纪政纪处分363人，移送司法机关处理33人。注重惠民资金的处理，对应当追缴的，不论涉及公职人员、村干部，还是社会人员，坚决追缴到位，并按程序退还群众。截至9月底，全市共追缴资金6756.78万元，已向群众退还资金666.43万元。建立案件查处反馈制度和典型案例通报制度，凡是实名举报的，及时将处理结果反馈举报人，对典型案例点名道姓公开通报。3月份以来，全市各级纪委公开通报典型案例166件。

三是加强制度建设。对专项整治中发现的问题，坚持立行立改，认真查找原因，健全完善监督和管理制度，及时堵住漏洞，从源头上预防和杜绝"雁过拔毛"式腐败问题。全市通过专项整治已经制定出台或修订完善相关制度规范70多个。同时，对规范村务公开和"村级财务零招待费"等现存的一些行之有效的制度，不定期开展监督检查，对违反制度的问题严肃追责。通过及时填补"制度空白"，堵塞"制度漏洞"，进一步完善用制度管权管钱管事的机制。

（三）重拳反腐，始终保持惩治腐败高压态势

坚持有腐必反、有贪必肃，零容忍、全覆盖、无禁区，初步形成反腐败斗争的压倒性态势。一是把握运用"四种形态"。加强信访举报工作，充分发挥问题线索"主渠道"和领导决策"情报部"的职能作用。2016年来，全市纪检监察系统共受理信访举报1333件次。统一管理、分类处置问题线索1216条。践行"四种形态"，对轻微违纪的党员领导干部，谈话提醒25人，函询30人；对严重违纪的宁远县人民检察院原党组书记、检察长蒋大文等人，进行"断崖"式处理，"不敢腐"的震慑效应初步显现。同时，建立廉政谈话和函询情况记录在案制度，及时将有关情况载入干部个人廉政档案。

二是加大纪律审查力度。2016年1~9月，全市共立案1128件，

同比增长106.22%，涉及1200人，其中县处级干部38人，乡科级干部193人；结案915件，给予党纪政纪处分947人，其中撤职及以上处分203人，移送司法机关16人。重点查处了市农业综合开发办公室原党组书记、主任吴起军，双牌县委原常委、常务副县长刘红安等一批严重违纪案。继续开展"天网"行动，突破重点个案，9名重点缉捕对象已追回8名。

三是依纪依规开展纪律审查。坚持慎用、少用、短用纪律审查措施。建立案件审理提前介入机制，做到快查快结、快进快出，对涉嫌犯罪的问题及线索，及时移送司法机关依法处理。严格落实纪律审查安全责任制，办案安全保持"零事故"。进一步规范涉案款物管理，对全市2013年以来涉案款物进行了清理，盘点涉案款项9636.5万元，各类涉案物品36件。

四　几点启示

营造良好的政治生态，关键是坚持党的领导，发挥基层党组织的作用，加强对基层党员的管理和监督，严肃查处侵害群众利益的"四风"和腐败问题，为党执政地位的不断巩固打下坚实的基础。

第一，必须始终强化党建引领。各级党组织要适应党建工作新常态，把党建作为一切工作的引领和保障，通过抓好党建，推动各项事业持续健康发展。要做强"党建+"效应，不断扩大党建工作覆盖面，提高党建工作牵引力，推动经济社会转型跨越发展。要全面加强各级领导班子建设，优化领导班子配备，增强班子整体职能和工作合力，打造敢于担当、朝气蓬勃、奋发有为的领导班子。充分发挥党员先锋模范作用和党组织的战斗堡垒作用，认真落实任用干部看党建这一要求，健全党组织书记抓党建述职评议考核机制。持续整顿软弱涣散的基层党组织，不断加大基层保障力度。选优配强村"两委"班

子，建设专业化农村干部队伍。提升党员管理服务水平，理顺党员组织关系，打通党员进出口，完善党内关怀帮扶机制。

第二，必须始终强化责任担当。要坚持带着责任感和热情干事，把老百姓的事牢牢放在心上，着力推进党委政府公信力和干部执行力建设，敢于直面矛盾，引导干部在经济建设主战场积极作为，充分调动基层干部干事创业的主动性、积极性和创造性。要坚持任人唯贤、德才兼备、以德为先，坚持公道正派的选人用人标准，凭实绩任用选拔干部，在主战场检验锻炼干部，在发展一线选拔培养干部，让能干事、肯干事、干成事的干部得到锻炼重用，使为官不为、投机取巧、跑官要官的干部没有位子。

第三，必须始终坚持从严治党。各级党组织，尤其是主要负责人一定要把从严治党作为头等政治任务来抓。各级党组织要担负起全面从严治党的主体责任，党组织书记要切实担负起第一责任人的责任，做到真管真严、敢管敢严、长管长严。贯彻执行党内监督条例，落实党委的全面管党治党责任。综合运用监督执纪"四种形态"，抓早抓小，用纪律规矩管好全体党员。严格遵守中央八项规定，紧盯作风领域的新形势、新动向，严查隐形变异"四风"问题，持续释放越往后执纪越严的信号。坚持无禁区、全覆盖、零容忍，既打"老虎"又拍"苍蝇"。压实基层党组织的责任，推动全面从严治党向基层和深处延伸。对管党治党责任不落实、不到位，造成重大失误或使人民群众利益受损的，要严肃问责。

B.14
湖北巴东县精准扶贫中的廉政建设

湖北民族学院课题组*

摘　要： 湖北省巴东县针对以往扶贫中的现实问题和腐败现象，通过强化主体责任、明确贫困户的识别标准与程序、探索发扬基层民主的具体方式、运用大数据提高监督效率等，积极创新反腐倡廉教育形式，在一定程度上遏制了腐败的蔓延，取得了良好的社会效果。

关键词： 湖北　巴东　精准扶贫　廉政建设　基层民主　主体责任

"消除贫困，改善民生，实现共同富裕"是社会主义的本质要求，是国家长期以来的主要工作目标。由于贫困人口相对集中在自然条件恶劣、交通不便的中西部地区，长期以来，中国政府采用以区域开发为重点的扶贫模式。由于缺乏科学的规划机制，扶贫对象情况不明，选取不合理，真正的贫困对象没有得到扶持，致贫原因不清楚，扶贫项目无法有效识别和满足贫困群体的个性化需求，扶贫资源使用效率和质量不高，扶贫效果不明显。2013年11月，习近平总书记到湖南湘西考察时，首次明确提出了"精准扶贫"的概念。2013年底，中共中央及国务院出台了《关于创新机制扎实推进农村扶贫开发工

---

* 执笔人：罗成富、张连海、黄晓波。

作的意见》，提出"建立精准扶贫工作机制"。精准扶贫成为惠及千百万贫困群体的大事。扶贫中的腐败严重伤害了群众感情，影响了党风政风，目前已成为党风廉政建设和反腐败的重点。湖北省巴东县在精准扶贫中提高"六个意识"，探索廉政建设的有效措施，产生了一定的社会效果。

一 增强短板意识，找准问题症结

"精准扶贫"主要包括六个精准，即"对象要精准、项目安排要精准、资金使用要精准、措施到位要精准、因村派人要精准、脱贫成效要精准"。① 然而在以往的扶贫过程中，巴东县发现，扶贫工作存在以下几方面问题。

（一）贫困户识别中的徇私舞弊

原有的贫困户识别过程不透明、程序不规范、贫困衡量指标模糊，为个别干部提供了徇私的空间。过去，在县级部门确定贫困乡镇的时候，人为抬高或压低村人均收入的现象十分普遍，且无人监督，以人均纯收入来确定贫困户很可能不能反映其实际贫困程度。另外，虽然存在贫困户代表进行民主评议和社会公示制度，但是，对贫困代表的遴选、公示方式等环节都没有明文规定，往往是村干部说了算。所以，表面上看，是基于人均纯收入来确定贫困乡、贫困村，但事实上，很多贫困乡、贫困村是由上级领导背后指定的。2013年，课题组在巴东县开展的扶贫到户机制调研中发现，很多贫困户不清楚是如何当选的，有些贫困户也不知道为何落选。个别基

---

① 《"六个精准"是精准扶贫的本质要求——习近平精准扶贫系列论述探析》，《毛泽东邓小平理论研究》2016年第1期。

层工作人员在精准识别过程中,为了私利优亲厚友,不严格执行政策精神,随意将贫困指标分配到乡(镇)、村、户。对此,部分村民意见很大。

(二)贫困户识别中的懒政惰政

由于主体责任没有落到实处,识别程序细则缺失,不少基层工作人员在扶贫过程中出现懒政、惰政现象,贫困识别远离目标。巴东县在实际工作中发现,懒政惰政主要有以下几种表现:一是贫困户申请环节的懒政惰政。由于宣传不到位,不少贫困户因外出打工没有及时获得相关信息,没有提出申请。一些贫困干部就认定不申请的就不是贫困户。这种逻辑背离了精准扶贫的主旨。二是入户调查核实环节的懒政惰政。过去,很多扶贫干部没有亲自入户调查,而是坐在办公室里听取村干部的汇报,做出判断,从而造成开宝马车领扶贫救济金这般匪夷所思的现象。三是民主评议环节的懒政惰政。过去如何进行民主评议,并没有详细的规章制度,很多扶贫干部也不愿意费力操办民主评议会议。于是,就随意找来几个群众,草草走个过场了事,民主评议变成一个形式。四是公示环节的懒政惰政。过去很多社区根本就没有公示,即使有公示的社区也只是部分公示,基层干部也没有尽到向群众宣讲解释的应有职责。五是县乡镇审核(审批)环节的懒政惰政。很多根本没有进行过社区公示和民主评议就上报的贫困户申请依然顺利通过了县乡(镇)的审查审批,即使出现了问题,也没有进行认真排查。这种有意无意的疏忽,使部分真正的贫困户没有被识别出来。

(三)项目扶贫中的形式主义

我国的扶贫主要是指通过扶贫政策的制定和实施、扶贫计划

和项目的开展，帮助贫困人口解决生产和生活困难、培养并提升自我脱贫和发展能力，从而扶持贫困地区可持续发展。然而，在以往进行的项目扶贫过程中，很多地方政府并没有针对贫困户的贫困根源和减贫需求提出针对性的帮扶措施，呈现较为明显的形式主义。

1. 形象工程

巴东县通过调研发现，很多基层工作人员在帮扶济困工作中，很少甚至根本没有考虑贫困的贫困根源和减贫需求，而是热衷于搞形象工程、面子项目、走过场。扶贫济困变成了下乡送温暖，为贫困户提供一些日常生活用品，赠送一些生产资料，例如化肥、农药、种猪、种牛以及树苗等，然后通过媒体宣传，包装成政绩。这些物资只能解燃眉之急，并不能从根本上消解贫困。有的基层扶贫部门热衷于为贫困户修建漂亮的房屋、购置交通工具和电脑、修缮村委会办公场所。这些形象工程不但起不到减贫的作用，反倒增加了贫困户使用这些器物的费用，加重了负担，扶贫不成，贫困反倒更加严重了。

2. 扶贫大跃进

地方扶贫部门往往热衷于引进"高大上"的扶贫项目，这些项目对贫困户而言，门槛很高，他们无力承担只能放弃。例如，巴东县曾通过扶贫项目组建酿酒合作社、养牛合作社和茶叶合作社。但是，这些项目要求申请入社农户必须缴纳一定的入门资金。很多贫困户因无力缴纳，只能选择放弃，客观上被排斥在项目扶贫之外。结果，这些扶贫项目的受益者只能是那些非贫困户。

3. 重生产、轻市场

很多扶贫部门项目扶贫的思路依然是重生产轻市场，与当前供应大于需求的经济局面完全背离。这些帮扶人员不清楚这些项目的产业链、盈利点和盈利模式，对消费群体定位不准确，甚至根本没有考虑定位的问题。很多帮扶人员只是关注生产环节，把注意力集中到改良农产品品种、扩大生产规模上，总是空洞地反复强调产品的市场价值，而不管是否能销售得出去。而贫困户更希望得到市场营销方面的帮扶，把现有的产品更好地销售出去。很多扶贫项目的后果是，扶贫面向与贫困需求脱节，生产规模上来了但产品陷入滞销，贫困户脱贫更加无望。

（四）扶贫资金使用中的渎职现象

扶贫资金总量大，项目分散且运行环节多，加上对其使用的监管规定不够细化，管理机制不健全，这给有些扶贫人员提供了违规操作，甚至违法腐败的空间。一些扶贫项目资金经由县乡村各级领导之手时，被擅自挪用、截留，用于超标建办公楼，购买豪华小轿车，改变了使用去向和拨付时间；有的扶贫资金到账后，被基层部门控制起来，变成自由支配的"小金库"，用于机关办公支出及招待费、旅游费等；一些扶贫干部没有尽职尽责，对扶贫项目立项不严格审查，对没有市场前景的项目贸然立项支出，造成扶贫资金的极大浪费，对扶贫资金使用账目审核不严，骗取和套取扶贫资金大行其道。扶贫资金使用过程中的种种腐败现象，直接导致贫困户的"活命钱"没有及时到位，极大地降低了扶贫效率。

巴东县通过增强短板意识，看到了以往扶贫工作中的种种不足和出现的各种腐败现象，有针对性地进行创新，取得了良好的效果，极大地遏制了腐败的蔓延，扶贫工作上了一个新台阶。

二 增强创新意识，突出履责的针对性和有效性

（一）加强领导，落实精准扶贫主体责任

首先，巴东县专门成立了脱贫攻坚领导机构。县里成立了脱贫攻

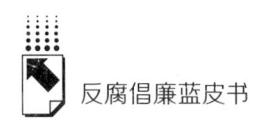

坚指挥部，县委书记任指挥长，县长任第一副指挥长。指挥部下设办公室和综合协调督办组、产业发展组、易地搬迁组、生态补偿组、教育脱贫组、社会保障组6个工作组。指挥部办公室负责脱贫攻坚日常工作，由县政府副县长任办公室主任。

全县12个乡镇和322个村也相应成立了指挥室和工作专班，制定"巴东县精准扶贫精准脱贫作战图"，全部挂图作战。将年度脱贫计划分解到村、落实到户、责任到人。按照"乡出列、村脱贫、户销号"目标，县委县政府分别与12个乡镇党委政府签订了"精准脱贫军令状"，全县上下实行军事化运作，精准扶贫精准脱贫的决战氛围日益浓厚。

其次，明确了脱贫攻坚工作职责，责任到人。指挥部负责统筹协调县脱贫攻坚指挥部的各项工作，拟订全县脱贫工作规划和年度计划，组织协调精准扶贫、精准脱贫评估验收工作，负责各职能小组的综合协调、联络沟通。

省州县136个驻村帮扶单位，组建40个工作队，选派65名村支部第一书记；乡镇及镇直单位全体党员干部、村支两委干部、种养能人大户组建380个工作队。全县动员544名常驻工作队员及全体乡镇干部，共组建420个工作队，按"一对一、一对多"的原则，对贫困村贫困户结对帮扶全覆盖。广泛动员社会力量参与扶贫济困，1200家民营企业为贫困户提供就业岗位、捐款捐物、发展基地，结对帮扶贫困户5000余户。持续开展"结穷亲"活动，1349名党员干部、73名企业家和社会人士"结穷亲"1422户。

再次，完善督办考评问责管理体系。县脱贫攻坚指挥部、县纪委负责组织对各乡镇、县直各单位的脱贫攻坚工作进行检查督办，建立"一月一督查、一月一通报"督查机制，根据各工作组的工作要求，原则上按月组织对驻村帮扶、项目实施、脱贫管理、资金整合、月报进度等工作进行督办检查考核，并及时编发《督查通报》。实行有案必查、一案双责。县纪委对发生重大腐败案件和严重违纪行为的地方和单位，实行"一案双查"，既要追究当事人责任，也要倒查追究相关领导责任，包括党委（党组）和纪检监察机关责任。

（二）明确贫困户的识别标准和识别程序

根据巴东县的实际情况，县扶贫办连同县纪委联合制定了贫困户的识别标准和识别程序。巴东县农村特殊困难对象以农业人口特殊困难类型及程度进行识别划分，以家庭户为单位进行统计，严格限定贫困户的可操作化条件。① 在识别程序上，按照"规模分解—村级排查—民主评议—公告公示—乡镇审核—县级审批—州级备案"的工作程序开展特殊困难对象的识别认定工作。②

---

① 巴东县明确规定，农村特殊困难对象必须是符合以下条件之一的贫困家庭人员：（1）重度残疾人员；（2）因重大疾病丧失劳动能力或需要长期治疗的人员；（3）家庭无劳动力，无直接收入来源，生活特别困难的65周岁以上年老体弱人员。具备下列条件之一的，优先纳入特殊困难对象：（1）早年参加革命工作，生活特别困难的老党员；（2）因公致残、致病、丧失劳动能力的人员；（3）特殊计划生育困难家庭人员；（4）特别困难的单亲家庭人员。具有下列情形之一的，不予纳入特殊困难对象：（1）家庭生活水平明显高于当地居民平均水平的；（2）参加企业养老保险的；（3）家庭成员有国家公职人员的；（4）家庭拥有机动车辆或大型农用机械的；

② （1）规模分解：县综合考虑所辖乡镇、村（社区）实际测算并下达乡镇、村（社区）特殊困难对象指导规模。各乡镇综合考虑建制村（社区）实际，将特殊困难对象人数分解到所辖建制村（社区）。按照"实事求是、因地制宜、分类指导、精准扶贫"的原则，针对有特殊困难的村（社区）可适当调增比例，社区、城中村、城郊村、富裕村可适当减少比例；（2）村级排查：按照"应统尽统、统准统全"的原则，各村（社区）对所有符合条件的特殊困难对象进行排查，初步确定对象名单；（3）民主评议：召开村民代表大会或村民大会对初步确定的对象逐户进行民主评议，并以无记名方式表决，确保识别对象精准无误；（4）公告公示：民主评议无异议后对公示名单进行公示，公示时间为7天；公示无异议的，由村委会根据其家庭实际情况填报《巴东县农村特殊困难对象家庭登记表》；（5）乡镇审核：各乡镇对所辖村（社区）上报的《巴东县农村特殊困难对象家庭登记表》进行审核，对特殊困难对象进一步核实，重点核查特殊困难对象占总人口比例超过乡镇下达指标数的村（社区）；（6）县级审批：县对各乡镇汇总上报的特殊困难对象组织检查验收，验收通过的予以审批，并报州备案；（7）州级备案：州对照县上报的特殊困难对象，采取抽查的形式组织验收，验收合格的予以备案。

三 增强开放意识，完善民主参与渠道以挤压腐败空间

（一）屋场院子会全覆盖

扶贫对象精准这一环节至为关键，很多腐败问题往往出现这里。如何瞄准贫困户，有效遏制腐败，针对这一问题，巴东县的做法是，召开屋场院子会。屋场院子会是巴东县的创新举措，目的是指导全县按照合法合规、公开透明的程序，进村入户宣讲精准扶贫相关政策，评议筛选贫困户对象，精准识别到人，制订脱贫计划，不断提高群众的知晓率与参与率。通过这一形式，充分发扬基层民主，让老百姓当"裁判"，使精准识别过程公开透明。巴东县扶贫攻坚指挥部办公室推出召开扶贫攻坚屋场会"八步走"议程，即"选主持、定地点、明对象、讲政策、听意见、贴公示、核信息、留痕迹"。[①]

为了确保扶贫对象的精准，巴东县委向全县发出召开扶贫攻坚屋场院子会的"指令"。县委书记等县领导带头参加屋场院子会，全县共召开屋场院子会5000余场次（屋场院子会的责任全部实行实名制管理），参与农户89631户，129454人。收集村民意见建议6万余

---

① （1）选主持：由一名村支两委成员主导，小组长主持，驻村干部和帮扶工作队队员全程参与。明确会议目的、学习及宣讲的内容，并对通知、记录、宣讲、资料发放等事宜进行分工，开好预备会；（2）定地点：以农户院子、屋场或连片农户为单元，选定召开院子屋场会地点；（3）明对象：确定参会人员，以院子、屋场或连片农户为对象，每户选定一名明白人参会；（4）讲政策：学习扶贫相关文件，以解读"三进五出"的相关内容为主，让参会人员对贫困户的确定标准有比较明确的认识，以便进行贫困户的评定；（5）听意见：充分听取群众意见，让群众开展评议，以排"硬伤"、查"漏网"为主要内容，通过评议筛选出"谁穷、谁不穷、谁真穷、谁最穷"，初步确定贫困对象；（6）贴公示：将初步评议了的贫困户对象张榜公示，接受群众监督；（7）核信息：注重对公示期间群众反映的各类问题进行甄别、核实，妥善处理；（8）留痕迹：有会议通知、签到表册、会议记录、有现场照片或录音录像等资料。

条,拟定帮扶措施近10万条,拍下参会现场、举手表决佐证照片万余张,发出政策宣讲短视频和微信近2万条,分别发放公开信、宣传册近13万份。其中,县33名副县级以上领导带头召开屋场院子会150余场次。县直单位有1300多名干部到村组一线,会同属地乡镇干部,分别指导了全县322个行政村召开屋场院子会。通过全县脱贫攻坚屋场院子会的召开"全覆盖",总共核查调出建档立卡贫困户11996户,36826人,调入建档立卡贫困户12385户,35227人。

按照"八步走"规定动作"一把尺子量到底",让党员干部深入一线当"指导员",全体村民在家门口当"裁判员",扶持贫困户在脱贫致富路上当"运动员",把精准脱贫政策送到每个贫困户家中,将精准识别工作推到扶贫攻坚一线,进行攻坚实战,接受群众监督,确保"精准扶贫、不落一人、不错一人",为下一步"五个一批"配套政策精准分类、精准施策夯实了根基。

(二)村务公开

为了充分发扬民主,压缩腐败空间,巴东县积极实施村务公开制度。首先,规范村务公开的形式,通过三种公开形式,使广大群众了解政府的扶贫政策。一是通过村务公开栏公开,在村党员群众服务中心或群众比较集中、便于观看的地方设置村务公开栏,并按要求及时更换公开内容,同时在公开栏附近设立意见箱。二是在村民会议或村民代表会议上公开,根据工作需要和群众意见,采取面对面公开形式,将有关事项和账目进行公开,面对面回答村民代表提出的问题。三是有条件的村可以通过网络、广播、电子触摸屏、村报等形式进行公开,也可根据实际情况,采取发放明白纸、公开信和现场解答等入户公开形式。其次,规范了村务公开的时间。乡镇统一规定村务公开日,一般村务事项每季度公开一次,公开上季度

村务事项；涉及集体财务往来较多的村，实行按月公开，财务收支情况在次月公布。涉及村民利益的重大问题以及群众关心的事项及时公开。再次，规范村务公开的程序。村民委员会根据本村实际，依法提出公开方案和拟公开的内容，村务监督委员会审查和完善，村党组织和村民委员会联席会议讨论决定。最后，村民委员会通过公开栏等形式公布，收集群众意见和建议，村务公开与民主管理主管部门整改意见反馈。

四 增强科技意识，运用大数据核查提高纪检监督效率

巴东县在创新精准扶贫廉政建设方面，强化了科技意识，积极运用大数据核查，提高了纪检监督效率。

首先，建立扶贫对象数据库。在扶贫对象识别认定工作开展过程中，按照"乡镇录入、县级审核、州级汇总"的步骤建立特殊困难对象数据库。县级汇总后的数据库，在县直各相关部门中共享使用，以便于扶持工作的开展。识别认定及数据库建设工作完成后，以乡镇为单位统一组织发放《巴东县农村特殊困难对象家庭帮扶记录卡》，用于记录帮扶工作开展情况，并按年度逐级进行统计、上报、录入、汇总。数据库建立后，每年4月底前对特殊困难对象进行动态更新。

其次，在纪检监察过程中，运用大数据核查。2014年，巴东县成立运用大数据开展惠民政策落实情况监督检查工作领导小组，负责监督检查工作的协调指导、组织实施。各乡镇及县直相关部门相应成立监督检查工作领导小组，并组建乡镇核查工作组和县直部门政策业务指导组。

大数据核查小组明确了核查内容和核查程序。重点排查有"硬

伤"的非贫困户和漏网的扶贫对象。①排查出来的非贫困户，登记造册，注明"硬伤"类型，在建档立卡信息系统中逐户剔除。摸排出来的"漏网"对象登记造册，注明纳入原因、贫困类型，同时填写《贫困户登记表》，在系统中新增建档立卡范围。核查小组以现有建档立卡系统数据为底数，主要采取两种方式进行核查。一类方式为自上而下、乡镇比对。以乡镇为单位，根据精准识别工作的需要，将建档立卡数据与公安、人社、房管、工商、税务等部门数据库进行比对，对机动车、公职、住房、企业、个体工商户、纳税等方面的信息进行比对核实，逐步建立长期合作、不定期比对的机制，坚决杜绝将不符合标准的农户定为扶贫对象。另一类方式为自下而上、村级核查。以村为单位，组织乡村干部、第一书记和驻村工作队逐户调查摸底，核实基本信息，找出"失准"对象和"漏网"对象并开展评议、登记造册、公开公示，县、乡两级逐级审核审查，并公布核查结果，无异议后方可最终认定，确保建档立卡数据经得起各级检查、经得起群众检验。

五 增强督责意识，切实落实管党治党主体责任

为了有效增强反腐倡廉效果，巴东县专门制定了《落实精准扶贫督责实施细则》。细则规定，各乡镇党委和县直相关部门党组（党委）要切实担负起主体责任，党组（党委）书记要认真履行第一责

---

① 有硬伤的非贫困户主要包括以下五类与"贫困"二字明显不沾边的对象及其家庭：①购买大小汽车的；②家庭成员有财政供养人员的；③在县城或乡镇购买商品房或自建住房的；④经商办企业的；⑤群众反映强烈经查证属实的。"漏网"对象指的是未纳入建档立卡系统中确实贫困的农户，主要包括以下三类对象：①未纳入建档立卡范围的农村现有五保、低保对象家庭；②去年至今因病、因灾等原因返贫的农村贫困家庭；③生活水平明显低于当地平均水平、确实贫困但是去年建档立卡时漏掉的农村家庭（州里另外增加一类是低于国家贫困标准但未纳入贫困户建档立卡范围的残疾人）。

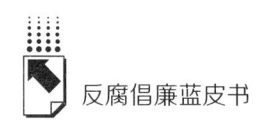

任人责任,把监督检查工作作为推动全面从严治党向基层延伸的有效途径和重要抓手,加强组织领导,周密部署安排,精心组织实施。监督检查工作必须厘清责任、落实责任。

县委责任。负责全县监督检查工作的部署安排和推动落实,强化压力向基层传导;督促乡镇党委对问题线索逐一进行核查,按要求上报数据,确保收集的数据原始资料完整准确;对上报的各类数据、材料严格审核把关;组建县委、县政府督查组对乡镇监督检查工作进展情况开展督办检查,对乡镇查否问题线索进行复核抽查,对复核抽查的结果及时反馈;对比对分析发现的问题及其查处情况进行综合分析;督促县直相关部门加强问题整改、制度完善;组织对县管干部开展追责问责等工作。

县纪委责任。负责监督检查工作的业务培训、协调指导;数据信息采集、比对和问题线索移交;根据乡镇核查工作组核查反馈的情况进行台账销号;履行再监督和违纪审查职能,组建县纪委督导审查组督促乡镇党委、纪委和县直相关部门党组(党委)履行主体责任和监督责任;结合监督执纪"四种形态",对线索核查中发现的违纪问题,按实事求是、分类处理的原则,进行查处和追责问责;受理基层群众反映当地惠民政策落实过程中存在的不正之风和腐败问题的来信来访;完成县运用大数据开展惠民政策落实情况监督检查工作领导小组交办的其他任务。

乡镇党委责任。负责督促村(社区)进行自查;组织核查工作组对问题线索进行普查,做到不漏一项、不缺一户、不少一人;对线索核查情况及时上报,对核查中发现的违纪问题进行查处、追责问责等工作。

六 增强普纪意识,积极创新反腐倡廉教育形式

廉政教育是反腐倡廉的重要一环,加强党员干部群众的廉政教

育，是预防和减少腐败问题的有效手段。巴东县积极创新反腐倡廉教育形式，不断增强时效性和针对性，从正反两方面教育广大党员干部群众。首先，在具体工作中，积极发现和抓住苗头性、倾向性问题进行总结反思，开展教育。在教育过程中，利用多种形式，如，专题报告、反腐典型事例，警醒广大党员干部群众廉洁自律。其次，通过收集素材，捕捉灵感，塑造廉政楷模，激励和鼓舞广大干部群众廉洁奉公，净化心灵，使廉政教育入脑入心。再次，巴东县善于利用现代传媒手段，营造反腐倡廉教育氛围。利用手机平台，适时向广大党员干部群众推送反腐倡廉新进展，依托网络平台，宣传反腐倡廉新政策、新成果，营造浓厚的教育氛围。

七　廉政建设"六个意识"的启示

巴东县纪委按照"精准扶贫、不落一人、三年为期、整体脱贫"的攻坚蓝图，积极强化"六个意识"，为脱贫攻坚工作提供了廉洁政治生态，有力地促进了扶贫工作。目前，巴东县已脱贫人口7万多人，完成脱贫任务过半。到2018年，基本保证全面实现"县摘帽、乡（镇）出列、村脱贫、户销号"的战略目标。巴东县廉政建设"六个意识"，体现了纪律挺在法律前面的治党理念，是新时期从严治党的延伸，取得了良好的后果。

（一）政治生态得到有效净化

湖北巴东在创新精准扶贫中的廉政建设方面，强化六种意识，营造了良好的政治生态，在促进扶贫攻坚的同时，也推进了反腐倡廉工作。一是通过强化开放意识，发扬基层民主，挤压腐败空间。在扶贫工程中，扶贫对象是一个关键，也是腐败多发地带，强化基层民主，通过屋场院子会等形式，将扶贫对象的评审完全放置在阳光下，腐败

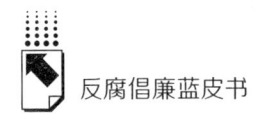

空间被大大压缩，腐败的门槛越来越高。二是通过强化科技意识，运用大数据核查。通过大数据核查，扶贫对象变得一目了然，暗箱操作、弄虚作假越来越不可能，纪检监察工作的效率也大大提高。三是通过强化督责意识，时刻不忘回头看，切实落实党委纪委主体责任。巴东县积极落实两个主体责任，将扶贫攻坚工作全程纳入纪检监察工作之中，对扶贫工作中的问题及时纠正，防微杜渐。纪检监察部门与基层广大群众保持密切联系，对群众举报一查到底，并及时回复举报人。这些工作，使得广大干部明白，不履职不尽职，就会被追责，搞腐败，就会受处分，干部清正、清廉、清明的政治生态得以建立。

（二）反腐倡廉的规则体系得以健全

长久反腐倡廉的基本前提是建立起较为完备的制度规则。过去，由于基层政府没有制定出专门的精准扶贫规则，干部自由决定扶贫工作的空间较大，这就为扶贫中的腐败提供了方便。巴东县纪委针对这一情况，一是从扶贫对象识别入手，通过制定明确的识别标准和识别流程，杜绝了识别过程的随意性。二是通过建立一案双查制度，加强问责过程监督，"以查促管、以查促廉"。将纪检部门的专门监督和社会监督结合起来，确保公众的知情权，使政府与人们之间的信息交流变得畅通，扶贫攻坚中的个别干部一手遮天现象变得不可能。三是问责规则，通过出台专门的扶贫攻坚工作的问责规则，覆盖扶贫工作的重点领域和关键环节，有力地遏制了腐败。

（三）干部履责意识和动力明显增强

党的十八届三中全会明确要求落实党风廉政建设责任制，党委负主体责任，纪委负监督责任。对此，巴东县通过强化创新意识，完善了督办考评问责管理体系，扶贫攻坚工作中建立了"一月一督查、一月一通报"督查机制。原则上按月组织对驻村帮扶、项目实施、脱贫管理、资金整合、月报进度等工作进行督办检查考核，并及时编发《督查通报》。对"两个责任"不明确、不落实，在党风廉政建设和反腐败斗争年度考核中倒数三名的，对单位主要负责人不予提拔重用，连续三年倒数前三名的一律免职。凡是不抓发展，扶贫工作不力的，与县委、县政府签订的工作目标任务完不成的，乡镇和县直部门"一把手"一律换人。通过强化创新意识，巴东县各级领导干部增强了责任意识，工作更加努力，对于各种不正之风敢抓敢管，懒政多挣现象明显好转。

通过几年来的探索实践，巴东县各级各部门领导干部深深感到，推进党风廉政建设和反腐败斗争，必须同具体工作结合起来。只有在具体工作中，反腐倡廉才不是一句空话。巴东县将扶贫攻坚工作作为一项中心任务来抓，通过层层传导压力，聚焦中心任务，强化监督问责，发扬基层民主，形成了反腐倡廉的强大声势，取得了扶贫攻坚和廉政建设的双丰收。在关注成绩的同时，也要看到巴东县"六个意识"模式还需要在实践中继续探索与完善。这其中，如何明确脱贫认定标准，防止这一环节中出现弄虚作假、欺上瞒下现象，如何纠正大跃进式的扶贫，遏止扶贫工作中的拔苗助长、形式主义等方面，应成为巴东县"六个意识"模式未来完善的方向。

附　录

Appendices

B.15
附录1：2016年党风廉政建设十件大事

1. 中央制定《中国共产党问责条例》《关于新形势下党内政治生活的若干准则》和《中国共产党党内监督条例》等重要法规制度

2016年7月，中共中央印发《中国共产党问责条例》。《问责条例》以党章为根本遵循，聚焦全面从严治党，突出管党治党政治责任，着力解决一些党组织和党的领导干部党的领导弱化、党的建设缺失、全面从严治党不力，党的观念淡漠、组织涣散、纪律松弛、不担当、不负责等突出问题，体现了党的十八大以来管党治党理论和实践创新成果，是全面从严治党重要的制度遵循。《问责条例》全文13条1900余字，明确规定并细化了党的问责工作，对于问责原则、问责对象、问责归属、问责范围和方式、问责决定和终身问责等方面作出了明确的规定，让问责工作有法可依、有章可循。2016年10月24~27日，中国共产党第十八届中央委员会第六次全体会议审议通过了《关于新形势下党内政治生活的若干准则》和《中国共产党党内监督条例》。《准则》从12个方面对加强和规范党内政治生活提出明确要求、作出具体规定。包括坚定理想信念、坚持党的基本路线、坚决维护党中央权威、严明党的政治纪律、保持党同人民群众的血肉联系、坚持民主集中制原则、发扬党内民主和保障党员权利、坚持正确选人用人导向、严格党的组织生活制度、开展批评和自我批评、加强对权力运行的制约和监督、保持清正廉洁的政治本色等。《党内监督条例》分别就党的中央组织、党委（党组）、党的纪律检查委员会、党的基层组织和党员的监督职责以及相应监督制度作出规定，形成了党中央统一领导，党委（党组）全面监督，纪律检查机关专责监督，党的工作部门职能监督，党的基层组织日常监督，党员民主监督的党内监督体系。这三项法规制度的出台，标志着党内法规制度体系更加健全，管党治党的"笼子"更加严密。

2. 中央部署开展"两学一做"学习教育

为深入学习贯彻习近平总书记系列重要讲话精神，推动全面从严治党向基层延伸，巩固拓展党的群众路线教育实践活动和"三严三实"专题教育成果，进一步解决党员队伍在思想、组织、作风、纪律等方面存在的问题，保持发展党的先进性和纯洁性，党中央决定部署在全体党员中开展"学党章党规、学系列讲话，做合格党员"学习教育，"两学一做"学习教育活动是面向全体党员深化党内教育的重要实践，是推动党内教育从"关键少数"向广大党员拓展、从集中性教育向经常性教育延伸的重要举措。

3. 两高联合发布《关于办理贪污贿赂刑事案件适用法律若干问题的解释》

2016年4月18日，最高人民法院、最高人民检察院联合发布了《关于办理贪污贿赂刑事案件适用法律若干问题的解释》。《解释》规定了贪污罪、受贿罪的三档法定刑的具体适用标准,将"数额较大"的一般标准由1997年刑法确定的五千元调整至三万元;明确了贪污罪、受贿罪的死刑适用标准及终身监禁的适用原则;调整了挪用公款、行贿等其他职务犯罪的定罪量刑标准;界定贿赂犯罪对象"财物"的范围,规定贿赂犯罪中的财物包括财产性利益,并进一步明确财产性利益包括可以折算为货币的物质利益和需要支付货币才能获得的其他利益;细化受贿犯罪中"为他人谋取利益"要件的情形,明确,承诺为他人谋取利益,明知他人有具体请托事项,以及履职时未被请托但事后基于该履职事由收受他人财物等情形,都属于"为他人谋取利益"具体表现形式。《解释》是确保《刑法修正案(九)》正确实施的一个重要的解释,对于规范司法机关办理贪污贿赂案件,推动我国反腐败工作深入开展具有重要现实意义。

4. 中央部署推进国家监察体制改革试点

2016年1月,习近平总书记在中国共产党第十八届中央纪律检查委员会第六次全体会议的讲话中指出,"要坚持党对党风廉政建设和反腐败工作的统一领导,扩大监察范围,整合监察力量,健全国家监察组织架构,形成全面覆盖国家机关及其公务员的国家监察体系"。王岐山在十八届中央纪委六次全会的工作报告中指出,"研究修改《中华人民共和国行政监察法》,建立覆盖国家机关和公务人员的国家监察体系,使党内监督和国家监察相互配套,依法治国和依规治党相互促进、相得益彰"。2016年11月,中共中央办公厅印发《关于在北京市、山西省、浙江省开展国家监察体制改革试点方案》,部署在3省市设立各级监察委员会,从体制机制、制度建设上先行先试、探索实践,为在全国推开积累经验。《方案》指出,由省(市)人民代表大会产生省(市)监察委员会,作为行使国家监察职能的专责机关。党的纪律检查委员会、监察委员会合署办公,建立健全监察委员会组织架构,明确监察委员会职能职责,建立监察委员会与司法机关的协调衔接机制，强化对监察委员会自身的监督制约。

5. 中办印发《关于防止干部"带病提拔"的意见》

2016年8月，中共中央办公厅印发了《关于防止干部"带病提拔"的意见》，《意见》贯彻落实全面从严治党、从严管理干部的要求，对切实防止干部"带病提拔"作出具体规定，是做好新时期干部选拔任用工作的重要遵循。《意见》要求，党委（党组）在向上级党组织推荐报送拟提拔或进一步使用的人选时，要认真负责地对人选廉洁自律情况提出结论性意见，实行党委（党组）书记、纪委书记（纪检组组长）在意见上签字制度。《意见》明确提出实行"四凡四必"，做到干部档案"凡提必审"，个人有关事项报告"凡提必核"，纪检监察机关意见"凡提必听"，反映违规违纪问题线索具体、有可查性的信访举报"凡提必查"。

6. 二十国集团杭州峰会达成重要反腐成果

2016年9月4~5日，二十国集团（G20）杭州峰会成功召开。G20各国领导人一致批准通过《二十国集团反腐败追逃追赃高级原则》、在华设立G20反腐败追逃追赃研究中心、《二十国集团2017~2018年反腐败行动计划》等重要反腐败成果，受到国内外广泛关注，引起很大反响。《高级原则》分三部分共10条，内容涉及拒绝腐败分子入境、建立个案协查机制、完善合作法律框架等多个方面，明确要求各国为追逃追赃工作创造有利条件，致力于打造一个"零容忍""零漏洞""零障碍"的反腐败国际追逃追赃合作体系。9月23日，G20反腐败追逃追赃研究中心在北京设立，这是第一个面向二十国集团成员国开展相关研究工作的机构，研究中心设在北京师范大学，将通过专题研究、学术研讨和培训等多种形式开展工作，为二十国集团成员国开展反腐败追逃追赃合作创造交流平台，为中国参与国际反腐败合作提供智力支持。

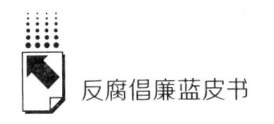

7. 中央彻查辽宁拉票贿选案

2016年9月13日，全国人大常委会临时召开会议，审议通过了全国人大常委会代表资格审查委员会关于辽宁省人大选举产生的部分十二届全国人大代表当选无效的报告，依法确定由辽宁省十二届人大一次会议选举产生的45名全国人大代表当选无效；审议通过了全国人大常委会关于成立辽宁省十二届人大七次会议筹备组的决定。辽宁拉票贿选案是新中国成立以来查处的第一起发生在省级层面、严重违反党纪国法、严重违反政治纪律和政治规矩、严重违反组织纪律和换届纪律、严重破坏人大选举制度的重大案件，是对我国人民代表大会制度的挑战，是对社会主义民主政治的挑战，是对国家法律和党的纪律的挑战，触碰了中国特色社会主义制度底线和中国共产党执政底线。其涉案人数之多、性质之恶劣、情节之严重，触目惊心、发人深省。依纪依法彻查和处理辽宁拉票贿选案，充分体现了以习近平同志为核心的党中央坚定不移推进全面依法治国、全面从严治党的鲜明态度和坚定决心，维护了人民代表大会制度的权威和尊严，维护了社会主义法治的权威和尊严。

8. 白恩培等腐败分子被判处终身监禁

2016年10月9日，河南省安阳市中级人民法院对全国人大环境与资源保护委员会原副主任委员白恩培受贿、巨额财产来源不明案公开宣判，判处白恩培死刑，缓期二年执行，在其死刑缓期执行二年期满依法减为无期徒刑后，终身监禁，不得减刑、假释。白恩培成为我国被判处终身监禁的首个省部级高官。随后，国家能源局煤炭司原副司长魏鹏远因受贿罪、巨额财产来源不明罪，黑龙江龙煤矿业集团股份有限公司物资供应分公司原副总经理于铁义因受贿罪也被判处终身监禁。2015年8月，我国《刑法修正案（九）》新增了终身监禁这一刑罚执行方式，主要针对贪污受贿数额特别巨大、情节特别严重的腐败分子。终身监禁，丰富了惩治腐败犯罪的形式和手段，有利于维护司法公正，让惩治更加精准和完备，对腐败分子形成强大威慑力。

9. 电视专题片《永远在路上》热播

2016年10月17~25日，中央纪委宣传部、中央电视台联合制作的八集专题片《永远在路上》播出。该片分为《人心向背》《以上率下》《踏石留印》《利剑出鞘》《把纪律挺在前面》《拍蝇惩贪》《天网追逃》《标本兼治》八个专题，以生动形象的案例介绍了作风建设、纪律建设、惩治腐败、巡视工作、追逃追赃等领域的进展，集中展示了党的十八大以来党中央坚定不移推进党风廉政建设和反腐败斗争的成果。影片中包括郭伯雄、徐才厚等在内的多名高官落马之后首次在公众面前现身，讲述了自己从违纪到违法的过程和细节，用真人真事拉近了社会公众与党风廉洁建设和反腐败工作的距离，受关注度之高为近年来所罕见，增强了全面从严治党成果的传播效果，具有很强的警示和教育意义。

10. 巡视对中央国家机关全覆盖任务基本完成

党的十八届三中全会要求，改进中央和省区市巡视制度，做到对地方、部门、企事业单位全覆盖。2014年7月，实现对31个省区市和新疆生产建设兵团的全覆盖。2015年6月，实现对55家中管国有重要骨干企业的全覆盖。2015年10月，实现对中管金融单位的全覆盖。2016年10月，基本实现对中央部门巡视全覆盖。截至目前，中央巡视已覆盖213个单位党组织，全覆盖任务完成近80%。在中央巡视的带动下，省区市巡视全覆盖工作进展顺利，截至2016年上半年，全国已有30个省区市实现了对市县巡视全覆盖，21个省区市和新疆生产建设兵团实现对直属国有企业巡视全覆盖，15个省区市实现对直属高校巡视全覆盖。54家中央单位开展了巡视工作，31个省区市全部探索开展了市县巡察工作。

B.16
附录2：创新集萃

编者按：为深入推进纪检监察体制机制改革，提升反腐倡廉建设的科学性和有效性，中国社会科学院中国廉政研究中心课题组广泛搜集调研、公开报道中的改革实践，经专家组评选后，遴选以下具有创新性的做法以飨读者。

湖南：强化换届风气监督

湖南省委发布《关于加强换届风气监督的实施意见》，各地纷纷采取措施贯彻落实，如永州市在第五次党代会召开期间，代表餐票签名，驻团监督组集中查代表用餐情况，从吃住行抓会风会纪。衡阳市南岳区为确保区镇两级人大代表换届工作顺利完成，保证50个选区均至少有副县级责任领导、选区责任人、风气监督责任人、联系单位责任人、安保责任人、宣传责任人各一人，村（社区）选区还安排一名乡镇责任人，确保换届监督不留死角。长沙县要求"一把手"签订严肃换届纪律责任承诺书，哪个地方出了问题，就追究党委书记责任。醴陵市成立换届督导组，从市纪委等部门抽调48名工作人员对24个镇（街道、示范区）的换届工作进行一对一驻点督导。各地都严把人大代表和政协委员的资格审查关，对照"15项负面清单"组织20多个职能部门严格审查，如宁乡县93人被取消政协人大提名资格，益阳市赫山区

54 人被取消提名资格。

（资料来源：中国社会科学院中国廉政研究中心课题组调研搜集整理）

山西：谈话函询见实效

2015 年以来，山西省纪委坚持挺纪在前，实践"四种形态"，充分发挥谈话函询在处置问题线索中的重要作用。每次谈话都明确指出是根据群众举报反映进行提醒、打招呼，被谈话人必须相信组织，诚心诚意与组织交心，实事求是讲清情况，如有隐瞒，要视为对党不忠诚、不老实，一经发现从重从严处理。同时向被谈话人交代清楚党的"惩前毖后、治病救人"和"宽严相济、区别对待"的政策。在已掌握比较具体问题线索的情况下，如果被谈话人遮遮掩掩、避重就轻，要给予其当头棒喝，直戳痛处，红脸出汗。如果问题线索比较模糊，难以做出准确判断，就注重阐述党章党纪、理想信念、党的政策，从被谈话人任职经历入手，通过深入细致的思想政治工作进行感化，促使被谈话人实事求是地把自己的问题讲出来。被谈话人要对有关问题逐一做出详细说明，当场记不清、说不清的问题，在谈话后提交书面情况说明，讲不清的不让过关。谈话虽未发现严重问题，但存在一些不当行为或其他违纪苗头的，谈话人要及时予以批评教育。对于诚实讲清问题，但问题不很严重，又未发现其他问题线索的，教育他们放下包袱，正确对待组织处理，积极投身干事创业；针对通过谈话证实了被谈话人不存在所反映问题的，教育被谈话人正确对待群众监督，把组织谈话作为一次纪律教育，消除思想顾虑，做好各项工作。截至 2016 年 2 月 29 日，全省已有 1556 人向组织主动交代问题。

（资料来源：中央纪委监察部网站）

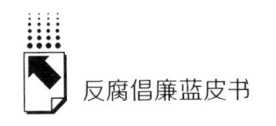

济南：市区两级"派驻巡查上下联动"

市直部门只能管下属单位，区直部门则由区县管，但很多项目是通过市直部门下去的，市直部门纪检组却难以监督。济南市纪委下文要求，县（市）纪委巡查区直部门计划年初统一报市纪委。市纪委统一安排驻市直部门纪检组跟进负责具体执行，利用业务熟，有财务、审计人员参与等优势，给予区纪委巡查组充分支持和指导。区纪委与驻市相关部门纪检组强化联动，在制定巡查方案、联动巡查、撰写巡查报告、巡查反馈每个环节都保持密切联系、默契配合，发现了不少问题，解决了派驻机构融进去难、案子少的问题，产生了强烈的震慑作用。

（资料来源：中国社会科学院中国廉政研究中心课题组调研搜集整理）

安顺：连片管理交叉监督机制

安顺市推行乡（镇、街道）纪委连片管理交叉监督机制，着力化解乡（镇、街道）纪委监督力量薄弱的难题。该市部分区县创造性地将"派驻连片交叉监督"制度运用到村级民生监督，如西秀区按照"地域相邻、习俗相近、方便管理、利于工作"的原则，在各乡镇办区域内将相邻的3~5个村（居）划为一个片区，将村务监督委员会与村级民生监督点有效整合，联合成立片区民生监督工作站，各村民生监督信息员、联络员作为监督骨干力量，进一步整合村级监督资源，变各自为政为上下互通、交叉监督，打破"同村同气"格局，形成监督网络，统一开展片区内村务监督、民生监督工作，有效保障民生政策落地生根。

（资料来源：中国社会科学院中国廉政研究中心课题组调研搜集整理）

零陵："五个一律"严管公车

湖南省永州市零陵区对公务车辆实行"五个一律"管理：一是一律粘贴公车标识。统一制作公车标识，粘贴在车辆指定位置，主动接受社会监督。二是一律实行派车单制。建立公务车辆使用登记台账，因公务使用公车的，由使用人提出申请，报单位分管领导批准，办公室开具派车单随车同行。三是一律实行"一车一卡"加油。所有公务车辆实行油卡的卡号和公车车牌号绑定，"一车一卡"对牌号加油，区作风办定期不定期对油卡管理和使用情况进行检查，禁止现金加油发票报账。四是一律配备专职司机。建立公务车辆驾驶人员基本信息库，实行一车一名专职司机，严禁公车私用，严禁领导干部私驾公车。五是节假日一律停放在指定位置。节假日期间，全区所有公务车辆一律封停在指定位置，车辆钥匙统一交办公室管理。实行"五个一律"管理后，公车运行费和燃油费大幅下降，有效地杜绝了公车私用和虚开油票套取财政资金等行为，刹住了"车轮上的腐败"。

（资料来源：中国社会科学院中国廉政研究中心课题组调研搜集整理）

武汉：着力打造全媒体监督平台

武汉市以市属新闻媒体和中央、省属驻汉主要新闻媒体为主体，打造集报纸、电视、电台、网站、微博、微信、客户端于一体的全媒体监督办理平台，聚合行政监督、新闻监督和社会监督力量，进一步促进政府部门履职尽责和干部作风转变。该市要求，任何一家媒体反映的干部作风问题，涉事单位都须按规定办理，办理结果接受当事人评价。如果涉事单位对报道不予回应，该市将以舆情专报的形式予以督办，或者由新闻单位将报道录入全媒体监督平台网站，进入全媒体办理程序。群众直接向全媒体监督平台网站反映或者新闻单位录入全媒体监督平台网站的，网站会自动分拣进行督办。反映问题的群众或新闻单位会收到网站发出的信息，动态监控办理进程，并对办理结果进行评价。全媒体监督平台对各单位办理满意度进行动态排名，全年排名情况纳入绩效考评。武汉市每年年初都通过媒体征集"十个突出问题"并由相关单位一把手公开承诺整改，组织新闻媒体进行暗访曝光，年中、年末组织电视问政，并对有关问题责任人进行追责处理，2015年问责处理437人。2016年在电视问政的基础上，该市又通过武汉电视台"现在督办"、《长江日报》"每周一问"、武汉电台"行风连线"、长江网"网络问政"等着力对全市38家政府职能部门履职尽责情况进行监督。

（资料来源：《中国纪检监察报》2016年4月20日第2版）

莱芜："三统一"强化基层纪委执纪审查

山东省莱芜市纪委用"三统一"强化上级纪委对下级纪委的领导，推动全面从严治党向基层延伸，破解基层纪委执纪审查意识不强、力量不足、水平不高等问题。一是问题线索统一管理。各镇（街道）纪委受理的所有问题线索，月底前必须向区纪委书面报告。区纪委将各镇（街道）纪委上报的问题线索，与区纪委受理的问题线索统一管理，集体排查。对一般性问题线索，交各镇（街道）党委、纪委采取谈话函询等方式办理；对易查易结的问题线索，交各镇（街道）纪委查办；对重大、复杂或查处有困难的问题线索，由区纪委成立调查组，采取直接办案、联合办案等方式办理。二是执纪力量统一调配。区纪委建立由委局各室、各派驻机构、镇（街道）纪委等有关人员组成的办案人才库。调查组成员由区纪委从办案人才库中选调，组长由区纪委指定人员担任。三是执纪标准统一规范。区纪委对执纪审查的工作程序、取证要求、文书格式等进行统一规范，在调查程序、办案纪律、执纪标准、审查安全等方面严格把关，并加强对镇（街道）纪委和调查组工作的监督指导，做到执纪审查证据扎实确凿，定性量纪准确恰当。对镇（街道）党委、纪委存在有案不查、办案不力，不配合调查组工作等情况的，严肃追究相关人员的责任。

（资料来源：《中国纪检监察报》2016年7月24日第3版）

泰州：构建作风建设协同推进机制

近年来，泰州市以作风建设常态化、全覆盖为目标，着力构建作风建设协同推进机制。年初，该市根据上级部署和上年监督检查、巡视巡察等工作中发现的重点问题，明确当年落实中央八项规定精神、防治"四风"工作任务清单，逐一分解落实到财政、审计、商务、机关事务局、人社等18个主责部门，并签订工作责任书，将其履职情况纳入全年绩效考核目标，强化压力传导。各主责部门结合自身实际，明确了工作任务清单。该市要求各主责部门按照每季度不低于20%的覆盖面组织督查，做到全覆盖、无死角。每季度，市纪委都会牵头召开主责部门履行监督检查责任情况当面报告会议，总结工作情况，点评存在问题，交办下一阶段工作任务。按照系统查、查系统的思路，探索实施机关部门之间交叉互查，先后组织对农水、政法、住建、交通等条线的专项交叉督查，做到上下联动，横向互动。泰州市建立"四风"问题线索定期移送制度，要求相关主责部门及时发现、每月报送"四风"问题线索。2016年1~10月，该市作风建设主责

部门就先后派出56个检查组,对491个单位进行了明察暗访,发现各类存在的问题124个,向市纪委移送问题线索43条。1~5月,泰州市共查处违反中央八项规定精神问题92个,问责处理114人,其中党纪政纪处分97人。

(资料来源:《中国纪检监察报》2016年6月27日第3版)

襄阳:让"跌倒者"站起来

襄阳市施行分级负责制,建立由党委统一领导,纪检监察机关、组织人事部门等相关部门密切配合的违纪干部教育管理机制。对违纪干部首先从理想信念入手,建立对受处分党员干部的回访教育制度,通过登门恳谈、集中座谈、书面访谈等形式,实现教育挽救"全覆盖""常态化"。襄阳市制定《受处分党员干部教育管理手册》,对受处分党员干部确定帮教人员。对受处分人员实行痕迹管理,实时记录交心谈话、学习整改过程,全程留痕,动态评定。通过各级党组织定期自查,职能部门不定期督查等多种手段,对受处分干部的现实表现和教育管理工作进行全方位监督,及时发现问题,纠正偏差,对造成不良影响的,坚决问责。该市积极为知错认错、立行立改、日常表现优秀的受处分党员干部提供发展空间。在处分期满时,根据掌握的教育管理工作情况和民主测评结果,客观、公正做出总体评价,符合规定条件的,及时恢复党员权利或解除处分。对思想转变好、综合素质高、工作实绩突出的,积极向组织推荐使用。党的十八大以来,共对1107名违纪干部开展了教育帮扶工作,违纪干部在最短的时间内调整好心态,变压力为动力,从"问题干部"变成"有为干部"。

(资料来源:《中国纪检监察报》5月12日第2版)

Abstract

Focusing on the theme of "institutional construction", *Report on Combating Corruption and Upholding Integrity in China* No. 6 analyzes the new arrangements, progresses and outcomes of the work in combating corruption and constructing clean-governance since the 18th National Congress of the Communist Part of China, especially in the year of 2016. This report consists of a general report, five area reports, three special reports and five feature reports.

The general report examines the practices and outcomes of the work in combating corruption and constructing clean-governance in 2016 from six aspects, including the punishment of corruption, the improvement of the supervision structure, the check of public power, the supervision of public funds and assets, the advancement of Party conduct and moral integrity, and the construction of public integrity culture. Based on field research in eight provinces (municipals and districts) of eastern, western and central parts of China, a nationwide surveys and public opinion analysis, the report investigates the public acknowledgement of and expectation on constructing clean-governance and improving Party conduct. The general report also puts forward a number of suggestions for the future work, including (1) to enhance the legislation on anti-corruption, (2) to construct institutional system that make corruption unnecessary, (3) to standardize the application of the Four Ways of enforcing Party discipline, (4) to rebuild the trust of the people on the Party and its leadership, and so on.

The five area reports introduce the efforts made in five provinces (or autonomous regions) to implement the principle of comprehensively strengthening Party discipline, improve Party conduct, construct clean-governance, and combat corruption. These practices include (1) the effort to improve the system of inspection and accountability in Hebei province, (2) the work to combat systematic and collective corruption in Shanxi Province, (3) the practice to strengthen the supervision in poverty-alleviation projects in Gansu Province, (4) the measures to implement the Four Ways of enforcing Party discipline in Guizhou Province, and (5) the reform to improve institutions of public-fund management in Zhejiang Province.

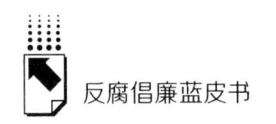

The three special reports examine (1) the issue of international human rights involved in the Huang Haiyong Case, (2) the characteristics of and countermeasures aginst the corruption in social organizations, and (3) the practices and future of the work to improve Party conduct, construct clean-governance and combat corruption in higher-education institutions.

The five feature reports investigate (1) the practice to prevent corruption in the context of town-level empowerment in Sichuan Province, (2) The implement Principle of "Comprehensively Strengthening Party Discipline" at the Grass-Root Level in Jiamusi, Heilongjiang Province, (3) the construction of Three-Synchronization supervision system in Guangyuan, Sichuan, (4) the work of gross-root Party construction in Yongzhou, Hunan, and (5) the clean-governance construction for Accurate Poverty Alleviation project in Badong, Hubei.

Contents

I General Report

B. 1 Deepening and Extending the Effort to Improve Party
Conduct and Combat Corruption in 2016 / 001

Abstract: This report examines the practices and outcomes of the work in combating corruption and constructing clean-governance in 2016 from six aspects, including the punishment of corruption, the improvement of the supervision structure, the check of public power, the supervision of public funds and assets, the advancement of Party conduct and moral integrity, and the construction of clean-governance culture. Based on field research, a nationwide survey and public-opinion analysis, this report also investigates the public acknowledgement of and expectation on constructing clean-governance and improving Party conduct. Finally, this report proposes some suggestions for the future work.

Keywords: 2016; China; Improving Party Conduct and Constructing Clean Governance; Combating Corruption

II Area Reports

B.2 Innovations and Practices to Perfect the System of
Supervision and Accountability in Hebei Province   / 066

Abstract: Focusing on comprehensively strengthening Party discipline and insisting on the Four Consciousness, the Party Committee in Hebei Province seriously implements the arrangements and requirements from the Central Committee on continuously reinforcing and improving the work of supervision, by deepening political supervision, extending the coverage of supervision, standardizing the supervision procedure at the county level, clarifying responsibilities, confirming responsibilities level by level through the hierarchical structure, promoting continuous reform, forming horizontal and vertical cooperation, uniting all resources and tools, and working jointly. These measures have led to a comprehensive system and comprehensively improved the effect of supervision.

Keywords: Hebei Province; Comprehensively Strengthening Party Discipline; Political Supervision; Responsibility-System Construction

B.3 Measures to Fight Systematic and Collective Corruptions in
Shanxi Province   / 080

Abstract: Based on the reality of its social-economic development, Shanxi Province continued its efforts to intensively combat corruption. Especially, it took measures to fight systematic and collective corruption by punishing both high- and low-level corrupted officials, eradicating the corrupted trees (officials), treating sick trees (officials), and correcting depraved trees (officials). These measures purified the political ecosystem, rebuilt the public figure of the province, and have received acknowledgement and approval from the central government and the society.

Keywords: Shanxi Province; Strengthening Party Discipline; Punishing Corruption; Purifying Political Ecosystem

B. 4 Strengthening the Inspection and Enforcement of Party Discipline for Poverty-Alleviation Projects in Gansu Province / 095

Abstract: Poverty is widespread and severe in Gansu Province. In order to improve the effect of poverty-alleviation projects, the Party Committee in Gansu Province analyzes, arranges and performs poverty-alleviation development and strict Party inspection at the same time. Party-discipline-inspection and government-supervision institutions at all levels focus their work the problems involved in poverty-alleviation projects, including appropriating public funds, misusing public power for private interests, failing to perform responsibilities, using incorrect work methods, and so on. These institutions launched the special action of "Two Inspections, Two Protections," to make full use of the mechanisms of inspection and supervision and to deal with the problems that harm people's interest. These measures has protected people's interest and ensured the implementation of the Accurate Poverty-Alleviation policies.

Keywords: Gansu Province; Poverty-Alleviation Development; Supervisory Responsibility; Inspection and Supervision; People's Interest

B. 5　Explorations of Implementing the Four Ways of Enforcing
　　　Party Discipline in Guizhou Province　　　　　　　　／ 117

Abstract: Comrade Wang Qishan, a member of the Politburo Standing Committee of the CPC Central Committee and the general secretary of the Central Commission for Discipline Inspection of the Central Committee of the CPC, proposed the Four Ways of Enforcing Party Discipline when he did field research in Fujian Province. Guizhou Province has deeply studied this thought and proposed five principles for strengthening Party discipline, including "the Party must exercise control over itself," "equality before the Party discipline," "seeking truth from facts," "democratic centralism," and "learning from past mistakes to avoid future ones." Guizhou Province took accurate Party-discipline-related report as the central method to enforce the Four Ways of Enforcing Party Discipline, which has produced good political, social, legal and disciplinary results and formed distinct approach with Guizhou characteristics. The first implication of these measures is that in order to better implement the Four Ways of Enforcing Party Discipline the following five pairs of relations have to be balanced: the relationship between laws and Party disciplines, that between top-level design and grass-root exploration, that between enforcement responsibility and supervision responsibility, that between the first Way and the other three ways of enforcing Party discipline, and that between the Party discipline and politics. The second implication is that the following five problems have to be stressed for enforcing Party discipline: perception problem, implementation problem, responsibility problem, methodology problem, and definition problem.

Keywords: Guizhou Province; Four Ways of Enforcing Party

Discipline; Context and Times; Implementation Approach; Comprehensively Strengthening Party Discipline

B. 6   Reforming the Institution of Public Funds Storage to
       Prevent Power Intervention in Public Funds Management
       in Zhejiang Province   / 137

Abstract: As an effort to avoid leaders' conflict of interest, Zhejiang Province build a competitive mechanism for public funds storage in order to solve the problem of power intervention in public funds management. This reform has improved the quality of public funds management, which has important implications for avoiding the conflict of interest and preventing corruption.

Keywords: Public Funds; Competitive Storage; Power Intervention in Public Funds Management; Conflict of Interest

Ⅲ   Topical Reports

B. 7   The First Extradition Case in Inter－American Court
       of Human Rights and its Significances   / 148

Abstract: Human rights issues very often become the obstacles for repatriation or extradition in the international persons chasing in anti-corruption process. The Inter－American Court of Human Rights Case Wong Ho Wing vs. Peru typically reflects the challenges and problems faced with by the Chinese authority. In this Case, three expert witnesses from China provided the Court written opinions concerned, and two of them appeared before the Court and helped the Peru Government's representatives. In June, 2015, The Court decided that Mr. Wong could be extradited to China without real risks of death penalty or torture. It is the first case of the Court on extradition and States' human rights obligations. It is of direct legal effects for the Member States of the Court, and of significances to the other regional human rights courts like the European Court of Human Rights and other countries and places. As a precedent, the jurisprudence concluded and applied by the Inter-American Court of Human Rights in this Case is enlightening as well in both international law and domestic law.

Keywords: Anti-corruption; Extradition; Inter-American Court of Human Rights; Wong Ho Wing (Huang Haiyong)

B.8 Fighting Corruptions Involved in Social Organizations   / 169

Abstract: With the development of social organizations since Reform and Opening-up, the corruptions in social organizations also emerge with respect to human resource management, financing and social activities. Furthermore, these corruptions have different characteristics for different kinds of social organizations. Since the 18th National Congress of the CPC, relevant bureaus have made norms and rules to regulate the operation of social organizations and prevent corruptions, reformed the organizational structure for social organizations to solve the causes of corruption, and launched special project to fight the corruptions in social organizations. In the future, the possibility of corruptions in social organizations might be increase, and the society will become more concerned with social organizations and the corruptions therein. So, the perception of "corruptions in social organizations are not severe" has to be changed, rather more attention has to be paid to social organizations. Furthermore, social organizations should fight its own corruptions and improve its own integrity so that they can play an important role in fighting corruptions for the society as a whole.

Keywords: Social Organization; Corruption; Governance

B. 9 Current Situations and Future of Improving Party Conduct, Constructing Clean-Governance and Fighting Corruption in Higher-Education Institutions / 191

Abstract: This report analyzes the current situations and future work of improving Party conduct, constructing clean-governance and fighting corruption in Higher-Education Institutions. This report first summarizes the main problems: some leaders don't pay enough attention to the clean-governance construction in higher-education institutions; the rent-seeking behavior is still severe in some areas; higher-education institutions have many collective corruptions; and the intersection between local management and vertical management leads to some vacuum of supervision. Against these problems, the report proposes the following advice: constructing clean-governance should be paid more attention; the mechanism of power supervision should be improved; the Four Ways of Enforcing Party Discipline should be better implemented; the system of accountability should be updated; the institutions for discipline inspection should be reformed; and the methods of education, network and cultural construction should be unified.

Keywords: Higher-Education Institutions; Combating Corruption and Up-holding Integrity; Discipline-Inspection Mechanism; Risk Prevention and Control; Public Integrity Culture

Ⅳ Special Reports

B.10 Practical Explorations to Prevent Corruptions at the Town-level in the Context of Grass-Root Empowerment in Sichuan Province / 206

Abstract: In recent years, town-level empowerment for town development has become an inevitable tendency for grass-root government reform in the rural area. Through the reform, the power of town-level Party committee and government has gained unprecedented power with respect to policy-making, human resource management, and public funds usage. But, power has to match its responsibilities. After the expansion of the town-level power, it is necessary to strengthen the supervision on the town-level party secretary, improve the system of grass-root Party discipline inspection, employ information technology, implement the responsibility-list system, improve the transparency of public affairs, build a sounder motivation mechanism for town-level officials, and pay more attention to public-integrity education of town-level officials.

Keywords: Empowerment Reform; Town-level Officials; Corruption Prevention

B. 11 Practices to Implement the Principle of "Comprehensively Strengthening Party Discipline" at the Grass-Root Level in Jiamusi, Heilongjiang Province / 223

Abstract: Comprehensively Strengthening Party Discipline is a constituent of the strategy of Four Comprehensives and the base for achieving the other three comprehensive tasks. This report focuses on the practices to implement the principle of "Comprehensively Strengthening Party Discipline" at the grass-root level. Through analyzing the characteristics of grass-root corruptions and the key forces of grass-root Party discipline enforcement, this report summarizes the practical approaches to enforce the grass-root party discipline. The remarkable work in Jiamusi results in seven important aspects of grass-root party discipline enforcement.

Keywords: Heilongjiang; Jiamusi, Comprehensively Strengthening Party Discipline

B. 12 ConstructingThree-Synchronization Supervision Mechanism in Guangyuan, Sichuan / 240

Abstract: All kinds of public power have the risk of being corrupted. Ruling parties always have to combat corruption. The key and central task of preventing corruption is to scientifically and effectively supervise public power. Focusing on power operation and power holders, Guangyuan analyzed the characteristics of power operation, took supervision as a designed procedure, organically put supervision through the process of power operation, integrally combined all kinds of supervision mechanisms, and constructed the Three-Synchronization supervision mechanism—supervision at the same rhythm, through the same track, and for the same direction. Currently, the mechanism has gained good outcomes. In the future, the three-synchronization mechanism should be improved by constructing a power-operation system composed of scientific policy-making, effective enforcement, and powerful supervision.

Keywords: Sichuan; Guangyuan; Three-Synchronization Supervision; Power Supervision

B.13 Constructing Good Political Ecosystem through
Party Construction in Yongzhou, Hunan / 253

Abstract: In the past few years, Yongzhou reinforced the leading role of Party construction by focusing on problem-solving, consolidating grass-root work, improving officials' ability of policy implementation, and combating corruption. These practices have effectively protected people' direct interest, produced a clean and integral political ecosystem, and provided organizational and disciplinary guarantee for the quality development of Yongzhou.

Keywords: Hunan; Yongzhou; Implementation of Party Construction; Improving Party Conduct and Combating Corruption; Political Ecosystem

B.14 Constructing Clean-Governance for Accurate
Poverty-Alleviation in Badong, Hubei / 265

Abstract: Against the real problems and corruptions involved in power-alleviation project, Badong County of Hubei Province has prevented the spread of corruption by reinforcing the enforcement responsibility, clarifying the standard and procedure of identifying poor households, exploring practical methods for grass-root democracy, employing big data to improve supervision efficiency, innovating education methods, and so on.

Keywords: Hubei; Badong; Accurate Poverty Alleviation; Clean-Governance Construction; Grass-Root Democracy; Enforcement Responsibility

社会科学文献出版社　　**皮书系列**

❖ 皮书起源 ❖

"皮书"起源于十七、十八世纪的英国，主要指官方或社会组织正式发表的重要文件或报告，多以"白皮书"命名。在中国，"皮书"这一概念被社会广泛接受，并被成功运作、发展成为一种全新的出版形态，则源于中国社会科学院社会科学文献出版社。

❖ 皮书定义 ❖

皮书是对中国与世界发展状况和热点问题进行年度监测，以专业的角度、专家的视野和实证研究方法，针对某一领域或区域现状与发展态势展开分析和预测，具备原创性、实证性、专业性、连续性、前沿性、时效性等特点的公开出版物，由一系列权威研究报告组成。

❖ 皮书作者 ❖

皮书系列的作者以中国社会科学院、著名高校、地方社会科学院的研究人员为主，多为国内一流研究机构的权威专家学者，他们的看法和观点代表了学界对中国与世界的现实和未来最高水平的解读与分析。

❖ 皮书荣誉 ❖

皮书系列已成为社会科学文献出版社的著名图书品牌和中国社会科学院的知名学术品牌。2016年，皮书系列正式列入"十三五"国家重点出版规划项目；2012~2016年，重点皮书列入中国社会科学院承担的国家哲学社会科学创新工程项目；2017年，55种院外皮书使用"中国社会科学院创新工程学术出版项目"标识。

中国皮书网

发布皮书研创资讯，传播皮书精彩内容
引领皮书出版潮流，打造皮书服务平台

栏目设置

关于皮书：何谓皮书、皮书分类、皮书大事记、皮书荣誉、皮书出版第一人、皮书编辑部

最新资讯：通知公告、新闻动态、媒体聚焦、网站专题、视频直播、下载专区

皮书研创：皮书规范、皮书选题、皮书出版、皮书研究、研创团队

皮书评奖评价：指标体系、皮书评价、皮书评奖

互动专区：皮书说、皮书智库、皮书微博、数据库微博

所获荣誉

2008年、2011年，中国皮书网均在全国新闻出版业网站荣誉评选中获得"最具商业价值网站"称号；

2012年，获得"出版业网站百强"称号。

网库合一

2014年，中国皮书网与皮书数据库端口合一，实现资源共享。更多详情请登录www.pishu.cn。

权威报告·热点资讯·特色资源

皮书数据库
ANNUAL REPORT(YEARBOOK) DATABASE

当代中国与世界发展高端智库平台

所获荣誉

- 2016年,入选"国家'十三五'电子出版物出版规划骨干工程"
- 2015年,荣获"搜索中国正能量 点赞2015""创新中国科技创新奖"
- 2013年,荣获"中国出版政府奖·网络出版物奖"提名奖
- 连续多年荣获中国数字出版博览会"数字出版·优秀品牌"奖

成为会员

通过网址www.pishu.com.cn或使用手机扫描二维码进入皮书数据库网站,进行手机号码验证或邮箱验证即可成为皮书数据库会员(建议通过手机号码快速验证注册)。

会员福利

- 使用手机号码首次注册会员可直接获得100元体验金,不需充值即可购买和查看数据库内容(仅限使用手机号码快速注册)。
- 已注册用户购书后可免费获赠100元皮书数据库充值卡。刮开充值卡涂层获取充值密码,登录并进入"会员中心"—"在线充值"—"充值卡充值",充值成功后即可购买和查看数据库内容。

卡号:5659261886919189
密码:

数据库服务热线:400-008-6695
数据库服务QQ:2475522410
数据库服务邮箱:database@ssap.cn
图书销售热线:010-59367070/7028
图书服务QQ:1265056568
图书服务邮箱:duzhe@ssap.cn

S 子库介绍
Sub-Database Introduction

中国经济发展数据库

涵盖宏观经济、农业经济、工业经济、产业经济、财政金融、交通旅游、商业贸易、劳动经济、企业经济、房地产经济、城市经济、区域经济等领域，为用户实时了解经济运行态势、把握经济发展规律、洞察经济形势、做出经济决策提供参考和依据。

中国社会发展数据库

全面整合国内外有关中国社会发展的统计数据、深度分析报告、专家解读和热点资讯构建而成的专业学术数据库。涉及宗教、社会、人口、政治、外交、法律、文化、教育、体育、文学艺术、医药卫生、资源环境等多个领域。

中国行业发展数据库

以中国国民经济行业分类为依据，跟踪分析国民经济各行业市场运行状况和政策导向，提供行业发展最前沿的资讯，为用户投资、从业及各种经济决策提供理论基础和实践指导。内容涵盖农业，能源与矿产业，交通运输业，制造业，金融业，房地产业，租赁和商务服务业，科学研究，环境和公共设施管理，居民服务业，教育，卫生和社会保障，文化、体育和娱乐业等100余个行业。

中国区域发展数据库

对特定区域内的经济、社会、文化、法治、资源环境等领域的现状与发展情况进行分析和预测。涵盖中部、西部、东北、西北等地区，长三角、珠三角、黄三角、京津冀、环渤海、合肥经济圈、长株潭城市群、关中—天水经济区、海峡经济区等区域经济体和城市圈，北京、上海、浙江、河南、陕西等34个省份及中国台湾地区。

中国文化传媒数据库

包括文化事业、文化产业、宗教、群众文化、图书馆事业、博物馆事业、档案事业、语言文字、文学、历史地理、新闻传播、广播电视、出版事业、艺术、电影、娱乐等多个子库。

世界经济与国际关系数据库

以皮书系列中涉及世界经济与国际关系的研究成果为基础，全面整合国内外有关世界经济与国际关系的统计数据、深度分析报告、专家解读和热点资讯构建而成的专业学术数据库。包括世界经济、国际政治、世界文化与科技、全球性问题、国际组织与国际法、区域研究等多个子库。

法律声明

"皮书系列"(含蓝皮书、绿皮书、黄皮书)之品牌由社会科学文献出版社最早使用并持续至今,现已被中国图书市场所熟知。"皮书系列"的LOGO( )与"经济蓝皮书""社会蓝皮书"均已在中华人民共和国国家工商行政管理总局商标局登记注册。"皮书系列"图书的注册商标专用权及封面设计、版式设计的著作权均为社会科学文献出版社所有。未经社会科学文献出版社书面授权许可,任何使用与"皮书系列"图书注册商标、封面设计、版式设计相同或者近似的文字、图形或其组合的行为均系侵权行为。

经作者授权,本书的专有出版权及信息网络传播权为社会科学文献出版社享有。未经社会科学文献出版社书面授权许可,任何就本书内容的复制、发行或以数字形式进行网络传播的行为均系侵权行为。

社会科学文献出版社将通过法律途径追究上述侵权行为的法律责任,维护自身合法权益。

欢迎社会各界人士对侵犯社会科学文献出版社上述权利的侵权行为进行举报。电话:010-59367121,电子邮箱:fawubu@ssap.cn。

社会科学文献出版社

皮书品牌20年
YEAR BOOKS
1997~2017

皮书系列

2017年

智库成果出版与传播平台

社会科学文献出版社
SOCIAL SCIENCES ACADEMIC PRESS (CHINA)

社长致辞

伴随着今冬的第一场雪，2017年很快就要到了。世界每天都在发生着让人眼花缭乱的变化，而唯一不变的，是面向未来无数的可能性。作为个体，如何获取专业信息以备不时之需？作为行政主体或企事业主体，如何提高决策的科学性让这个世界变得更好而不是更糟？原创、实证、专业、前沿、及时、持续，这是1997年"皮书系列"品牌创立的初衷。

1997~2017，从最初一个出版社的学术产品名称到媒体和公众使用频率极高的热点词语，从专业术语到大众话语，从官方文件到独特的出版型态，作为重要的智库成果，"皮书"始终致力于成为海量信息时代的信息过滤器，成为经济社会发展的记录仪，成为政策制定、评估、调整的智力源，社会科学研究的资料集成库。"皮书"的概念不断延展，"皮书"的种类更加丰富，"皮书"的功能日渐完善。

1997~2017，皮书及皮书数据库已成为中国新型智库建设不可或缺的抓手与平台，成为政府、企业和各类社会组织决策的利器，成为人文社科研究最基本的资料库，成为世界系统完整及时认知当代中国的窗口和通道！"皮书"所具有的凝聚力正在形成一种无形的力量，吸引着社会各界关注中国的发展，参与中国的发展。

二十年的"皮书"正值青春，愿每一位皮书人付出的年华与智慧不辜负这个时代！

社会科学文献出版社社长
中国社会学会秘书长

2016年11月

社会科学文献出版社简介

社会科学文献出版社成立于1985年,是直属于中国社会科学院的人文社会科学专业学术出版机构。

成立以来,社科文献依托于中国社会科学院丰厚的学术出版和专家学者资源,坚持"创社科经典,出传世文献"的出版理念和"权威、前沿、原创"的产品定位,逐步走上了智库产品与专业学术成果系列化、规模化、数字化、国际化、市场化发展的经营道路,取得了令人瞩目的成绩。

学术出版 社科文献先后策划出版了"皮书"系列、"列国志"、"社科文献精品译库"、"全球化译丛"、"全面深化改革研究书系"、"近世中国"、"甲骨文"、"中国史话"等一大批既有学术影响又有市场价值的图书品牌和学术品牌,形成了较强的学术出版能力和资源整合能力。2016年社科文献发稿5.5亿字,出版图书2000余种,承印发行中国社会科学院院属期刊72种。

数字出版 凭借着雄厚的出版资源整合能力,社科文献长期以来一直致力于从内容资源和数字平台两个方面实现传统出版的再造,并先后推出了皮书数据库、列国志数据库、中国田野调查数据库等一系列数字产品。2016年数字化加工图书近4000种,文字处理量达10亿字。数字出版已经初步形成了产品设计、内容开发、编辑标引、产品运营、技术支持、营销推广等全流程体系。

国际出版 社科文献通过学术交流和国际书展等方式积极参与国际学术和国际出版的交流合作,努力将中国优秀的人文社会科学研究成果推向世界,从构建国际话语体系的角度推动学术出版国际化。目前已与英、荷、法、德、美、日、韩等国及港澳台地区近40家出版和学术文化机构建立了长期稳定的合作关系。

融合发展 紧紧围绕融合发展战略,社科文献全面布局融合发展和数字化转型升级,成效显著。以核心资源和重点项目为主的社科文献数据库产品群和数字出版体系日臻成熟,"一带一路"系列研究成果与专题数据库、阿拉伯问题研究国别基础库及中阿文化交流数据库平台等项目开启了社科文献向专业知识服务商转型的新篇章,成为行业领先。

此外,社科文献充分利用网络媒体平台,积极与各类媒体合作,并联合大型书店、学术书店、机场书店、网络书店、图书馆,构建起强大的学术图书内容传播平台,学术图书的媒体曝光率居全国之首,图书馆藏率居于全国出版机构前十位。

有温度,有情怀,有视野,更有梦想。未来社科文献将继续坚持专业化学术出版之路不动摇,着力搭建最具影响力的智库产品整合及传播平台、学术资源共享平台,为实现"社科文献梦"奠定坚实基础。

经 济 类

经济类皮书涵盖宏观经济、城市经济、大区域经济，提供权威、前沿的分析与预测

经济蓝皮书

2017年中国经济形势分析与预测

李扬／主编　2016年12月出版　定价：89.00元

◆ 本书为总理基金项目，由著名经济学家李扬领衔，联合中国社会科学院等数十家科研机构、国家部委和高等院校的专家共同撰写，系统分析了2016年的中国经济形势并预测2017年我国经济运行情况。

中国省域竞争力蓝皮书

中国省域经济综合竞争力发展报告（2015～2016）

李建平　李闽榕　高燕京／主编　2017年2月出版　估价：198.00元

◆ 本书融多学科的理论为一体，深入追踪研究了省域经济发展与中国国家竞争力的内在关系，为提升中国省域经济综合竞争力提供有价值的决策依据。

城市蓝皮书

中国城市发展报告No.10

潘家华　单菁菁／主编　2017年9月出版　估价：89.00元

◆ 本书是由中国社会科学院城市发展与环境研究中心编著的，多角度、全方位地立体展示了中国城市的发展状况，并对中国城市的未来发展提出了许多建议。该书有强烈的时代感，对中国城市发展实践有重要的参考价值。

皮书系列重点推荐　经济类

人口与劳动绿皮书
中国人口与劳动问题报告 No.18

蔡昉 张车伟 / 主编　2017 年 10 月出版　估价：89.00 元

◆ 本书为中国社科院人口与劳动经济研究所主编的年度报告，对当前中国人口与劳动形势做了比较全面和系统的深入讨论，为研究我国人口与劳动问题提供了一个专业性的视角。

世界经济黄皮书
2017 年世界经济形势分析与预测

张宇燕 / 主编　2016 年 12 月出版　定价：89.00 元

◆ 本书由中国社会科学院世界经济与政治研究所的研究团队撰写，2016 年世界经济增速进一步放缓，就业增长放慢。世界经济面临许多重大挑战同时，地缘政治风险、难民危机、大国政治周期、恐怖主义等问题也仍然在影响世界经济的稳定与发展。预计 2017 年按 PPP 计算的世界 GDP 增长率约为 3.0%。

国际城市蓝皮书
国际城市发展报告（2017）

屠启宇 / 主编　2017 年 2 月出版　估价：89.00 元

◆ 本书作者以上海社会科学院从事国际城市研究的学者团队为核心，汇集同济大学、华东师范大学、复旦大学、上海交通大学、南京大学、浙江大学相关城市研究专业学者。立足动态跟踪介绍国际城市发展时间中，最新出现的重大战略、重大理念、重大项目、重大报告和最佳案例。

金融蓝皮书
中国金融发展报告（2017）

李扬 王国刚 / 主编　2017 年 1 月出版　估价：89.00 元

◆ 本书由中国社会科学院金融研究所组织编写，概括和分析了 2016 年中国金融发展和运行中的各方面情况，研讨和评论了 2016 年发生的主要金融事件，有利于读者了解掌握 2016 年中国的金融状况，把握 2017 年中国金融的走势。

经济类 皮书系列 重点推荐

农村绿皮书
中国农村经济形势分析与预测（2016~2017）
魏后凯　杜志雄　黄秉信/著　2017年4月出版　估价：89.00元

◆ 本书描述了2016年中国农业农村经济发展的一些主要指标和变化，并对2017年中国农业农村经济形势的一些展望和预测，提出相应的政策建议。

西部蓝皮书
中国西部发展报告（2017）
姚慧琴　徐璋勇/主编　2017年9月出版　估价：89.00元

◆ 本书由西北大学中国西部经济发展研究中心主编，汇集了源自西部本土以及国内研究西部问题的权威专家的第一手资料，对国家实施西部大开发战略进行年度动态跟踪，并对2017年西部经济、社会发展态势进行预测和展望。

经济蓝皮书·夏季号
中国经济增长报告（2016~2017）
李扬/主编　2017年9月出版　估价：98.00元

◆ 中国经济增长报告主要探讨2016~2017年中国经济增长问题，以专业视角解读中国经济增长，力求将其打造成一个研究中国经济增长、服务宏微观各级决策的周期性、权威性读物。

就业蓝皮书
2017年中国本科生就业报告
麦可思研究院/编著　2017年6月出版　估价：98.00元

◆ 本书基于大量的数据和调研，内容翔实，调查独到，分析到位，用数据说话，对我国大学生教育与发展起到了很好的建言献策作用。

社会政法类

社会政法类皮书聚焦社会发展领域的热点、难点问题，提供权威、原创的资讯与视点

社会蓝皮书
2017年中国社会形势分析与预测

李培林　陈光金　张翼/主编　2016年12月出版　定价：89.00元

◆ 本书由中国社会科学院社会学研究所组织研究机构专家、高校学者和政府研究人员撰写，聚焦当下社会热点，对2016年中国社会发展的各个方面内容进行了权威解读，同时对2017年社会形势发展趋势进行了预测。

法治蓝皮书
中国法治发展报告No.15（2017）

李林　田禾/主编　2017年3月出版　估价：118.00元

◆ 本年度法治蓝皮书回顾总结了2016年度中国法治发展取得的成就和存在的不足，并对2017年中国法治发展形势进行了预测和展望。

社会体制蓝皮书
中国社会体制改革报告No.5（2017）

龚维斌/主编　2017年4月出版　估价：89.00元

◆ 本书由国家行政学院社会治理研究中心和北京师范大学中国社会管理研究院共同组织编写，主要对2016年社会体制改革情况进行回顾和总结，对2017年的改革走向进行分析，提出相关政策建议。

社会政法类　　皮书系列 重点推荐

社会心态蓝皮书
中国社会心态研究报告（2017）
王俊秀　杨宜音 / 主编　2017年12月出版　估价：89.00元

◆ 本书是中国社会科学院社会学研究所社会心理研究中心"社会心态蓝皮书课题组"的年度研究成果，运用社会心理学、社会学、经济学、传播学等多种学科的方法进行了调查和研究，对于目前我国社会心态状况有较广泛和深入的揭示。

生态城市绿皮书
中国生态城市建设发展报告（2017）
刘举科　孙伟平　胡文臻 / 主编　2017年7月出版　估价：118.00元

◆ 报告以绿色发展、循环经济、低碳生活、民生宜居为理念，以更新民众观念、提供决策咨询、指导工程实践、引领绿色发展为宗旨，试图探索一条具有中国特色的城市生态文明建设新路。

城市生活质量蓝皮书
中国城市生活质量报告（2017）
中国经济实验研究院 / 主编　2017年7月出版　估价：89.00元

◆ 本书对全国35个城市居民的生活质量主观满意度进行了电话调查，同时对35个城市居民的客观生活质量指数进行了计算，为我国城市居民生活质量的提升，提出了针对性的政策建议。

公共服务蓝皮书
中国城市基本公共服务力评价（2017）
钟君　吴正杲 / 主编　2017年12月出版　估价：89.00元

◆ 中国社会科学院经济与社会建设研究室与华图政信调查组成联合课题组，从2010年开始对基本公共服务力进行研究，研创了基本公共服务力评价指标体系，为政府考核公共服务与社会管理工作提供了理论工具。

皮书系列重点推荐

行业报告类

行业报告类

行业报告类皮书立足重点行业、新兴行业领域，提供及时、前瞻的数据与信息

企业社会责任蓝皮书
中国企业社会责任研究报告（2017）

黄群慧 钟宏武 张蒽 翟利峰／著　2017年10月出版　估价：89.00元

◆ 本书剖析了中国企业社会责任在2016～2017年度的最新发展特征，详细解读了省域国有企业在社会责任方面的阶段性特征，生动呈现了国内外优秀企业的社会责任实践。对了解中国企业社会责任履行现状、未来发展，以及推动社会责任建设有重要的参考价值。

新能源汽车蓝皮书
中国新能源汽车产业发展报告（2017）

黄中国汽车技术研究中心　日产（中国）投资有限公司
东风汽车有限公司／编著　2017年7月出版　估价：98.00元

◆ 本书对我国2016年新能源汽车产业发展进行了全面系统的分析，并介绍了国外的发展经验。有助于相关机构、行业和社会公众等了解中国新能源汽车产业发展的最新动态，为政府部门出台新能源汽车产业相关政策法规、企业制定相关战略规划，提供必要的借鉴和参考。

杜仲产业绿皮书
中国杜仲橡胶资源与产业发展报告（2016～2017）

杜红岩 胡文臻 俞锐／主编　2017年1月出版　估价：85.00元

◆ 本书对2016年来的杜仲产业的发展情况、研究团队在杜仲研究方面取得的重要成果、部分地区杜仲产业发展的具体情况、杜仲新标准的制定情况等进行了较为详细的分析与介绍，使广大关心杜仲产业发展的读者能够及时跟踪产业最新进展。

行业报告类 — 皮书系列重点推荐

企业蓝皮书
中国企业绿色发展报告 No.2（2017）

李红玉　朱光辉/主编　　2017年8月出版　　估价：89.00元

◆ 本书深入分析中国企业能源消费、资源利用、绿色金融、绿色产品、绿色管理、信息化、绿色发展政策及绿色文化方面的现状，并对目前存在的问题进行研究，剖析因果，谋划对策。为企业绿色发展提供借鉴，为我国生态文明建设提供支撑。

中国上市公司蓝皮书
中国上市公司发展报告（2017）

张平　王宏淼/主编　　2017年10月出版　　估价：98.00元

◆ 本书由中国社会科学院上市公司研究中心组织编写的，着力于全面、真实、客观反映当前中国上市公司财务状况和价值评估的综合性年度报告。本书详尽分析了2016年中国上市公司情况，特别是现实中暴露出的制度性、基础性问题，并对资本市场改革进行了探讨。

资产管理蓝皮书
中国资产管理行业发展报告（2017）

智信资产管理研究院/编著　　2017年6月出版　　估价：89.00元

◆ 中国资产管理行业刚刚兴起，未来将中国金融市场最有看点的行业。本书主要分析了2016年度资产管理行业的发展情况，同时对资产管理行业的未来发展做出科学的预测。

体育蓝皮书
中国体育产业发展报告（2017）

阮伟　钟秉枢/主编　　2017年12月出版　　估价：89.00元

◆ 本书运用多种研究方法，在对于体育竞赛业、体育用品业、体育场馆业、体育传媒业等传统产业研究的基础上，紧紧围绕2016年体育领域内的各种热点事件进行研究和梳理，进一步拓宽了研究的广度、提升了研究的高度、挖掘了研究的深度。

皮书系列
重点推荐

国别与地区类

国别与地区类

国别与地区类皮书关注全球重点国家与地区，
提供全面、独特的解读与研究

美国蓝皮书
美国研究报告（2017）

郑秉文 黄平 / 主编　2017年6月出版　估价：89.00元

◆ 本书是由中国社会科学院美国所主持完成的研究成果，它回顾了美国2016年的经济、政治形势与外交战略，对2017年以来美国内政外交发生的重大事件及重要政策进行了较为全面的回顾和梳理。

日本蓝皮书
日本研究报告（2017）

杨伯江 / 主编　2017年5月出版　估价：89.00元

◆ 本书对2016年拉丁美洲和加勒比地区诸国的政治、经济、社会、外交等方面的发展情况做了系统介绍，对该地区相关国家的热点及焦点问题进行了总结和分析，并在此基础上对该地区各国2017年的发展前景做出预测。

亚太蓝皮书
亚太地区发展报告（2017）

李向阳 / 主编　2017年3月出版　估价：89.00元

◆ 本书是中国社会科学院亚太与全球战略研究院的集体研究成果。2016年的"亚太蓝皮书"继续关注中国周边环境的变化。该书盘点了2016年亚太地区的焦点和热点问题，为深入了解2016年及未来中国与周边环境的复杂形势提供了重要参考。

皮书系列重点推荐

国别与地区类

德国蓝皮书
德国发展报告（2017）

郑春荣 / 主编　2017年6月出版　估价：89.00元

◆ 本报告由同济大学德国研究所组织编撰，由该领域的专家学者对德国的政治、经济、社会文化、外交等方面的形势发展情况，进行全面的阐述与分析。

日本经济蓝皮书
日本经济与中日经贸关系研究报告（2017）

王洛林　张季风 / 编著　2017年5月出版　估价：89.00元

◆ 本书系统、详细地介绍了2016年日本经济以及中日经贸关系发展情况，在进行了大量数据分析的基础上，对2017年日本经济以及中日经贸关系的大致发展趋势进行了分析与预测。

俄罗斯黄皮书
俄罗斯发展报告（2017）

李永全 / 编著　2017年7月出版　估价：89.00元

◆ 本书系统介绍了2016年俄罗斯经济政治情况，并对2016年该地区发生的焦点、热点问题进行了分析与回顾；在此基础上，对该地区2017年的发展前景进行了预测。

非洲黄皮书
非洲发展报告 No.19（2016～2017）

张宏明 / 主编　2017年8月出版　估价：89.00元

◆ 本书是由中国社会科学院西亚非洲研究所组织编撰的非洲形势年度报告，比较全面、系统地分析了2016年非洲政治形势和热点问题，探讨了非洲经济形势和市场走向，剖析了大国对非洲关系的新动向；此外，还介绍了国内非洲研究的新成果。

皮书系列重点推荐　地方发展类

地方发展类

地方发展类皮书关注中国各省份、经济区域，提供科学、多元的预判与资政信息

北京蓝皮书
北京公共服务发展报告（2016~2017）

施昌奎/主编　2017年2月出版　估价：89.00元

◆ 本书是由北京市政府职能部门的领导、首都著名高校的教授、知名研究机构的专家共同完成的关于北京市公共服务发展与创新的研究成果。

河南蓝皮书
河南经济发展报告（2017）

张占仓/编著　2017年3月出版　估价：89.00元

◆ 本书以国内外经济发展环境和走向为背景，主要分析当前河南经济形势，预测未来发展趋势，全面反映河南经济发展的最新动态、热点和问题，为地方经济发展和领导决策提供参考。

广州蓝皮书
2017年中国广州经济形势分析与预测

庾建设　陈浩钿　谢博能/主编　2017年7月出版　估价：85.00元

◆ 本书由广州大学与广州市委政策研究室、广州市统计局联合主编，汇集了广州科研团体、高等院校和政府部门诸多经济问题研究专家、学者和实际部门工作者的最新研究成果，是关于广州经济运行情况和相关专题分析、预测的重要参考资料。

文化传媒类

文化传媒类皮书透视文化领域、文化产业，探索文化大繁荣、大发展的路径

新媒体蓝皮书
中国新媒体发展报告No.8（2017）

唐绪军 / 主编　2017年6月出版　估价：89.00元

◆ 本书是由中国社会科学院新闻与传播研究所组织编写的关于新媒体发展的最新年度报告，旨在全面分析中国新媒体的发展现状，解读新媒体的发展趋势，探析新媒体的深刻影响。

移动互联网蓝皮书
中国移动互联网发展报告（2017）

官建文 / 编著　2017年6月出版　估价：89.00元

◆ 本书着眼于对中国移动互联网2016年度的发展情况做深入解析，对未来发展趋势进行预测，力求从不同视角、不同层面全面剖析中国移动互联网发展的现状、年度突破及热点趋势等。

传媒蓝皮书
中国传媒产业发展报告（2017）

崔保国 / 主编　2017年5月出版　估价：98.00元

◆ "传媒蓝皮书"连续十多年跟踪观察和系统研究中国传媒产业发展。本报告在对传媒产业总体以及各细分行业发展状况与趋势进行深入分析基础上，对年度发展热点进行跟踪，剖析新技术引领下的商业模式，对传媒各领域发展趋势、内体经营、传媒投资进行解析，为中国传媒产业正在发生的变革提供前瞻性参考。

经济类

"三农"互联网金融蓝皮书
中国"三农"互联网金融发展报告（2017）
著（编）者：李勇坚 王弢　2017年8月出版／估价：98.00元
PSN B-2016-561-1/1

G20国家创新竞争力黄皮书
二十国集团（G20）国家创新竞争力发展报告（2016~2017）
著（编）者：李建平 李闽榕 赵新力 周天勇
2017年8月出版　估价：158.00元
PSN Y-2011-229-1/1

产业蓝皮书
中国产业竞争力报告（2017）No.7
著（编）者：张其仔　2017年12月出版／估价：98.00元
PSN B-2010-175-1/1

城市创新蓝皮书
中国城市创新报告（2017）
著（编）者：周天勇 旷建伟　2017年11月出版／估价：89.00元
PSN B-2013-340-1/1

城市蓝皮书
中国城市发展报告 No.10
著（编）者：潘家华 单菁菁　2017年9月出版／估价：89.00元
PSN B-2007-091-1/1

城乡一体化蓝皮书
中国城乡一体化发展报告（2016～2017）
著（编）者：汝信 付崇兰　2017年7月出版／估价：85.00元
PSN B-2011-224-1/2

城镇化蓝皮书
中国新型城镇化健康发展报告（2017）
著（编）者：张占斌　2017年8月出版／估价：89.00元
PSN B-2014-396-1/1

创新蓝皮书
创新型国家建设报告（2016～2017）
著（编）者：詹正茂　2017年12月出版／估价：89.00元
PSN B-2009-140-1/1

创业蓝皮书
中国创业发展报告（2016～2017）
著（编）者：黄群慧 赵卫星 钟宏武等
2017年11月出版／估价：89.00元
PSN B-2016-578-1/1

低碳发展蓝皮书
中国低碳发展报告（2016~2017）
著（编）者：齐晔 张希良　2017年3月出版／估价：98.00元
PSN B-2011-223-1/1

低碳经济蓝皮书
中国低碳经济发展报告（2017）
著（编）者：薛进军 赵忠秀　2017年6月出版／估价：85.00元
PSN B-2011-194-1/1

东北蓝皮书
中国东北地区发展报告（2017）
著（编）者：朱宇 张新颖　2017年12月出版／估价：89.00元
PSN B-2006-067-1/1

发展与改革蓝皮书
中国经济发展和体制改革报告No.8
著（编）者：邹东涛 王再文　2017年1月出版／估价：98.00元
PSN B-2008-122-1/1

工业化蓝皮书
中国工业化进程报告（2017）
著（编）者：黄群慧　2017年12月出版／估价：158.00元
PSN B-2007-095-1/1

管理蓝皮书
中国管理发展报告（2017）
著（编）者：张晓东　2017年10月出版／估价：98.00元
PSN B-2014-416-1/1

国际城市蓝皮书
国际城市发展报告（2017）
著（编）者：屠启宇　2017年2月出版／估价：89.00元
PSN B-2012-260-1/1

国家创新蓝皮书
中国创新发展报告（2017）
著（编）者：陈劲　2017年12月出版／估价：89.00元
PSN B-2014-370-1/1

金融蓝皮书
中国金融发展报告（2017）
著（编）者：李扬 王国刚　2017年12月出版／估价：89.00元
PSN B-2004-031-1/6

京津冀金融蓝皮书
京津冀金融发展报告（2017）
著（编）者：王爱俭 李向前
2017年3月出版／估价：89.00元
PSN B-2016-528-1/1

京津冀蓝皮书
京津冀发展报告（2017）
著（编）者：文魁 祝尔娟　2017年4月出版／估价：89.00元
PSN B-2012-262-1/1

经济蓝皮书
2017年中国经济形势分析与预测
著（编）者：李扬　2016年12月出版／定价：89.00元
PSN B-1996-001-1/1

经济蓝皮书·春季号
2017年中国经济前景分析
著（编）者：李扬　2017年6月出版／估价：89.00元
PSN B-1999-008-1/1

经济蓝皮书·夏季号
中国经济增长报告（2016～2017）
著（编）者：李扬　2017年9月出版／估价：98.00元
PSN B-2010-176-1/1

经济信息绿皮书
中国与世界经济发展报告（2017）
著（编）者：杜平　2017年12月出版／估价：89.00元
PSN G-2003-023-1/1

就业蓝皮书
2017年中国本科生就业报告
著（编）者：麦可思研究院　2017年6月出版／估价：98.00元
PSN B-2009-146-1/2

经济类

皮书系列 2017全品种

就业蓝皮书
2017年中国高职高专生就业报告
著(编)者：麦可思研究院　2017年6月出版 / 估价：98.00元
PSN B-2015-472-2/2

科普能力蓝皮书
中国科普能力评价报告（2017）
著(编)者：李富 强李群　2017年8月出版 / 估价：89.00元
PSN B-2016-556-1/1

临空经济蓝皮书
中国临空经济发展报告（2017）
著(编)者：连玉明　2017年9月出版 / 估价：89.00元
PSN B-2014-421-1/1

农村绿皮书
中国农村经济形势分析与预测（2016~2017）
著(编)者：魏后凯 杜志雄 黄秉信
2017年4月出版 / 估价：89.00元
PSN G-1998-003-1/1

农业应对气候变化蓝皮书
气候变化对中国农业影响评估报告 No.3
著(编)者：矫梅燕　2017年8月出版 / 估价：98.00元
PSN B-2014-413-1/1

气候变化绿皮书
应对气候变化报告（2017）
著(编)者：王伟光 郑国光　2017年6月出版 / 估价：89.00元
PSN G-2009-144-1/1

区域蓝皮书
中国区域经济发展报告（2016~2017）
著(编)者：赵弘　2017年6月出版 / 估价：89.00元
PSN B-2004-034-1/1

全球环境竞争力绿皮书
全球环境竞争力报告（2017）
著(编)者：李建平 李闽榕 王金南
2017年12月出版 / 估价：198.00元
PSN G-2013-363-1/1

人口与劳动绿皮书
中国人口与劳动问题报告 No.18
著(编)者：蔡昉 张车伟　2017年11月出版 / 估价：89.00元
PSN G-2000-012-1/1

商务中心区蓝皮书
中国商务中心区发展报告 No.3（2016）
著(编)者：李国红 单菁菁　2017年1月出版 / 估价：89.00元
PSN B-2015-444-1/1

世界经济黄皮书
2017年世界经济形势分析与预测
著(编)者：张宇燕　2016年12月出版 / 定价：89.00元
PSN Y-1999-006-1/1

世界旅游城市绿皮书
世界旅游城市发展报告（2017）
著(编)者：宋宇　2017年1月出版 / 估价：128.00元
PSN G-2014-400-1/1

土地市场蓝皮书
中国农村土地市场发展报告（2016~2017）
著(编)者：李光荣　2017年3月出版 / 估价：89.00元
PSN B-2016-527-1/1

西北蓝皮书
中国西北发展报告（2017）
著(编)者：高建龙　2017年3月出版 / 估价：89.00元
PSN B-2012-261-1/1

西部蓝皮书
中国西部发展报告（2017）
著(编)者：姚慧琴 徐璋勇　2017年9月出版 / 估价：89.00元
PSN B-2005-039-1/1

新型城镇化蓝皮书
新型城镇化发展报告（2017）
著(编)者：李伟 宋敏 沈体雁　2017年3月出版 / 估价：98.00元
PSN B-2014-431-1/1

新兴经济体蓝皮书
金砖国家发展报告（2017）
著(编)者：林跃勤 周文　2017年12月出版 / 估价：89.00元
PSN B-2011-195-1/1

长三角蓝皮书
2017年新常态下深化一体化的长三角
著(编)者：王庆五　2017年12月出版 / 估价：88.00元
PSN B-2005-038-1/1

中部竞争力蓝皮书
中国中部经济社会竞争力报告（2017）
著(编)者：教育部人文社会科学重点研究基地
　　　　　南昌大学中国中部经济社会发展研究中心
2017年12月出版 / 估价：89.00元
PSN B-2012-276-1/1

中部蓝皮书
中国中部地区发展报告（2017）
著(编)者：宋亚平　2017年12月出版 / 估价：88.00元
PSN B-2007-089-1/1

中国省域竞争力蓝皮书
中国省域经济综合竞争力发展报告（2017）
著(编)者：李建平 李闽榕 高燕京
2017年2月出版 / 估价：198.00元
PSN B-2007-088-1/1

中三角蓝皮书
长江中游城市群发展报告（2017）
著(编)者：秦尊文　2017年9月出版 / 估价：89.00元
PSN B-2014-417-1/1

中小城市绿皮书
中国中小城市发展报告（2017）
著(编)者：中国城市经济学会中小城市经济发展委员会
　　　　　中国城镇化促进会中小城市发展委员会
　　　　　《中国中小城市发展报告》编纂委员会
　　　　　中小城市发展战略研究院
2017年11月出版 / 估价：128.00元
PSN G-2010-161-1/1

中原蓝皮书
中原经济区发展报告（2017）
著(编)者：李英杰　2017年6月出版 / 估价：88.00元
PSN B-2011-192-1/1

自贸区蓝皮书
中国自贸区发展报告（2017）
著(编)者：王力　2017年7月出版 / 估价：89.00元
PSN B-2016-559-1/1

社会政法类

北京蓝皮书
中国社区发展报告（2017）
著（编）者：于燕燕　2017年2月出版 / 估价：89.00元
PSN B-2007-083-5/8

殡葬绿皮书
中国殡葬事业发展报告（2017）
著（编）者：李伯森　2017年4月出版 / 估价：158.00元
PSN G-2010-180-1/1

城市管理蓝皮书
中国城市管理报告（2016~2017）
著（编）者：刘林　刘承水　2017年5月出版 / 估价：158.00元
PSN B-2013-336-1/1

城市生活质量蓝皮书
中国城市生活质量报告（2017）
著（编）者：中国经济实验研究院
2017年7月出版 / 估价：89.00元
PSN B-2013-326-1/1

城市政府能力蓝皮书
中国城市政府公共服务能力评估报告（2017）
著（编）者：何艳玲　2017年4月出版 / 估价：89.00元
PSN B-2013-338-1/1

慈善蓝皮书
中国慈善发展报告（2017）
著（编）者：杨团　2017年6月出版 / 估价：89.00元
PSN B-2009-142-1/1

党建蓝皮书
党的建设研究报告No.2（2017）
著（编）者：崔建民　陈东平　2017年2月出版 / 估价：89.00元
PSN B-2016-524-1/1

地方法治蓝皮书
中国地方法治发展报告No.3（2017）
著（编）者：李林　田禾　2017年3出版 / 估价：108.00元
PSN B-2015-442-1/1

法治蓝皮书
中国法治发展报告No.15（2017）
著（编）者：李林　田禾　2017年3月出版 / 估价：118.00元
PSN B-2004-027-1/1

法治政府蓝皮书
中国法治政府发展报告（2017）
著（编）者：中国政法大学法治政府研究院
2017年2月出版 / 估价：98.00元
PSN B-2015-502-1/2

法治政府蓝皮书
中国法治政府评估报告（2017）
著（编）者：中国政法大学法治政府研究院
2016年11月出版 / 估价：98.00元
PSN B-2016-577-2/2

反腐倡廉蓝皮书
中国反腐倡廉建设报告No.7
著（编）者：张英伟　2017年12月出版 / 估价：89.00元
PSN B-2012-259-1/1

非传统安全蓝皮书
中国非传统安全研究报告（2016~2017）
著（编）者：余潇枫　魏志江　2017年6月出版 / 估价：89.00元
PSN B-2012-273-1/1

妇女发展蓝皮书
中国妇女发展报告No.7
著（编）者：王金玲　2017年9月出版 / 估价：148.00元
PSN B-2006-069-1/1

妇女教育蓝皮书
中国妇女教育发展报告No.4
著（编）者：张李玺　2017年10月出版 / 估价：78.00元
PSN B-2008-121-1/1

妇女绿皮书
中国性别平等与妇女发展报告（2017）
著（编）者：谭琳　2017年12月出版 / 估价：99.00元
PSN G-2006-073-1/1

公共服务蓝皮书
中国城市基本公共服务力评价（2017）
著（编）者：钟君　吴正杲　2017年12月出版 / 估价：89.00元
PSN B-2011-214-1/1

公民科学素质蓝皮书
中国公民科学素质报告（2016~2017）
著（编）者：李群　陈雄　马宗文
2017年1月出版 / 估价：89.00元
PSN B-2014-379-1/1

公共关系蓝皮书
中国公共关系发展报告（2017）
著（编）者：柳斌杰　2017年11月出版 / 估价：89.00元
PSN B-2016-580-1/1

公益蓝皮书
中国公益慈善发展报告（2017）
著（编）者：朱健刚　2017年4月出版 / 估价：118.00元
PSN B-2012-283-1/1

国际人才蓝皮书
海外华侨华人专业人士报告（2017）
著（编）者：王辉耀　苗绿　2017年8月出版 / 估价：89.00元
PSN B-2014-409-4/4

国际人才蓝皮书
中国国际移民报告（2017）
著（编）者：王辉耀　2017年2月出版 / 估价：89.00元
PSN B-2012-304-3/4

国际人才蓝皮书
中国留学发展报告（2017）No.5
著（编）者：王辉耀　苗绿　2017年10月出版 / 估价：89.00元
PSN B-2012-244-2/4

海洋社会蓝皮书
中国海洋社会发展报告（2017）
著（编）者：崔凤　宋宁而　2017年7月出版 / 估价：89.00元
PSN B-2015-478-1/1

社会政法类 — 皮书系列 2017全品种

行政改革蓝皮书
中国行政体制改革报告（2017）No.6
著(编)者：魏礼群　2017年5月出版／估价：98.00元
PSN B-2011-231-1/1

华侨华人蓝皮书
华侨华人研究报告（2017）
著(编)者：贾益民　2017年12月出版／估价：128.00元
PSN B-2011-204-1/1

环境竞争力绿皮书
中国省域环境竞争力发展报告（2017）
著(编)者：李建平　李闽榕　王金南
2017年11月出版／估价：198.00元
PSN G-2010-165-1/1

环境绿皮书
中国环境发展报告（2017）
著(编)者：刘鉴强　2017年11月出版／估价：89.00元
PSN G-2006-048-1/1

基金会蓝皮书
中国基金会发展报告（2016~2017）
著(编)者：中国基金会发展报告课题组
2017年4月出版／估价：85.00元
PSN B-2013-368-1/1

基金会绿皮书
中国基金会发展独立研究报告（2017）
著(编)者：基金会中心网　中央民族大学基金会研究中心
2017年6月出版／估价：88.00元
PSN G-2011-213-1/1

基金会透明度蓝皮书
中国基金会透明度发展研究报告（2017）
著(编)者：基金会中心网　清华大学廉政与治理研究中心
2017年12月出版／估价：89.00元
PSN B-2015-509-1/1

家庭蓝皮书
中国"创建幸福家庭活动"评估报告（2017）
国务院发展研究中心"创建幸福家庭活动评估"课题组著
2017年8月出版／估价：89.00元
PSN B-2012-261-1/1

健康城市蓝皮书
中国健康城市建设研究报告（2017）
著(编)者：王鸿春　解树江　盛继洪
2017年9月出版／估价：89.00元
PSN B-2016-565-2/2

教师蓝皮书
中国中小学教师发展报告（2017）
著(编)者：曾晓东　鱼霞　2017年6月出版／估价：89.00元
PSN B-2012-289-1/1

教育蓝皮书
中国教育发展报告（2017）
著(编)者：杨东平　2017年4月出版／估价：89.00元
PSN B-2006-047-1/1

科普蓝皮书
中国基层科普发展报告（2016~2017）
著(编)者：赵立　新陈玲　2017年9月出版／估价：89.00元
PSN B-2016-569-3/3

科普蓝皮书
中国科普基础设施发展报告（2017）
著(编)者：任福君　2017年6月出版／估价：89.00元
PSN B-2010-174-1/3

科普蓝皮书
中国科普人才发展报告（2017）
著(编)者：郑念　任嵘嵘　2017年4月出版／估价：98.00元
PSN B-2015-513-2/3

科学教育蓝皮书
中国科学教育发展报告（2017）
著(编)者：罗晖　王康友　2017年10月出版／估价：89.00元
PSN B-2015-487-1/1

劳动保障蓝皮书
中国劳动保障发展报告（2017）
著(编)者：刘燕斌　2017年9月出版／估价：188.00元
PSN B-2014-415-1/1

老龄蓝皮书
中国老年宜居环境发展报告（2017）
著(编)者：党俊武　周燕珉　2017年1月出版／估价：89.00元
PSN B-2013-320-1/1

连片特困区蓝皮书
中国连片特困区发展报告（2017）
著(编)者：游俊　冷志明　丁建军
2017年3月出版／估价：98.00元
PSN B-2013-321-1/1

民间组织蓝皮书
中国民间组织报告（2017）
著(编)者：黄晓勇　2017年12月出版／估价：89.00元
PSN B-2008-118-1/1

民调蓝皮书
中国民生调查报告（2017）
著(编)者：谢耘耕　2017年12月出版／估价：98.00元
PSN B-2014-398-1/1

民族发展蓝皮书
中国民族发展报告（2017）
著(编)者：郝时远　王延中　王希恩
2017年4月出版／估价：98.00元
PSN B-2006-070-1/1

女性生活蓝皮书
中国女性生活状况报告 No.11（2017）
著(编)者：韩湘景　2017年10月出版／估价：98.00元
PSN B-2006-071-1/1

汽车社会蓝皮书
中国汽车社会发展报告（2017）
著(编)者：王俊秀　2017年1月出版／估价：89.00元
PSN B-2011-224-1/1

皮书系列 2017全品种
社会政法类

青年蓝皮书
中国青年发展报告（2017）No.3
著（编）者：廉思 等　　2017年4月出版 / 估价：89.00元
PSN B-2013-333-1/1

青少年蓝皮书
中国未成年人互联网运用报告（2017）
著（编）者：李文革 沈杰 季为民
2017年11月出版 / 估价：89.00元
PSN B-2010-156-1/1

青少年体育蓝皮书
中国青少年体育发展报告（2017）
著（编）者：郭建军 杨桦　　2017年9月出版 / 估价：89.00元
PSN B-2015-482-1/1

群众体育蓝皮书
中国群众体育发展报告（2017）
著（编）者：刘国永 杨桦　　2017年12月出版 / 估价：89.00元
PSN B-2016-519-2/3

人权蓝皮书
中国人权事业发展报告 No.7（2017）
著（编）者：李君如　　2017年9月出版 / 估价：98.00元
PSN B-2011-215-1/1

社会保障绿皮书
中国社会保障发展报告（2017）No.9
著（编）者：王延中　　2017年4月出版 / 估价：89.00元
PSN G-2001-014-1/1

社会风险评估蓝皮书
风险评估与危机预警评估报告（2017）
著（编）者：唐钧　　2017年8月出版 / 估价：85.00元
PSN B-2016-521-1/1

社会工作蓝皮书
中国社会工作发展报告（2017）
著（编）者：民政部社会工作研究中心
2017年8月出版 / 估价：89.00元
PSN B-2009-141-1/1

社会管理蓝皮书
中国社会管理创新报告 No.5
著（编）者：连玉明　　2017年11月出版 / 估价：89.00元
PSN B-2012-300-1/1

社会蓝皮书
2017年中国社会形势分析与预测
著（编）者：李培林 陈光金 张翼
2016年12月出版 / 定价：89.00元
PSN B-1998-002-1/1

社会体制蓝皮书
中国社会体制改革报告 No.5（2017）
著（编）者：龚维斌　　2017年4月出版 / 估价：89.00元
PSN B-2013-330-1/1

社会心态蓝皮书
中国社会心态研究报告（2017）
著（编）者：王俊秀 杨宜音　　2017年12月出版 / 估价：89.00元
PSN B-2011-199-1/1

社会组织蓝皮书
中国社会组织评估发展报告（2017）
著（编）者：徐家良 廖鸿　　2017年12月出版 / 估价：89.00元
PSN B-2013-366-1/1

生态城市绿皮书
中国生态城市建设发展报告（2017）
著（编）者：刘举科 孙伟平 胡文臻
2017年9月出版 / 估价：118.00元
PSN G-2012-269-1/1

生态文明绿皮书
中国省域生态文明建设评价报告（ECI 2017）
著（编）者：严耕　　2017年12月出版 / 估价：98.00元
PSN G-2010-170-1/1

体育蓝皮书
中国公共体育服务发展报告（2017）
著（编）者：戴健　　2017年12月出版 / 估价：89.00元
PSN B-2013-367-2/4

土地整治蓝皮书
中国土地整治发展研究报告 No.4
著（编）者：国土资源部土地整治中心
2017年7月出版 / 估价：89.00元
PSN B-2014-401-1/1

土地政策蓝皮书
中国土地政策研究报告（2017）
著（编）者：高延利 李宪文
2017年12月出版 / 估价：89.00元
PSN B-2015-506-1/1

医改蓝皮书
中国医药卫生体制改革报告（2017）
著（编）者：文学国 房志武　　2017年11月出版 / 估价：98.00元
PSN B-2014-432-1/1

医疗卫生绿皮书
中国医疗卫生发展报告 No.7（2017）
著（编）者：申宝忠 韩玉珍　　2017年4月出版 / 估价：85.00元
PSN G-2004-033-1/1

应急管理蓝皮书
中国应急管理报告（2017）
著（编）者：宋英华　　2017年9月出版 / 估价：98.00元
PSN B-2016-563-1/1

政治参与蓝皮书
中国政治参与报告（2017）
著（编）者：房宁　　2017年9月出版 / 估价：118.00元
PSN B-2011-200-1/1

中国农村妇女发展蓝皮书
农村流动女性城市生活发展报告（2017）
著（编）者：谢丽华　　2017年12月出版 / 估价：89.00元
PSN B-2014-434-1/1

宗教蓝皮书
中国宗教报告（2017）
著（编）者：邱永辉　　2017年4月出版 / 估价：89.00元
PSN B-2008-117-1/1

行业报告类

SUV蓝皮书
中国SUV市场发展报告（2016~2017）
著(编)者：靳军　　2017年9月出版 / 估价：89.00元
PSN B-2016-572-1/1

保健蓝皮书
中国保健服务产业发展报告 No.2
著(编)者：中国保健协会 中共中央党校
2017年7月出版 / 估价：198.00元
PSN B-2012-272-3/3

保健蓝皮书
中国保健食品产业发展报告 No.2
著(编)者：中国保健协会
　　　　中国社会科学院食品药品产业发展与监管研究中心
2017年7月出版 / 估价：198.00元
PSN B-2012-271-2/3

保健蓝皮书
中国保健用品产业发展报告 No.2
著(编)者：中国保健协会
　　　　国务院国有资产监督管理委员会研究中心
2017年3月出版 / 估价：198.00元
PSN B-2012-270-1/3

保险蓝皮书
中国保险业竞争力报告（2017）
著(编)者：项俊波　　2017年12月出版 / 估价：99.00元
PSN B-2013-311-1/1

冰雪蓝皮书
中国滑雪产业发展报告（2017）
著(编)者：孙承华 伍斌 魏庆华 张鸿俊
2017年8月出版 / 估价：89.00元
PSN B-2016-560-1/1

彩票蓝皮书
中国彩票发展报告（2017）
著(编)者：益彩基金　　2017年4月出版 / 估价：98.00元
PSN B-2015-462-1/1

餐饮产业蓝皮书
中国餐饮产业发展报告（2017）
著(编)者：邢颖　　2017年6月出版 / 估价：98.00元
PSN B-2009-151-1/1

测绘地理信息蓝皮书
新常态下的测绘地理信息研究报告（2017）
著(编)者：库热西·买合苏提
2017年12月出版 / 估价：118.00元
PSN B-2009-145-1/1

茶业蓝皮书
中国茶产业发展报告（2017）
著(编)者：杨江帆 李闽榕　　2017年10月出版 / 估价：88.00元
PSN B-2010-164-1/1

产权市场蓝皮书
中国产权市场发展报告（2016~2017）
著(编)者：曹和平　　2017年5月出版 / 估价：89.00元
PSN B-2009-147-1/1

产业安全蓝皮书
中国出版传媒产业安全报告（2016~2017）
著(编)者：北京印刷学院文化产业安全研究院
2017年3月出版 / 估价：89.00元
PSN B-2014-384-13/14

产业安全蓝皮书
中国文化产业安全报告（2017）
著(编)者：北京印刷学院文化产业安全研究院
2017年12月出版 / 估价：89.00元
PSN B-2014-378-12/14

产业安全蓝皮书
中国新媒体产业安全报告（2017）
著(编)者：北京印刷学院文化产业安全研究院
2017年12月出版 / 估价：89.00元
PSN B-2015-500-14/14

城投蓝皮书
中国城投行业发展报告（2017）
著(编)者：王晨艳 丁伯康　　2017年11月出版 / 估价：300.00元
PSN B-2016-514-1/1

电子政务蓝皮书
中国电子政务发展报告（2016~2017）
著(编)者：李季 杜平　　2017年7月出版 / 估价：89.00元
PSN B-2003-022-1/1

杜仲产业绿皮书
中国杜仲橡胶资源与产业发展报告（2016~2017）
著(编)者：杜红岩 胡文臻 俞锐
2017年1月出版 / 估价：85.00元
PSN G-2013-350-1/1

房地产蓝皮书
中国房地产发展报告 No.14（2017）
著(编)者：李春华 王业强　　2017年5月出版 / 估价：89.00元
PSN B-2004-028-1/1

服务外包蓝皮书
中国服务外包产业发展报告（2017）
著(编)者：王晓红 刘德军
2017年6月出版 / 估价：89.00元
PSN B-2013-331-2/2

服务外包蓝皮书
中国服务外包竞争力报告（2017）
著(编)者：王力 刘春生 黄育华
2017年11月出版 / 估价：85.00元
PSN B-2011-216-1/2

工业和信息化蓝皮书
世界网络安全发展报告（2016~2017）
著(编)者：洪京一　　2017年4月出版 / 估价：89.00元
PSN B-2015-452-5/5

工业和信息化蓝皮书
世界信息化发展报告（2016~2017）
著(编)者：洪京一　　2017年4月出版 / 估价：89.00元
PSN B-2015-451-4/5

皮书系列 2017全品种

行业报告类

工业和信息化蓝皮书
世界信息技术产业发展报告（2016~2017）
著(编)者：洪京一　2017年4月出版／估价：89.00元
PSN B-2015-449-2/5

工业和信息化蓝皮书
移动互联网产业发展报告（2016~2017）
著(编)者：洪京一　2017年4月出版／估价：89.00元
PSN B-2015-448-1/5

工业和信息化蓝皮书
战略性新兴产业发展报告（2016~2017）
著(编)者：洪京一　2017年4月出版／估价：89.00元
PSN B-2015-450-3/5

工业设计蓝皮书
中国工业设计发展报告（2017）
著(编)者：王晓红　于炜　张立群
2017年9月出版／估价：138.00元
PSN B-2014-420-1/1

黄金市场蓝皮书
中国商业银行黄金业务发展报告（2016~2017）
著(编)者：平安银行　2017年3月出版／估价：98.00元
PSN B-2016-525-1/1

互联网金融蓝皮书
中国互联网金融发展报告（2017）
著(编)者：李东荣　2017年9月出版／估价：128.00元
PSN B-2014-374-1/1

互联网医疗蓝皮书
中国互联网医疗发展报告（2017）
著(编)者：宫晓东　2017年9月出版／估价：89.00元
PSN B-2016-568-1/1

会展蓝皮书
中外会展业动态评估年度报告（2017）
著(编)者：张敏　2017年1月出版／估价：88.00元
PSN B-2013-327-1/1

金融监管蓝皮书
中国金融监管报告（2017）
著(编)者：胡滨　2017年6月出版／估价：89.00元
PSN B-2012-281-1/1

金融蓝皮书
中国金融中心发展报告（2017）
著(编)者：王力　黄育华　2017年11月出版／估价：85.00元
PSN B-2011-186-6/6

建筑装饰蓝皮书
中国建筑装饰行业发展报告（2017）
著(编)者：刘晓一　葛顺道　2017年7月出版／估价：198.00元
PSN B-2016-554-1/1

客车蓝皮书
中国客车产业发展报告（2016~2017）
著(编)者：姚蔚　2017年10月出版／估价：85.00元
PSN B-2013-361-1/1

旅游安全蓝皮书
中国旅游安全报告（2017）
著(编)者：郑向敏　谢朝武　2017年5月出版／估价：128.00元
PSN B-2012-280-1/1

旅游绿皮书
2016~2017年中国旅游发展分析与预测
著(编)者：张广瑞　刘德谦　2017年4月出版／估价：89.00元
PSN G-2002-018-1/1

煤炭蓝皮书
中国煤炭工业发展报告（2017）
著(编)者：岳福斌　2017年12月出版／估价：85.00元
PSN B-2008-123-1/1

民营企业社会责任蓝皮书
中国民营企业社会责任报告（2017）
著(编)者：中华全国工商业联合会
2017年12月出版／估价：89.00元
PSN B-2015-511-1/1

民营医院蓝皮书
中国民营医院发展报告（2017）
著(编)者：庄一强　2017年10月出版／估价：85.00元
PSN B-2012-299-1/1

闽商蓝皮书
闽商发展报告（2017）
著(编)者：李闽榕　王日根　林琛
2017年12月出版／估价：89.00元
PSN B-2012-298-1/1

能源蓝皮书
中国能源发展报告（2017）
著(编)者：崔民选　王军生　陈义和
2017年10月出版／估价：98.00元
PSN B-2006-049-1/1

农产品流通蓝皮书
中国农产品流通产业发展报告（2017）
著(编)者：贾敬敦　张东科　张玉玺　张鹏毅　周伟
2017年1月出版／估价：89.00元
PSN B-2012-288-1/1

企业公益蓝皮书
中国企业公益研究报告（2017）
著(编)者：钟宏武　汪杰　顾一　黄晓娟　等
2017年12月出版／估价：89.00元
PSN B-2015-501-1/1

企业国际化蓝皮书
中国企业国际化报告（2017）
著(编)者：王辉耀　2017年11月出版／估价：98.00元
PSN B-2014-427-1/1

企业蓝皮书
中国企业绿色发展报告No.2（2017）
著(编)者：李红玉　朱光辉　2017年8月出版／估价：89.00元
PSN B-2015-481-2/2

企业社会责任蓝皮书
中国企业社会责任研究报告（2017）
著(编)者：黄群慧　钟宏武　张蒽　翟利峰
2017年11月出版／估价：89.00元
PSN B-2009-149-1/1

汽车安全蓝皮书
中国汽车安全发展报告（2017）
著(编)者：中国汽车技术研究中心
2017年7月出版／估价：89.00元
PSN B-2014-385-1/1

行业报告类

皮书系列 2017全品种

汽车电子商务蓝皮书
中国汽车电子商务发展报告（2017）
著（编）者： 中华全国工商业联合会汽车经销商商会 北京易观智库网络科技有限公司
2017年10月出版 / 估价：128.00元
PSN B-2015-485-1/1

汽车工业蓝皮书
中国汽车工业发展年度报告（2017）
著（编）者： 中国汽车工业协会 中国汽车技术研究中心 丰田汽车（中国）投资有限公司
2017年4月出版 / 估价：128.00元
PSN B-2015-463-1/2

汽车工业蓝皮书
中国汽车零部件产业发展报告（2017）
著（编）者： 中国汽车工业协会 中国汽车工程研究院
2017年10月出版 / 估价：98.00元
PSN B-2016-515-2/2

汽车蓝皮书
中国汽车产业发展报告（2017）
著（编）者： 国务院发展研究中心产业经济研究部 中国汽车工程学会 大众汽车集团（中国）
2017年8月出版 / 估价：98.00元
PSN B-2008-124-1/1

人力资源蓝皮书
中国人力资源发展报告（2017）
著（编）者： 余兴安 2017年11月出版 / 估价：89.00元
PSN B-2012-287-1/1

融资租赁蓝皮书
中国融资租赁业发展报告（2016~2017）
著（编）者： 李光荣 王力 2017年8月出版 / 估价：89.00元
PSN B-2015-443-1/1

商会蓝皮书
中国商会发展报告No.5（2017）
著（编）者： 王钦敏 2017年7月出版 / 估价：89.00元
PSN B-2008-125-1/1

输血服务蓝皮书
中国输血行业发展报告（2017）
著（编）者： 朱永明 耿鸿武 2016年8月出版 / 估价：89.00元
PSN B-2016-583-1/1

上市公司蓝皮书
中国上市公司社会责任信息披露报告（2017）
著（编）者： 张旺 张杨 2017年11月出版 / 估价：89.00元
PSN B-2011-234-1/2

社会责任管理蓝皮书
中国上市公司社会责任能力成熟度报告（2017）No.2
著（编）者： 肖红军 王晓光 李伟阳
2017年12月出版 / 估价：98.00元
PSN B-2015-507-2/2

社会责任管理蓝皮书
中国企业公众透明度报告（2017）No.3
著（编）者： 黄速建 熊梦 王晓光 肖红军
2017年1月出版 / 估价：98.00元
PSN B-2015-440-1/2

食品药品蓝皮书
食品药品安全与监管政策研究报告（2016~2017）
著（编）者： 唐民皓 2017年6月出版 / 估价：89.00元
PSN B-2009-129-1/1

世界能源蓝皮书
世界能源发展报告（2017）
著（编）者： 黄晓勇 2017年6月出版 / 估价：99.00元
PSN B-2013-349-1/1

水利风景区蓝皮书
中国水利风景区发展报告（2017）
著（编）者： 谢婶才 兰思仁 2017年5月出版 / 估价：89.00元
PSN B-2015-480-1/1

私募市场蓝皮书
中国私募股权市场发展报告（2017）
著（编）者： 曹和平 2017年12月出版 / 估价：89.00元
PSN B-2010-162-1/1

碳市场蓝皮书
中国碳市场报告（2017）
著（编）者： 定金彪 2017年11月出版 / 估价：89.00元
PSN B-2014-430-1/1

体育蓝皮书
中国体育产业发展报告（2017）
著（编）者： 阮伟 钟秉枢 2017年12月出版 / 估价：89.00元
PSN B-2010-179-1/4

网络空间安全蓝皮书
中国网络空间安全发展报告（2017）
著（编）者： 惠志斌 唐涛 2017年4月出版 / 估价：89.00元
PSN B-2015-466-1/1

西部金融蓝皮书
中国西部金融发展报告（2017）
著（编）者： 李忠民 2017年8月出版 / 估价：85.00元
PSN B-2010-160-1/1

协会商会蓝皮书
中国行业协会商会发展报告（2017）
著（编）者： 景朝阳 李勇 2017年4月出版 / 估价：99.00元
PSN B-2015-461-1/1

新能源汽车蓝皮书
中国新能源汽车产业发展报告（2017）
著（编）者： 中国汽车技术研究中心 日产（中国）投资有限公司 东风汽车有限公司
2017年7月出版 / 估价：98.00元
PSN B-2013-347-1/1

新三板蓝皮书
中国新三板市场发展报告（2017）
著（编）者： 王力 2017年6月出版 / 估价：89.00元
PSN B-2016-534-1/1

信托市场蓝皮书
中国信托业市场报告（2016~2017）
著（编）者： 用益信托工作室
2017年1月出版 / 估价：198.00元
PSN B-2014-371-1/1

皮书系列 2017全品种 — 行业报告类

信息化蓝皮书
中国信息化形势分析与预测（2016~2017）
著(编)者：周宏仁　2017年8月出版 / 估价：98.00元
PSN B-2010-168-1/1

信用蓝皮书
中国信用发展报告（2017）
著(编)者：章政　田侃　2017年4月出版 / 估价：99.00元
PSN B-2013-328-1/1

休闲绿皮书
2017年中国休闲发展报告
著(编)者：宋瑞　2017年10月出版 / 估价：89.00元
PSN B-2010-158-1/1

休闲体育蓝皮书
中国休闲体育发展报告（2016~2017）
著(编)者：李相如　钟炳枢　2017年10月出版 / 估价：89.00元
PSN G-2016-516-1/1

养老金融蓝皮书
中国养老金融发展报告（2017）
著(编)者：董克用　姚余栋
2017年6月出版 / 估价：89.00元
PSN B-2016-584-1/1

药品流通蓝皮书
中国药品流通行业发展报告（2017）
著(编)者：佘鲁林　温再兴　2017年8月出版 / 估价：158.00元
PSN B-2016-429-1/1

医院蓝皮书
中国医院竞争力报告（2017）
著(编)者：庄一强　曾益新　2017年3月出版 / 估价：128.00元
PSN B-2016-529-1/1

医药蓝皮书
中国中医药产业园战略发展报告（2017）
著(编)者：裴长洪　房书亭　吴滌心
2017年8月出版 / 估价：89.00元
PSN B-2012-305-1/1

邮轮绿皮书
中国邮轮产业发展报告（2017）
著(编)者：汪泓　2017年10月出版 / 估价：89.00元
PSN G-2014-419-1/1

智能养老蓝皮书
中国智能养老产业发展报告（2017）
著(编)者：朱勇　2017年10月出版 / 估价：89.00元
PSN B-2015-488-1/1

债券市场蓝皮书
中国债券市场发展报告（2016~2017）
著(编)者：杨农　2017年10月出版 / 估价：89.00元
PSN B-2016-573-1/1

中国节能汽车蓝皮书
中国节能汽车发展报告（2016~2017）
著(编)者：中国汽车工程研究院股份有限公司
2017年9月出版 / 估价：98.00元
PSN B-2016-566-1/1

中国上市公司蓝皮书
中国上市公司发展报告（2017）
著(编)者：张平　王宏淼
2017年10月出版 / 估价：98.00元
PSN B-2014-414-1/1

中国陶瓷产业蓝皮书
中国陶瓷产业发展报告（2017）
著(编)者：左和平　黄速建　2017年10月出版 / 估价：98.00元
PSN B-2016-574-1/1

中国总部经济蓝皮书
中国总部经济发展报告（2016~2017）
著(编)者：赵弘　2017年9月出版 / 估价：89.00元
PSN B-2005-036-1/1

中医文化蓝皮书
中国中医药文化传播发展报告（2017）
著(编)者：毛嘉陵　2017年7月出版 / 估价：89.00元
PSN B-2015-468-1/1

装备制造业蓝皮书
中国装备制造业发展报告（2017）
著(编)者：徐东华　2017年12月出版 / 估价：148.00元
PSN B-2015-505-1/1

资本市场蓝皮书
中国场外交易市场发展报告（2016~2017）
著(编)者：高峦　2017年3月出版 / 估价：89.00元
PSN B-2009-153-1/1

资产管理蓝皮书
中国资产管理行业发展报告（2017）
著(编)者：智信资产管理研究院
2017年6月出版 / 估价：89.00元
PSN B-2014-407-2/2

文化传媒类

传媒竞争力蓝皮书
中国传媒国际竞争力研究报告（2017）
著(编)者：李本乾 刘强
2017年11月出版 / 估价：148.00元
PSN B-2013-356-1/1

传媒蓝皮书
中国传媒产业发展报告（2017）
著(编)者：崔保国 2017年5月出版 / 估价：98.00元
PSN B-2005-035-1/1

传媒投资蓝皮书
中国传媒投资发展报告（2017）
著(编)者：张向东 谭云明
2017年6月出版 / 估价：128.00元
PSN B-2015-474-1/1

动漫蓝皮书
中国动漫产业发展报告（2017）
著(编)者：卢斌 郑玉明 牛兴侦
2017年9月出版 / 估价：89.00元
PSN B-2011-198-1/1

非物质文化遗产蓝皮书
中国非物质文化遗产发展报告（2017）
著(编)者：陈平 2017年5月出版 / 估价：98.00元
PSN B-2015-469-1/1

广电蓝皮书
中国广播电影电视发展报告（2017）
著(编)者：国家新闻出版广电总局发展研究中心
2017年7月出版 / 估价：98.00元
PSN B-2006-072-1/1

广告主蓝皮书
中国广告主营销传播趋势报告 No.9
著(编)者：黄升民 杜国清 邵华冬 等
2017年10月出版 / 估价：148.00元
PSN B-2005-041-1/1

国际传播蓝皮书
中国国际传播发展报告（2017）
著(编)者：胡正荣 李继东 姬德强
2017年11月出版 / 估价：89.00元
PSN B-2014-408-1/1

纪录片蓝皮书
中国纪录片发展报告（2017）
著(编)者：何苏六 2017年9月出版 / 估价：89.00元
PSN B-2011-222-1/1

科学传播蓝皮书
中国科学传播报告（2017）
著(编)者：詹正茂 2017年7月出版 / 估价：89.00元
PSN B-2008-120-1/1

两岸创意经济蓝皮书
两岸创意经济研究报告（2017）
著(编)者：罗昌智 林咏能
2017年10月出版 / 估价：98.00元
PSN B-2014-437-1/1

两岸文化蓝皮书
两岸文化产业合作发展报告（2017）
著(编)者：胡惠林 李保宗 2017年7月出版 / 估价：89.00元
PSN B-2012-285-1/1

媒介与女性蓝皮书
中国媒介与女性发展报告(2016~2017)
著(编)者：刘利群 2017年9月出版 / 估价：118.00元
PSN B-2013-345-1/1

媒体融合蓝皮书
中国媒体融合发展报告（2017）
著(编)者：梅宁华 宋建武 2017年7月出版 / 估价：89.00元
PSN B-2015-479-1/1

全球传媒蓝皮书
全球传媒发展报告（2017）
著(编)者：胡正荣 李继东 唐晓芬
2017年11月出版 / 估价：89.00元
PSN B-2012-237-1/1

少数民族非遗蓝皮书
中国少数民族非物质文化遗产发展报告（2017）
著(编)者：肖远平（彝）柴立（满）
2017年8月出版 / 估价：98.00元
PSN B-2015-467-1/1

视听新媒体蓝皮书
中国视听新媒体发展报告（2017）
著(编)者：国家新闻出版广电总局发展研究中心
2017年7月出版 / 估价：98.00元
PSN B-2011-184-1/1

文化创新蓝皮书
中国文化创新报告（2017）No.7
著(编)者：于平 傅才武 2017年7月出版 / 估价：98.00元
PSN B-2009-143-1/1

文化建设蓝皮书
中国文化发展报告（2016~2017）
著(编)者：江畅 孙伟平 戴茂堂
2017年6月出版 / 估价：116.00元
PSN B-2014-392-1/1

文化科技蓝皮书
文化科技创新发展报告（2017）
著(编)者：于平 李凤亮 2017年11月出版 / 估价：89.00元
PSN B-2013-342-1/1

文化蓝皮书
中国公共文化服务发展报告（2017）
著(编)者：刘新成 张永新 张旭
2017年12月出版 / 估价：98.00元
PSN B-2007-093-2/10

文化蓝皮书
中国公共文化投入增长测评报告（2017）
著(编)者：王亚南 2017年4月出版 / 估价：89.00元
PSN B-2014-435-10/10

皮书系列 2017全品种

文化传媒类·地方发展类

文化蓝皮书
中国少数民族文化发展报告（2016~2017）
著(编)者：武翠英 张晓明 任乌晶
2017年9月出版 / 估价：89.00元
PSN B-2013-369-9/10

文化蓝皮书
中国文化产业发展报告（2016~2017）
著(编)者：张晓明 王家新 章建刚
2017年2月出版 / 估价：89.00元
PSN B-2002-019-1/10

文化蓝皮书
中国文化产业供需协调检测报告（2017）
著(编)者：王亚南 2017年2月出版 / 估价：89.00元
PSN B-2013-323-8/10

文化蓝皮书
中国文化消费需求景气评价报告（2017）
著(编)者：王亚南 2017年4月出版 / 估价：89.00元
PSN B-2011-236-4/10

文化品牌蓝皮书
中国文化品牌发展报告（2017）
著(编)者：欧阳友权 2017年5月出版 / 估价：98.00元
PSN B-2012-277-1/1

文化遗产蓝皮书
中国文化遗产事业发展报告（2017）
著(编)者：苏杨 张颖岚 王宇飞
2017年8月出版 / 估价：98.00元
PSN B-2008-119-1/1

文学蓝皮书
中国文情报告（2016~2017）
著(编)者：白烨 2017年5月出版 / 估价：49.00元
PSN B-2011-221-1/1

新媒体蓝皮书
中国新媒体发展报告No.8（2017）
著(编)者：唐绪军 2017年6月出版 / 估价：89.00元
PSN B-2010-169-1/1

新媒体社会责任蓝皮书
中国新媒体社会责任研究报告（2017）
著(编)者：钟瑛 2017年11月出版 / 估价：89.00元
PSN B-2014-423-1/1

移动互联网蓝皮书
中国移动互联网发展报告（2017）
著(编)者：官建文 2017年6月出版 / 估价：89.00元
PSN B-2012-282-1/1

舆情蓝皮书
中国社会舆情与危机管理报告（2017）
著(编)者：谢耘耕 2017年9月出版 / 估价：128.00元
PSN B-2011-235-1/1

影视风控蓝皮书
中国影视舆情与风控报告（2017）
著(编)者：司若 2017年4月出版 / 估价：138.00元
PSN B-2016-530-1/1

地方发展类

安徽经济蓝皮书
合芜蚌国家自主创新综合示范区研究报告（2016~2017）
著(编)者：王开玉 2017年11月出版 / 估价：89.00元
PSN B-2014-383-1/1

安徽蓝皮书
安徽社会发展报告（2017）
著(编)者：程桦 2017年4月出版 / 估价：89.00元
PSN B-2013-325-1/1

安徽社会建设蓝皮书
安徽社会建设分析报告（2016~2017）
著(编)者：黄家海 王开玉 蔡宪
2016年4月出版 / 估价：89.00元
PSN B-2013-322-1/1

澳门蓝皮书
澳门经济社会发展报告（2016~2017）
著(编)者：吴志良 郝雨凡 2017年6月出版 / 估价：98.00元
PSN B-2009-138-1/1

北京蓝皮书
北京公共服务发展报告（2016~2017）
著(编)者：施昌奎 2017年2月出版 / 估价：89.00元
PSN B-2008-103-7/8

北京蓝皮书
北京经济发展报告（2016~2017）
著(编)者：杨松 2017年6月出版 / 估价：89.00元
PSN B-2006-054-2/8

北京蓝皮书
北京社会发展报告（2016~2017）
著(编)者：李伟东 2017年6月出版 / 估价：89.00元
PSN B-2006-055-3/8

北京蓝皮书
北京社会治理发展报告（2016~2017）
著(编)者：殷星辰 2017年5月出版 / 估价：89.00元
PSN B-2014-391-8/8

北京蓝皮书
北京文化发展报告（2016~2017）
著(编)者：李建盛 2017年4月出版 / 估价：89.00元
PSN B-2007-082-4/8

北京律师绿皮书
北京律师发展报告No.3（2017）
著(编)者：王隽 2017年7月出版 / 估价：88.00元
PSN G-2012-301-1/1

地方发展类

皮书系列 2017全品种

北京旅游蓝皮书
北京旅游发展报告（2017）
著(编)者：北京旅游学会　2017年1月出版／估价：88.00元
PSN B-2011-217-1/1

北京人才蓝皮书
北京人才发展报告（2017）
著(编)者：于淼　2017年12月出版／估价：128.00元
PSN B-2011-201-1/1

北京社会心态蓝皮书
北京社会心态分析报告（2016～2017）
著(编)者：北京社会心理研究所
2017年8月出版／估价：89.00元
PSN B-2014-422-1/1

北京社会组织管理蓝皮书
北京社会组织发展与管理（2016～2017）
著(编)者：黄江松　2017年4月出版／估价：88.00元
PSN B-2015-446-1/1

北京体育蓝皮书
北京体育产业发展报告（2016～2017）
著(编)者：钟秉枢　陈杰　杨铁黎
2017年9月出版／估价：89.00元
PSN B-2015-475-1/1

北京养老产业蓝皮书
北京养老产业发展报告（2017）
著(编)者：周明明　冯喜良　2017年8月出版／估价：89.00元
PSN B-2015-465-1/1

滨海金融蓝皮书
滨海新区金融发展报告（2017）
著(编)者：王爱俭　张锐钢　2017年12月出版／估价：89.00元
PSN B-2014-424-1/1

城乡一体化蓝皮书
中国城乡一体化发展报告·北京卷（2016～2017）
著(编)者：张宝秀　黄序　2017年5月出版／估价：89.00元
PSN B-2012-258-2/2

创意城市蓝皮书
北京文化创意产业发展报告（2017）
著(编)者：张京成　王国华　2017年10月出版／估价：89.00元
PSN B-2012-263-1/7

创意城市蓝皮书
青岛文化创意产业发展报告（2017）
著(编)者：马达　张丹妮　2017年8月出版／估价：89.00元
PSN B-2011-235-1/1

创意城市蓝皮书
天津文化创意产业发展报告（2016～2017）
著(编)者：谢思全　2017年6月出版／估价：89.00元
PSN B-2016-537-7/7

创意城市蓝皮书
无锡文化创意产业发展报告（2017）
著(编)者：谭军　张鸣年　2017年10月出版／估价：89.00元
PSN B-2013-346-3/7

创意城市蓝皮书
武汉文化创意产业发展报告（2017）
著(编)者：黄永林　陈汉桥　2017年9月出版／估价：99.00元
PSN B-2013-354-4/7

创意上海蓝皮书
上海文化创意产业发展报告（2016～2017）
著(编)者：王慧敏　王兴全　2017年8月出版／估价：89.00元
PSN B-2016-562-1/1

福建妇女发展蓝皮书
福建省妇女发展报告（2017）
著(编)者：刘群英　2017年11月出版／估价：88.00元
PSN B-2011-220-1/1

福建自贸区蓝皮书
中国（福建）自由贸易试验区发展报告（2016～2017）
著(编)者：黄茂兴　2017年4月出版／估价：108.00元
PSN B-2017-532-1/1

甘肃蓝皮书
甘肃经济发展分析与预测（2017）
著(编)者：朱智文　罗哲　2017年1月出版／估价：89.00元
PSN B-2013-312-1/6

甘肃蓝皮书
甘肃社会发展分析与预测（2017）
著(编)者：安文华　包晓霞　谢增虎
2017年1月出版／估价：89.00元
PSN B-2013-313-2/6

甘肃蓝皮书
甘肃文化发展分析与预测（2017）
著(编)者：安文华　周小华　2017年1月出版／估价：89.00元
PSN B-2013-314-3/6

甘肃蓝皮书
甘肃县域和农村发展报告（2017）
著(编)者：刘进军　柳民　王建兵
2017年1月出版／估价：89.00元
PSN B-2013-316-5/6

甘肃蓝皮书
甘肃舆情分析与预测（2017）
著(编)者：陈双梅　郝树声　2017年1月出版／估价：89.00元
PSN B-2013-315-4/6

甘肃蓝皮书
甘肃商贸流通发展报告（2017）
著(编)者：杨志武　王福生　王晓芳
2017年1月出版／估价：89.00元
PSN B-2016-523-6/6

广东蓝皮书
广东全面深化改革发展报告（2017）
著(编)者：周林生　涂成林　2017年12月出版／估价：89.00元
PSN B-2015-504-3/3

广东蓝皮书
广东社会工作发展报告（2017）
著(编)者：罗观翠　2017年6月出版／估价：89.00元
PSN B-2014-402-2/3

广东蓝皮书
广东省电子商务发展报告（2017）
著(编)者：程晓　邓顺国　2017年7月出版／估价：89.00元
PSN B-2013-360-1/3

25

地方发展类

广东社会建设蓝皮书
广东省社会建设发展报告（2017）
著（编）者：广东省社会工作委员会
2017年12月出版 / 估价：99.00元
PSN B-2014-436-1/1

广东外经贸蓝皮书
广东对外经济贸易发展研究报告（2016~2017）
著（编）者：陈万灵　2017年8月出版 / 估价：98.00元
PSN B-2012-286-1/1

广西北部湾经济区蓝皮书
广西北部湾经济区开放开发报告（2017）
著（编）者：广西北部湾经济区规划建设管理委员会办公室
　　　　　广西社会科学院　广西北部湾发展研究院
2017年2月出版 / 估价：89.00元
PSN B-2010-181-1/1

巩义蓝皮书
巩义经济社会发展报告（2017）
著（编）者：丁同民　朱军　2017年4月出版 / 估价：58.00元
PSN B-2016-533-1/1

广州蓝皮书
2017年中国广州经济形势分析与预测
著（编）者：庾建设　陈浩钿　谢博能
2017年7月出版 / 估价：85.00元
PSN B-2011-185-9/14

广州蓝皮书
2017年中国广州社会形势分析与预测
著（编）者：张强　陈怡霓　杨秦　2017年6月出版 / 估价：85.00元
PSN B-2008-110-5/14

广州蓝皮书
广州城市国际化发展报告（2017）
著（编）者：朱名宏　2017年8月出版 / 估价：79.00元
PSN B-2012-246-11/14

广州蓝皮书
广州创新型城市发展报告（2017）
著（编）者：尹涛　2017年7月出版 / 估价：79.00元
PSN B-2012-247-12/14

广州蓝皮书
广州经济发展报告（2017）
著（编）者：朱名宏　2017年7月出版 / 估价：79.00元
PSN B-2005-040-1/14

广州蓝皮书
广州农村发展报告（2017）
著（编）者：朱名宏　2017年8月出版 / 估价：79.00元
PSN B-2010-167-8/14

广州蓝皮书
广州汽车产业发展报告（2017）
著（编）者：杨再高　冯兴亚　2017年7月出版 / 估价：79.00元
PSN B-2006-066-3/14

广州蓝皮书
广州青年发展报告（2016~2017）
著（编）者：徐柳　张强　2017年9月出版 / 估价：79.00元
PSN B-2013-352-13/14

广州蓝皮书
广州商贸业发展报告（2017）
著（编）者：李江涛　肖振宇　荀振英
2017年7月出版 / 估价：79.00元
PSN B-2012-245-10/14

广州蓝皮书
广州社会保障发展报告（2017）
著（编）者：蔡国萱　2017年8月出版 / 估价：79.00元
PSN B-2014-425-14/14

广州蓝皮书
广州文化创意产业发展报告（2017）
著（编）者：徐咏虹　2017年7月出版 / 估价：79.00元
PSN B-2008-111-6/14

广州蓝皮书
中国广州城市建设与管理发展报告（2017）
著（编）者：董皞　陈小钢　李江涛
2017年7月出版 / 估价：85.00元
PSN B-2007-087-4/14

广州蓝皮书
中国广州科技创新发展报告（2017）
著（编）者：邹采荣　马正勇　陈爽
2017年7月出版 / 估价：79.00元
PSN B-2006-065-2/14

广州蓝皮书
中国广州文化发展报告（2017）
著（编）者：徐俊忠　陆志强　顾涧清
2017年7月出版 / 估价：79.00元
PSN B-2009-134-7/14

贵阳蓝皮书
贵阳城市创新发展报告No.2（白云篇）
著（编）者：连玉明　2017年10月出版 / 估价：89.00元
PSN B-2015-491-3/10

贵阳蓝皮书
贵阳城市创新发展报告No.2（观山湖篇）
著（编）者：连玉明　2017年10月出版 / 估价：89.00元
PSN B-2011-235-1/1

贵阳蓝皮书
贵阳城市创新发展报告No.2（花溪篇）
著（编）者：连玉明　2017年10月出版 / 估价：89.00元
PSN B-2015-490-2/10

贵阳蓝皮书
贵阳城市创新发展报告No.2（开阳篇）
著（编）者：连玉明　2017年10月出版 / 估价：89.00元
PSN B-2015-492-4/10

贵阳蓝皮书
贵阳城市创新发展报告No.2（南明篇）
著（编）者：连玉明　2017年10月出版 / 估价：89.00元
PSN B-2015-496-8/10

贵阳蓝皮书
贵阳城市创新发展报告No.2（清镇篇）
著（编）者：连玉明　2017年10月出版 / 估价：89.00元
PSN B-2015-489-1/10

地方发展类 皮书系列 2017全品种

贵阳蓝皮书
贵阳城市创新发展报告No.2（乌当篇）
著（编）者：连玉明　2017年10月出版／估价：89.00元
PSN B-2015-495-7/10

贵阳蓝皮书
贵阳城市创新发展报告No.2（息烽篇）
著（编）者：连玉明　2017年10月出版／估价：89.00元
PSN B-2015-493-5/10

贵阳蓝皮书
贵阳城市创新发展报告No.2（修文篇）
著（编）者：连玉明　2017年10月出版／估价：89.00元
PSN B-2015-494-6/10

贵阳蓝皮书
贵阳城市创新发展报告No.2（云岩篇）
著（编）者：连玉明　2017年10月出版／估价：89.00元
PSN B-2015-498-10/10

贵州房地产蓝皮书
贵州房地产发展报告No.4（2017）
著（编）者：武廷方　2017年7月出版／估价：89.00元
PSN B-2014-426-1/1

贵州蓝皮书
贵州册亨经济社会发展报告(2017)
著（编）者：黄德林　2017年3月出版／估价：89.00元
PSN B-2016-526-8/9

贵州蓝皮书
贵安新区发展报告（2016~2017）
著（编）者：马长青　吴大华　2017年6月出版／估价：89.00元
PSN B-2015-459-4/9

贵州蓝皮书
贵州法治发展报告（2017）
著（编）者：吴大华　2017年5月出版／估价：89.00元
PSN B-2012-254-2/9

贵州蓝皮书
贵州国有企业社会责任发展报告（2016～2017）
著（编）者：郭丽　周航　万强
2017年12月出版／估价：89.00元
PSN B-2015-512-6/9

贵州蓝皮书
贵州民航业发展报告（2017）
著（编）者：申振东　吴大华　2017年10月出版／估价：89.00元
PSN B-2015-471-5/9

贵州蓝皮书
贵州民营经济发展报告（2017）
著（编）者：杨静　吴大华　2017年3月出版／估价：89.00元
PSN B-2016-531-9/9

贵州蓝皮书
贵州人才发展报告（2017）
著（编）者：于杰　吴大华　2017年9月出版／估价：89.00元
PSN B-2014-382-3/9

贵州蓝皮书
贵州社会发展报告（2017）
著（编）者：王兴骥　2017年6月出版／估价：89.00元
PSN B-2010-166-1/9

贵州蓝皮书
贵州国家级开放创新平台发展报告（2017）
著（编）者：申晓庆　吴大华　李泓
2017年6月出版／估价：89.00元
PSN B-2016-518-1/9

海淀蓝皮书
海淀区文化和科技融合发展报告（2017）
著（编）者：陈名杰　孟景伟　2017年5月出版／估价：85.00元
PSN B-2013-329-1/1

杭州都市圈蓝皮书
杭州都市圈发展报告（2017）
著（编）者：沈翔　戚建国　2017年5月出版／估价：128.00元
PSN B-2012-302-1/1

杭州蓝皮书
杭州妇女发展报告（2017）
著（编）者：魏颖　2017年6月出版／估价：89.00元
PSN B-2014-403-1/1

河北经济蓝皮书
河北省经济发展报告（2017）
著（编）者：马树强　金浩　张贵
2017年4月出版／估价：89.00元
PSN B-2014-380-1/1

河北蓝皮书
河北经济社会发展报告（2017）
著（编）者：郭金平　2017年1月出版／估价：89.00元
PSN B-2014-372-1/1

河北食品药品安全蓝皮书
河北食品药品安全研究报告（2017）
著（编）者：丁锦霞　2017年6月出版／估价：89.00元
PSN B-2015-473-1/1

河南经济蓝皮书
2017年河南经济形势分析与预测
著（编）者：胡五岳　2017年2月出版／估价：89.00元
PSN B-2007-086-1/1

河南蓝皮书
2017年河南社会形势分析与预测
著（编）者：刘道兴　牛苏林　2017年4月出版／估价89.00元
PSN B-2005-043-1/8

河南蓝皮书
河南城市发展报告（2017）
著（编）者：张占仓　王建国　2017年5月出版／估价：89.00元
PSN B-2009-131-3/8

河南蓝皮书
河南法治发展报告（2017）
著（编）者：丁同民　张林海　2017年5月出版／估价：89.00元
PSN B-2014-376-6/8

河南蓝皮书
河南工业发展报告（2017）
著（编）者：张占仓　丁同民　2017年5月出版／估价：89.00元
PSN B-2013-317-5/8

河南蓝皮书
河南金融发展报告（2017）
著（编）者：河南省社会科学院
2017年6月出版／估价：89.00元
PSN B-2014-390-7/8

皮书系列重点推荐 — 地方发展类

河南蓝皮书
河南经济发展报告（2017）
著(编)者：张占仓　2017年3月出版 / 估价：89.00元
PSN B-2010-157-4/8

河南蓝皮书
河南农业农村发展报告（2017）
著(编)者：吴海峰　2017年4月出版 / 估价：89.00元
PSN B-2015-445-8/8

河南蓝皮书
河南文化发展报告（2017）
著(编)者：卫绍生　2017年3月出版 / 估价：88.00元
PSN B-2008-106-2/8

河南商务蓝皮书
河南商务发展报告（2017）
著(编)者：焦锦淼　穆荣国　2017年6月出版 / 估价：88.00元
PSN B-2014-399-1/1

黑龙江蓝皮书
黑龙江经济发展报告（2017）
著(编)者：朱宇　2017年1月出版 / 估价：89.00元
PSN B-2011-190-2/2

黑龙江蓝皮书
黑龙江社会发展报告（2017）
著(编)者：谢宝禄　2017年1月出版 / 估价：89.00元
PSN B-2011-189-1/2

湖北文化蓝皮书
湖北文化发展报告（2017）
著(编)者：吴成国　2017年10月出版 / 估价：95.00元
PSN B-2016-567-1/1

湖南城市蓝皮书
区域城市群整合
著(编)者：童中贤　韩未名
2017年12月出版 / 估价：89.00元
PSN B-2006-064-1/1

湖南蓝皮书
2017年湖南产业发展报告
著(编)者：梁志峰　2017年5月出版 / 估价：128.00元
PSN B-2011-207-2/8

湖南蓝皮书
2017年湖南电子政务发展报告
著(编)者：梁志峰　2017年5月出版 / 估价：128.00元
PSN B-2014-394-6/8

湖南蓝皮书
2017年湖南经济展望
著(编)者：梁志峰　2017年5月出版 / 估价：128.00元
PSN B-2011-206-1/8

湖南蓝皮书
2017年湖南两型社会与生态文明发展报告
著(编)者：梁志峰　2017年5月出版 / 估价：128.00元
PSN B-2011-208-3/8

湖南蓝皮书
2017年湖南社会发展报告
著(编)者：梁志峰　2017年5月出版 / 估价：128.00元
PSN B-2014-393-5/8

湖南蓝皮书
2017年湖南县域经济社会发展报告
著(编)者：梁志峰　2017年5月出版 / 估价：128.00元
PSN B-2014-395-7/8

湖南蓝皮书
湖南城乡一体化发展报告（2017）
著(编)者：陈文胜　王文强　陆福兴　邝奕轩
2017年6月出版 / 估价：89.00元
PSN B-2015-477-8/8

湖南县域绿皮书
湖南县域发展报告 No.3
著(编)者：袁准　周小毛　2017年9月出版 / 估价：89.00元
PSN G-2012-274-1/1

沪港蓝皮书
沪港发展报告（2017）
著(编)者：尤安山　2017年9月出版 / 估价：89.00元
PSN B-2013-362-1/1

吉林蓝皮书
2017年吉林经济社会形势分析与预测
著(编)者：马克　2015年12月出版 / 估价：89.00元
PSN B-2013-319-1/1

吉林省城市竞争力蓝皮书
吉林省城市竞争力报告（2017）
著(编)者：崔岳春　张磊　2017年3月出版 / 估价：89.00元
PSN B-2015-508-1/1

济源蓝皮书
济源经济社会发展报告（2017）
著(编)者：喻新安　2017年4月出版 / 估价：89.00元
PSN B-2014-387-1/1

健康城市蓝皮书
北京健康城市建设研究报告（2017）
著(编)者：王鸿春　2017年8月出版 / 估价：89.00元
PSN B-2015-460-1/2

江苏法治蓝皮书
江苏法治发展报告 No.6（2017）
著(编)者：蔡道通　龚廷泰　2017年8月出版 / 估价：98.00元
PSN B-2012-290-1/1

江西蓝皮书
江西经济社会发展报告（2017）
著(编)者：张勇　姜玮　梁勇　2017年10月出版 / 估价：89.00元
PSN B-2015-484-1/2

江西蓝皮书
江西设区市发展报告（2017）
著(编)者：姜玮　梁勇　2017年10月出版 / 估价：79.00元
PSN B-2016-517-2/2

江西文化蓝皮书
江西文化产业发展报告（2017）
著(编)者：张圣才　汪春翔
2017年10月出版 / 估价：128.00元
PSN B-2015-499-1/1

皮书系列 重点推荐 — 地方发展类

街道蓝皮书
北京街道发展报告No.2（白纸坊篇）
著(编)者：连玉明　2017年8月出版 / 估价：98.00元
PSN B-2016-544-7/15

街道蓝皮书
北京街道发展报告No.2（椿树篇）
著(编)者：连玉明　2017年8月出版 / 估价：98.00元
PSN B-2016-548-11/15

街道蓝皮书
北京街道发展报告No.2（大栅栏篇）
著(编)者：连玉明　2017年8月出版 / 估价：98.00元
PSN B-2016-552-15/15

街道蓝皮书
北京街道发展报告No.2（德胜篇）
著(编)者：连玉明　2017年8月出版 / 估价：98.00元
PSN B-2016-551-14/15

街道蓝皮书
北京街道发展报告No.2（广安门内篇）
著(编)者：连玉明　2017年8月出版 / 估价：98.00元
PSN B-2016-540-3/15

街道蓝皮书
北京街道发展报告No.2（广安门外篇）
著(编)者：连玉明　2017年8月出版 / 估价：98.00元
PSN B-2016-547-10/15

街道蓝皮书
北京街道发展报告No.2（金融街篇）
著(编)者：连玉明　2017年8月出版 / 估价：98.00元
PSN B-2016-538-1/15

街道蓝皮书
北京街道发展报告No.2（牛街篇）
著(编)者：连玉明　2017年8月出版 / 估价：98.00元
PSN B-2016-545-8/15

街道蓝皮书
北京街道发展报告No.2（什刹海篇）
著(编)者：连玉明　2017年8月出版 / 估价：98.00元
PSN B-2016-546-9/15

街道蓝皮书
北京街道发展报告No.2（陶然亭篇）
著(编)者：连玉明　2017年8月出版 / 估价：98.00元
PSN B-2016-542-5/15

街道蓝皮书
北京街道发展报告No.2（天桥篇）
著(编)者：连玉明　2017年8月出版 / 估价：98.00元
PSN B-2016-549-12/15

街道蓝皮书
北京街道发展报告No.2（西长安街篇）
著(编)者：连玉明　2017年8月出版 / 估价：98.00元
PSN B-2016-543-6/15

街道蓝皮书
北京街道发展报告No.2（新街口篇）
著(编)者：连玉明　2017年8月出版 / 估价：98.00元
PSN B-2016-541-4/15

街道蓝皮书
北京街道发展报告No.2（月坛篇）
著(编)者：连玉明　2017年8月出版 / 估价：98.00元
PSN B-2016-539-2/15

街道蓝皮书
北京街道发展报告No.2（展览路篇）
著(编)者：连玉明　2017年8月出版 / 估价：98.00元
PSN B-2016-550-13/15

经济特区蓝皮书
中国经济特区发展报告（2017）
著(编)者：陶一桃　2017年12月出版 / 估价：98.00元
PSN B-2009-139-1/1

辽宁蓝皮书
2017年辽宁经济社会形势分析与预测
著(编)者：曹晓峰　梁启东
2017年1月出版 / 估价：79.00元
PSN B-2006-053-1/1

洛阳蓝皮书
洛阳文化发展报告（2017）
著(编)者：刘福兴　陈启明　2017年7月出版 / 估价：89.00元
PSN B-2015-476-1/1

南京蓝皮书
南京文化发展报告（2017）
著(编)者：徐宁　2017年10月出版 / 估价：89.00元
PSN B-2014-439-1/1

南宁蓝皮书
南宁经济发展报告（2017）
著(编)者：胡建华　2017年9月出版 / 估价：79.00元
PSN B-2016-570-2/3

南宁蓝皮书
南宁社会发展报告（2017）
著(编)者：胡建华　2017年9月出版 / 估价：79.00元
PSN B-2016-571-3/3

内蒙古蓝皮书
内蒙古反腐倡廉建设报告 No.2
著(编)者：张志华　无极　2017年12月出版 / 估价：79.00元
PSN B-2013-365-1/1

浦东新区蓝皮书
上海浦东经济发展报告（2017）
著(编)者：沈开艳　周奇　2017年1月出版 / 估价：89.00元
PSN B-2011-225-1/1

青海蓝皮书
2017年青海经济社会形势分析与预测
著(编)者：陈玮　2015年12月出版 / 估价：79.00元
PSN B-2012-275-1/1

人口与健康蓝皮书
深圳人口与健康发展报告（2017）
著(编)者：陆杰华　罗乐宣　苏杨
2017年11月出版 / 估价：89.00元
PSN B-2011-228-1/1

皮书系列 重点推荐 — 地方发展类

山东蓝皮书
山东经济形势分析与预测（2017）
著(编)者：李广杰　　2017年7月出版 / 估价：89.00元
PSN B-2014-404-1/4

山东蓝皮书
山东社会形势分析与预测（2017）
著(编)者：张华　唐洲雁　2017年6月出版 / 估价：89.00元
PSN B-2014-405-2/4

山东蓝皮书
山东文化发展报告（2017）
著(编)者：涂可国　　2017年11月出版 / 估价：98.00元
PSN B-2014-406-3/4

山西蓝皮书
山西资源型经济转型发展报告（2017）
著(编)者：李志强　　2017年7月出版 / 估价：89.00元
PSN B-2011-197-1/1

陕西蓝皮书
陕西经济发展报告（2017）
著(编)者：任宗哲　白宽犁　裴成荣
2015年12月出版 / 估价：89.00元
PSN B-2009-135-1/5

陕西蓝皮书
陕西社会发展报告（2017）
著(编)者：任宗哲　白宽犁　牛昉
2015年12月出版 / 估价：89.00元
PSN B-2009-136-2/5

陕西蓝皮书
陕西文化发展报告（2017）
著(编)者：任宗哲　白宽犁　王长寿
2015年12月出版 / 估价：89.00元
PSN B-2009-137-3/5

上海蓝皮书
上海传媒发展报告（2017）
著(编)者：强荧　焦雨虹　2017年1月出版 / 估价：89.00元
PSN B-2012-295-5/7

上海蓝皮书
上海法治发展报告（2017）
著(编)者：叶青　　2017年6月出版 / 估价：89.00元
PSN B-2012-296-6/7

上海蓝皮书
上海经济发展报告（2017）
著(编)者：沈开艳　　2017年1月出版 / 估价：89.00元
PSN B-2006-057-1/7

上海蓝皮书
上海社会发展报告（2017）
著(编)者：杨雄　周海旺　2017年1月出版 / 估价：89.00元
PSN B-2006-058-2/7

上海蓝皮书
上海文化发展报告（2017）
著(编)者：荣跃明　　2017年1月出版 / 估价：89.00元
PSN B-2006-059-3/7

上海蓝皮书
上海文学发展报告（2017）
著(编)者：陈圣来　　2017年6月出版 / 估价：89.00元
PSN B-2012-297-7/7

上海蓝皮书
上海资源环境发展报告（2017）
著(编)者：周冯琦　汤庆合　任文伟
2017年1月出版 / 估价：89.00元
PSN B-2006-060-4/7

社会建设蓝皮书
2017年北京社会建设分析报告
著(编)者：宋贵伦　冯虹　2017年10月出版 / 估价：89.00元
PSN B-2010-173-1/1

深圳蓝皮书
深圳法治发展报告（2017）
著(编)者：张骁儒　　2017年6月出版 / 估价：89.00元
PSN B-2015-470-6/7

深圳蓝皮书
深圳经济发展报告（2017）
著(编)者：张骁儒　　2017年7月出版 / 估价：89.00元
PSN B-2008-112-3/7

深圳蓝皮书
深圳劳动关系发展报告（2017）
著(编)者：汤庭芬　　2017年6月出版 / 估价：89.00元
PSN B-2007-097-2/7

深圳蓝皮书
深圳社会建设与发展报告（2017）
著(编)者：张骁儒　陈东平　2017年7月出版 / 估价：89.00元
PSN B-2008-113-4/7

深圳蓝皮书
深圳文化发展报告(2017)
著(编)者：张骁儒　　2017年7月出版 / 估价：89.00元
PSN B-2016-555-7/7

四川法治蓝皮书
丝绸之路经济带发展报告（2016~2017）
著(编)者：任宗哲　白宽犁　谷孟宾
2017年12月出版 / 估价：85.00元
PSN B-2014-410-1/1

四川法治蓝皮书
四川依法治省年度报告 No.3（2017）
著(编)者：李林　杨天宗　田禾
2017年3月出版 / 估价：108.00元
PSN B-2015-447-1/1

四川蓝皮书
2017年四川经济形势分析与预测
著(编)者：杨钢　　2017年1月出版 / 估价：98.00元
PSN B-2007-098-2/7

四川蓝皮书
四川城镇化发展报告（2017）
著(编)者：侯水平　陈炜　2017年4月出版 / 估价：85.00元
PSN B-2015-456-7/7

皮书系列重点推荐

地方发展类·国际问题类

四川蓝皮书
四川法治发展报告（2017）
著(编)者：郑泰安　2017年1月出版 / 估价：89.00元
PSN B-2015-441-5/7

四川蓝皮书
四川企业社会责任研究报告（2016~2017）
著(编)者：侯水平 盛毅 翟刚
2017年4月出版 / 估价：89.00元
PSN B-2014-386-4/7

四川蓝皮书
四川社会发展报告（2017）
著(编)者：李羚　2017年5月出版 / 估价：89.00元
PSN B-2008-127-3/7

四川蓝皮书
四川生态建设报告（2017）
著(编)者：李晟之　2017年4月出版 / 估价：85.00元
PSN B-2015-455-6/7

四川蓝皮书
四川文化产业发展报告（2017）
著(编)者：向宝云 张立伟
2017年4月出版 / 估价：89.00元
PSN B-2006-074-1/7

体育蓝皮书
上海体育产业发展报告（2016~2017）
著(编)者：张林 黄海燕
2017年10月出版 / 估价：89.00元
PSN B-2015-454-4/4

体育蓝皮书
长三角地区体育产业发展报告（2016~2017）
著(编)者：张林　2017年4月出版 / 估价：89.00元
PSN B-2015-453-3/4

天津金融蓝皮书
天津金融发展报告（2017）
著(编)者：王爱俭 孔德昌
2017年12月出版 / 估价：98.00元
PSN B-2014-418-1/1

图们江区域合作蓝皮书
图们江区域合作发展报告（2017）
著(编)者：李铁　2017年6月出版 / 估价：98.00元
PSN B-2015-464-1/1

温州蓝皮书
2017年温州经济社会形势分析与预测
著(编)者：潘忠强 王春光 金浩
2017年4月出版 / 估价：89.00元
PSN B-2008-105-1/1

西咸新区蓝皮书
西咸新区发展报告（2016~2017）
著(编)者：李扬 王军　2017年6月出版 / 估价：89.00元
PSN B-2016-535-1/1

扬州蓝皮书
扬州经济社会发展报告（2017）
著(编)者：丁纯　2017年12月出版 / 估价：98.00元
PSN B-2011-191-1/1

长株潭城市群蓝皮书
长株潭城市群发展报告（2017）
著(编)者：张萍　2017年12月出版 / 估价：89.00元
PSN B-2008-109-1/1

中医文化蓝皮书
北京中医文化传播发展报告（2017）
著(编)者：毛嘉陵　2017年5月出版 / 估价：79.00元
PSN B-2015-468-1/2

珠三角流通蓝皮书
珠三角商圈发展研究报告（2017）
著(编)者：王先庆 林至颖
2017年7月出版 / 估价：98.00元
PSN B-2012-292-1/1

遵义蓝皮书
遵义发展报告（2017）
著(编)者：曾征 龚永育 雍思强
2017年12月出版 / 估价：89.00元
PSN B-2014-433-1/1

国际问题类

"一带一路"跨境通道蓝皮书
"一带一路"跨境通道建设研究报告（2017）
著(编)者：郭业洲　2017年8月出版 / 估价：89.00元
PSN B-2016-558-1/1

"一带一路"蓝皮书
"一带一路"建设发展报告（2017）
著(编)者：孔丹 李永全　2017年7月出版 / 估价：89.00元
PSN B-2016-553-1/1

阿拉伯黄皮书
阿拉伯发展报告（2016~2017）
著(编)者：罗林　2017年11月出版 / 估价：89.00元
PSN Y-2014-381-1/1

北部湾蓝皮书
泛北部湾合作发展报告（2017）
著(编)者：吕余生　2017年12月出版 / 估价：85.00元
PSN B-2008-114-1/1

大湄公河次区域蓝皮书
大湄公河次区域合作发展报告（2017）
著(编)者：刘稚　2017年8月出版 / 估价：89.00元
PSN B-2011-196-1/1

大洋洲蓝皮书
大洋洲发展报告（2017）
著(编)者：喻常森　2017年10月出版 / 估价：89.00元
PSN B-2013-341-1/1

皮书系列重点推荐 — 国际问题类

德国蓝皮书
德国发展报告（2017）
著(编)者：郑春荣　2017年6月出版 / 估价：89.00元
PSN B-2012-278-1/1

东盟黄皮书
东盟发展报告（2017）
著(编)者：杨晓强　庄国土
2017年3月出版 / 估价：89.00元
PSN Y-2012-303-1/1

东南亚蓝皮书
东南亚地区发展报告（2016～2017）
著(编)者：厦门大学东南亚研究中心　王勤
2017年12月出版 / 估价：89.00元
PSN B-2012-240-1/1

俄罗斯黄皮书
俄罗斯发展报告（2017）
著(编)者：李永全　2017年7月出版 / 估价：89.00元
PSN Y-2006-061-1/1

非洲黄皮书
非洲发展报告 No.19（2016～2017）
著(编)者：张宏明　2017年8月出版 / 估价：89.00元
PSN Y-2012-239-1/1

公共外交蓝皮书
中国公共外交发展报告（2017）
著(编)者：赵启正　雷蔚真
2017年4月出版 / 估价：89.00元
PSN B-2015-457-1/1

国际安全蓝皮书
中国国际安全研究报告（2017）
著(编)者：刘慧　2017年7月出版 / 估价：98.00元
PSN B-2016-522-1/1

国际形势黄皮书
全球政治与安全报告（2017）
著(编)者：李慎明　张宇燕
2016年12月出版 / 估价：89.00元
PSN Y-2001-016-1/1

韩国蓝皮书
韩国发展报告（2017）
著(编)者：牛林杰　刘宝全
2017年11月出版 / 估价：89.00元
PSN B-2010-155-1/1

加拿大蓝皮书
加拿大发展报告（2017）
著(编)者：仲伟合　2017年9月出版 / 估价：89.00元
PSN B-2014-389-1/1

拉美黄皮书
拉丁美洲和加勒比发展报告（2016～2017）
著(编)者：吴白乙　2017年6月出版 / 估价：89.00元
PSN Y-1999-007-1/1

美国蓝皮书
美国研究报告（2017）
著(编)者：郑秉文　黄平　2017年6月出版 / 估价：89.00元
PSN B-2011-210-1/1

缅甸蓝皮书
缅甸国情报告（2017）
著(编)者：李晨阳　2017年12月出版 / 估价：86.00元
PSN B-2013-343-1/1

欧洲蓝皮书
欧洲发展报告（2016～2017）
著(编)者：黄平　周弘　江时学
2017年4月出版 / 估价：89.00元
PSN B-1999-009-1/1

葡语国家蓝皮书
葡语国家发展报告（2017）
著(编)者：王成安　张敏　2017年12月出版 / 估价：89.00元
PSN B-2015-503-1/2

葡语国家蓝皮书
中国与葡语国家关系发展报告·巴西（2017）
著(编)者：张曙光　2017年8月出版 / 估价：89.00元
PSN B-2016-564-2/2

日本经济蓝皮书
日本经济与中日经贸关系研究报告（2017）
著(编)者：张季风　2017年5月出版 / 估价：89.00元
PSN B-2008-102-1/1

日本蓝皮书
日本研究报告（2017）
著(编)者：杨伯江　2017年5月出版 / 估价：89.00元
PSN B-2002-020-1/1

上海合作组织黄皮书
上海合作组织发展报告（2017）
著(编)者：李进峰　吴宏伟　李少捷
2017年6月出版 / 估价：89.00元
PSN B-2009-130-1/1

世界创新竞争力黄皮书
世界创新竞争力发展报告（2017）
著(编)者：李闽榕　李建平　赵新力
2017年1月出版 / 估价：148.00元
PSN Y-2013-318-1/1

泰国蓝皮书
泰国研究报告（2017）
著(编)者：庄国土　张禹东
2017年8月出版 / 估价：118.00元
PSN B-2016-557-1/1

土耳其蓝皮书
土耳其发展报告（2017）
著(编)者：郭长刚　刘义　2017年9月出版 / 估价：89.00元
PSN B-2014-412-1/1

亚太蓝皮书
亚太地区发展报告（2017）
著(编)者：李向阳　2017年3月出版 / 估价：89.00元
PSN B-2001-015-1/1

印度蓝皮书
印度国情报告（2017）
著(编)者：吕昭义　2017年12月出版 / 估价：89.00元
PSN B-2012-241-1/1

国际问题类 | 皮书系列 重点推荐

印度洋地区蓝皮书
印度洋地区发展报告（2017）
著(编)者：汪戎　　2017年6月出版 / 估价：89.00元
PSN B-2013-334-1/1

英国蓝皮书
英国发展报告（2016～2017）
著(编)者：王展鹏　　2017年11月出版 / 估价：89.00元
PSN B-2015-486-1/1

越南蓝皮书
越南国情报告（2017）
著(编)者：广西社会科学院　罗梅　李碧华
2017年12月出版 / 估价：89.00元
PSN B-2006-056-1/1

以色列蓝皮书
以色列发展报告（2017）
著(编)者：张倩红　　2017年8月出版 / 估价：89.00元
PSN B-2015-483-1/1

伊朗蓝皮书
伊朗发展报告（2017）
著(编)者：冀开远　　2017年10月出版 / 估价：89.00元
PSN B-2016-575-1/1

中东黄皮书
中东发展报告No.19（2016～2017）
著(编)者：杨光　　2017年10月出版 / 估价：89.00元
PSN Y-1998-004-1/1

中亚黄皮书
中亚国家发展报告（2017）
著(编)者：孙力　吴宏伟　　2017年7月出版 / 估价：98.00元
PSN Y-2012-238-1/1

　　皮书序列号是社会科学文献出版社专门为识别皮书、管理皮书而设计的编号。皮书序列号是出版皮书的许可证号，是区别皮书与其他图书的重要标志。

　　它由一个前缀和四部分构成。这四部分之间用连字符"-"连接。前缀和这四部分之间空半个汉字（见示例）。

《国际人才蓝皮书：中国留学发展报告》序列号示例

```
                该品种皮书首次出版年份
                        │
"皮书序列号"英文简称           本书在该丛书名中的排序
        │       │       │
        └───┐   │   ┌───┘
            PSN B-2012-244-2/4
            ┌───┘   │   └───┐
        │       │       │
    皮书封面颜色           该丛书名包含的皮书品种数
                        │
            本书在所有皮书品种中的序列
```

　　从示例中可以看出，《国际人才蓝皮书：中国留学发展报告》的首次出版年份是2012年，是社科文献出版社出版的第244个皮书品种，是"国际人才蓝皮书"系列的第2个品种（共4个品种）。

社会科学文献出版社　　皮书系列

❖ 皮书起源 ❖

"皮书"起源于十七、十八世纪的英国,主要指官方或社会组织正式发表的重要文件或报告,多以"白皮书"命名。在中国,"皮书"这一概念被社会广泛接受,并被成功运作、发展成为一种全新的出版形态,则源于中国社会科学院社会科学文献出版社。

❖ 皮书定义 ❖

皮书是对中国与世界发展状况和热点问题进行年度监测,以专业的角度、专家的视野和实证研究方法,针对某一领域或区域现状与发展态势展开分析和预测,具备原创性、实证性、专业性、连续性、前沿性、时效性等特点的公开出版物,由一系列权威研究报告组成。

❖ 皮书作者 ❖

皮书系列的作者以中国社会科学院、著名高校、地方社会科学院的研究人员为主,多为国内一流研究机构的权威专家学者,他们的看法和观点代表了学界对中国与世界的现实和未来最高水平的解读与分析。

❖ 皮书荣誉 ❖

皮书系列已成为社会科学文献出版社的著名图书品牌和中国社会科学院的知名学术品牌。2016年,皮书系列正式列入"十三五"国家重点出版规划项目;2012~2016年,重点皮书列入中国社会科学院承担的国家哲学社会科学创新工程项目;2017年,55种院外皮书使用"中国社会科学院创新工程学术出版项目"标识。

中国皮书网
www.pishu.cn

发布皮书研创资讯，传播皮书精彩内容
引领皮书出版潮流，打造皮书服务平台

栏目设置

关于皮书：何谓皮书、皮书分类、皮书大事记、皮书荣誉、
皮书出版第一人、皮书编辑部
最新资讯：通知公告、新闻动态、媒体聚焦、网站专题、视频直播、下载专区
皮书研创：皮书规范、皮书选题、皮书出版、皮书研究、研创团队
皮书评奖评价：指标体系、皮书评价、皮书评奖
互动专区：皮书说、皮书智库、皮书微博、数据库微博

所获荣誉

2008年、2011年，中国皮书网均在全国新闻出版业网站荣誉评选中获得"最具商业价值网站"称号；

2012年，获得"出版业网站百强"称号。

网库合一

2014年，中国皮书网与皮书数据库端口合一，实现资源共享。更多详情请登录www.pishu.cn。

权威报告·热点资讯·特色资源

皮书数据库
ANNUAL REPORT(YEARBOOK) DATABASE

当代中国与世界发展高端智库平台

所获荣誉

- 2016年，入选"国家'十三五'电子出版物出版规划骨干工程"
- 2015年，荣获"搜索中国正能量 点赞2015""创新中国科技创新奖"
- 2013年，荣获"中国出版政府奖·网络出版物奖"提名奖
- 连续多年荣获中国数字出版博览会"数字出版·优秀品牌"奖

成为会员

通过网址www.pishu.com.cn或使用手机扫描二维码进入皮书数据库网站，进行手机号码验证或邮箱验证即可成为皮书数据库会员（建议通过手机号码快速验证注册）。

会员福利

- 使用手机号码首次注册会员可直接获得100元体验金，不需充值即可购买和查看数据库内容（仅限使用手机号码快速注册）。
- 已注册用户购书后可免费获赠100元皮书数据库充值卡。刮开充值卡涂层获取充值密码，登录并进入"会员中心"—"在线充值"—"充值卡充值"，充值成功后即可购买和查看数据库内容。

数据库服务热线：400-008-6695
数据库服务QQ：2475522410
数据库服务邮箱：database@ssap.cn

图书销售热线：010-59367070/7028
图书服务QQ：1265056568
图书服务邮箱：duzhe@ssap.cn

1997~2017
皮书品牌20年
YEAR BOOKS

更多信息请登录

皮书数据库
http://www.pishu.com.cn

中国皮书网
http://www.pishu.cn

皮书微博
http://weibo.com/pishu

皮书博客
http://blog.sina.com.cn/pishu

皮书微信"皮书说"

请到当当、亚马逊、京东或各地书店购买，也可办理邮购

咨询/邮购电话：010-59367028　59367070
邮　　箱：duzhe@ssap.cn
邮购地址：北京市西城区北三环中路甲29号院3号
　　　　　楼华龙大厦13层读者服务中心
邮　　编：100029
银行户名：社会科学文献出版社
开户银行：中国工商银行北京北太平庄支行
账　　号：0200010019200365434